2022 개정 교육과정에 맞춰
백점 사회는 이렇게 바뀌었어요.

2022 교육과정 주요 변화

자기주도학습 강조

학생 스스로 공부 계획을 세워 실천하고 평가할 수 있도록 자기주도성을 키웁니다.

기초 소양 교육 강화

미래 변화에 대응하기 위해 필요한 역량으로 언어 소양, 수리 소양, 디지털 소양 교육을 강화합니다.

언어 소양

텍스트의 맥락을 이해하여 글쓰기 등으로 표현하고 소통하는 능력

수리 소양

다양한 상황에서 수학적 정보를 이해하고 해석하며 활용하는 능력

디지털 소양

디지털 도구를 사용하여 정보를 수집하고 분석하여 문제를 해결하는 능력

평가 방식 다양화

학생들의 학습 성취도에 따라 개인별 맞춤형 평가 및 서술형 평가를 확대합니다.

백점 사회

하루 4쪽 학습 구성

하루 4쪽 학습으로 학생 스스로 계획을 세우고 학습을 관리할 수 있습니다.

어휘와 문해력 학습 제공

과목별 교과 어휘 학습과 디지털 문해력 학습으로 언어 소양과 디지털 소양 역량을 키웁니다.

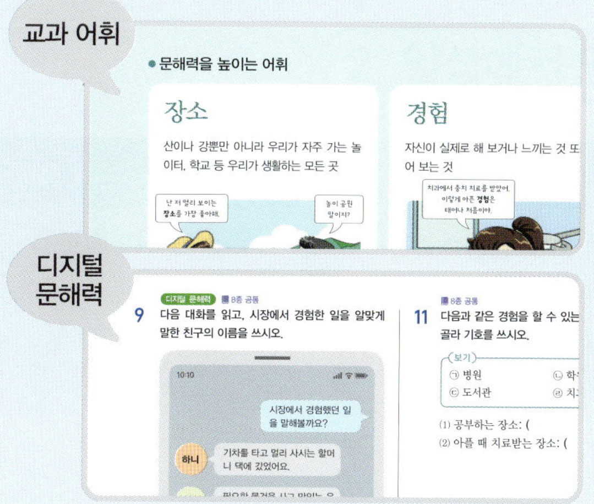

수행 평가 및 수준별 단원 평가 제공

다양한 서술형 유형 및 수행 평가 비중을 확대하였습니다.

맞춤형 평가에 대비하여 수준별 단원 평가를 단원별 A단계, B단계로 제공합니다.

백점 사회와 내 교과서 비교하기

활용 방법

❶ 오늘 공부할 단원과 내용을 찾습니다.

❷ 내가 배우는 교과서의 출판사명에서 공부할 내용에 해당하는 쪽수를 찾습니다.

❸ 찾은 쪽수와 해당하는 백점 사회는 몇 쪽인지 확인합니다.

단원명		1. 우리가 사는 곳		2. 일상에서 만나는 과거		
주제명		(1) 우리가 경험한 장소들	(2) 우리가 만들어 가는 살기 좋은 곳	(1) 우리가 경험하는 시간의 흐름	(2) 우리 주변에 남아 있는 과거의 흔적들	(3) 지역의 변화와 달라진 생활 모습
백점 사회 쪽수		8~23	24~39	50~65	66~85	86~101
교과서별 쪽수	동아출판	10~33	34~55	64~81	82~103	104~125
	미래엔	12~31	32~51	62~83	84~105	106~125
	비상교육	8~31	32~55	62~85	86~105	106~127
	지학사	8~31	32~53	60~81	82~105	106~129
	아이스크림 미디어	12~35	36~61	72~95	96~117	118~139
	천재교과서 (김정인)	10~29	30~53	60~83	84~109	110~131
	천재교과서 (박기범)	12~31	32~57	66~87	88~113	114~137
	YBM	10~29	30~51	60~81	82~107	108~133

백점

사회 3·1

개념북

구성과 특징

개념북 자기주도 학습을 위한 **"하루 4쪽"** 구성

(개념 학습＋문제 학습)

| **개념 학습** | 핵심 개념을 학습한 후 핵심 문장 쓰기를 통해 개념을 쉽게 이해할 수 있습니다.

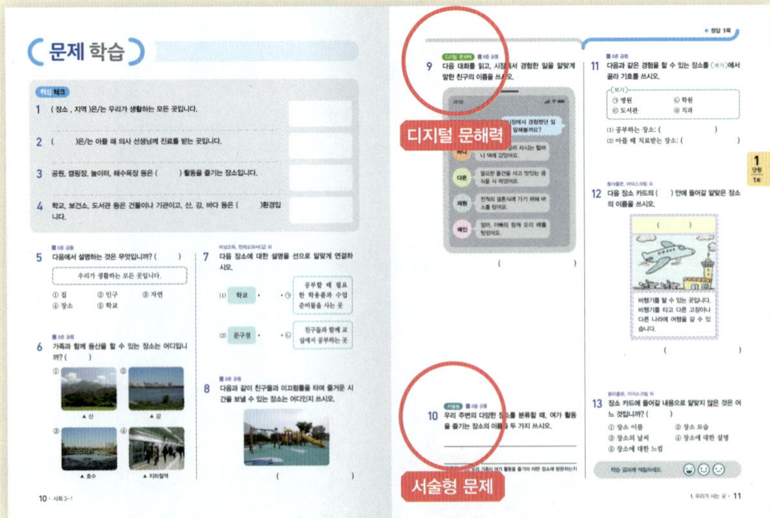

| **문제 학습** | 핵심 체크 문제와 서술형 문제 등 다양한 유형의 문제를 통해 실력을 쌓을 수 있습니다.
디지털 문해력: 디지털 매체 소재를 활용한 문제

문해력을 높이는 어휘

교과서 어휘의 뜻과 그림 속
이야기를 통해 문해력 향상

평가북

맞춤형 평가 대비
수준별 단원 평가

마무리 평가

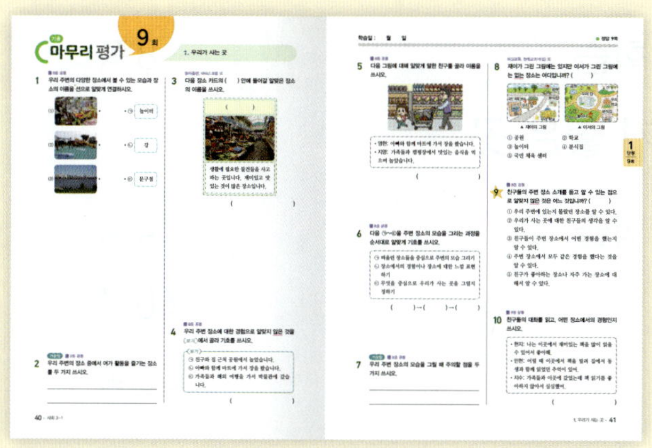

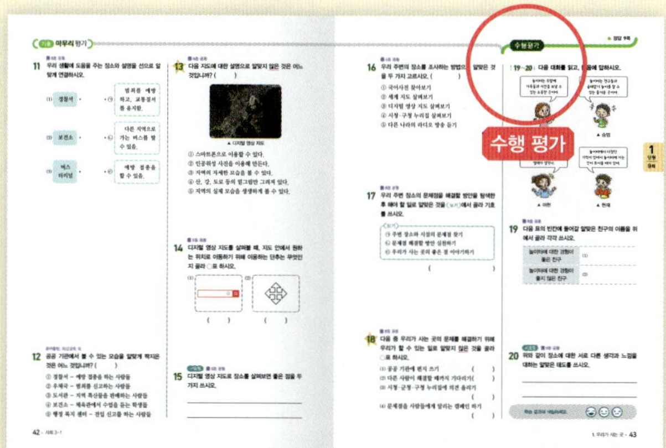

한 단원을 마무리하며 실력을 점검할 수 있습니다.
수행 평가: 학교 수행 평가에 대비할 수 있는 문제

단원 핵심 개념

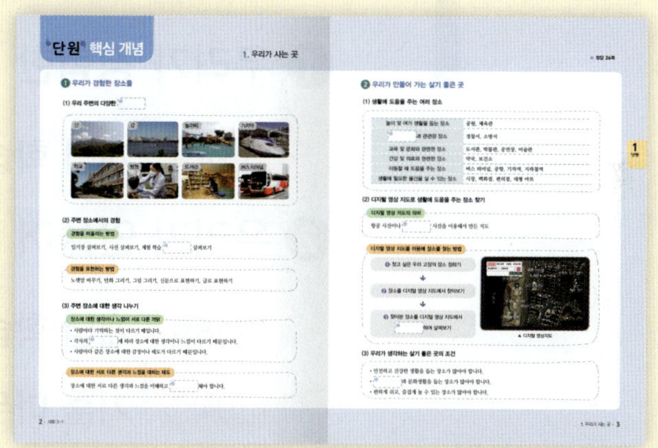

단원 핵심 개념을 정리하고, 배운 내용을 확인할 수
있습니다.

단원 평가 A단계, B단계

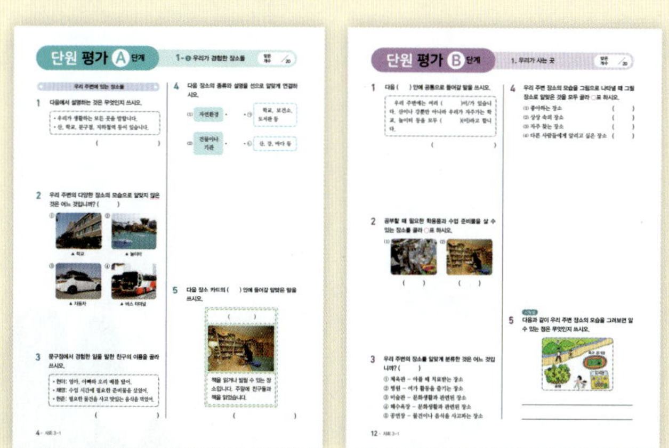

단원별 학습 성취도를 확인하고, 학교 단원 평가에 대
비할 수 있도록 수준별로 A단계, B단계로 구성하였습
니다.

차 례

1 우리가 사는 곳 … 6쪽

1 우리가 사는 곳

❶ 우리가 경험한 장소들

❷ 우리가 만들어 가는 살기 좋은 곳

● 이번에 배울 내용

회차	단원	쪽수	학습 내용	학습 주제
1회		8~11쪽	개념+문제 학습	우리 주변에 있는 장소들
2회	❶ 우리가 경험한 장소들	12~15쪽	개념+문제 학습	주변 장소에서의 경험 표현하기
3회		16~19쪽	개념+문제 학습	우리 주변 장소의 그림
4회		20~23쪽	개념+문제 학습	주변 장소에 대한 생각 나누기
5회		24~27쪽	개념+문제 학습	생활에 도움을 주는 장소
6회	❷ 우리가 만들어 가는 살기 좋은 곳	28~31쪽	개념+문제 학습	생활에 도움을 주는 장소 살펴보기
7회		32~35쪽	개념+문제 학습	우리 주변의 장소 조사하기
8회		36~39쪽	개념+문제 학습	우리가 사는 곳을 더 살기 좋은 곳으로 만들기
9회	단원 마무리	40~43쪽	기출 마무리 평가	단원 마무리 문제, 수행평가
10회		44~47쪽	실전 마무리 평가	단원 마무리 문제, 수행평가

개념 학습

우리 주변에 있는 장소

우리 주변에 있는 장소 살펴보기

(1) 장소의 의미: 우리가 자주 가는 곳 또는 생활하는 곳
(2) 여러 가지 장소의 특징

● 문해력을 높이는 어휘

장소

산이나 강뿐만 아니라 우리가 자주 가는 놀이터, 학교 등 우리가 생활하는 모든 곳

경험

자신이 실제로 해 보거나 느끼는 것 또는 겪어 보는 것

공공 기관

개인이 아닌 모든 사람을 위해 일하는 국가 기관

디지털 영상 지도

항공 사진이나 인공위성 사진을 이용해서 만든 지도

개념 학습

1회

우리 주변에 있는 장소들

➕ 우리가 이용하는 다양한 장소의 모습

문구점

공부할 때 필요한 학용품과 수업 준비물을 사러 갔습니다.

지하철역

엄마, 아빠와 공원에 놀러 가려고 지하철역을 이용합니다.

시장

시장에 가서 필요한 물건을 사고 맛있는 음식을 샀습니다.

1 우리 주변의 다양한 장소 살펴보기

(1) *장소의 의미: 우리가 생활하는 모든 곳을 말합니다.

(2) 다양한 장소에서의 경험 ➕

산

등산로를 따라 사람들이 산에 오름.

강

강에서 엄마, 아빠와 오리 배를 탔음.

학교

교실에서 친구들과 함께 공부하고 운동장에서 재미있게 놀았음.

놀이터

친구들과 미끄럼틀을 타며 즐거운 시간을 보냈음.

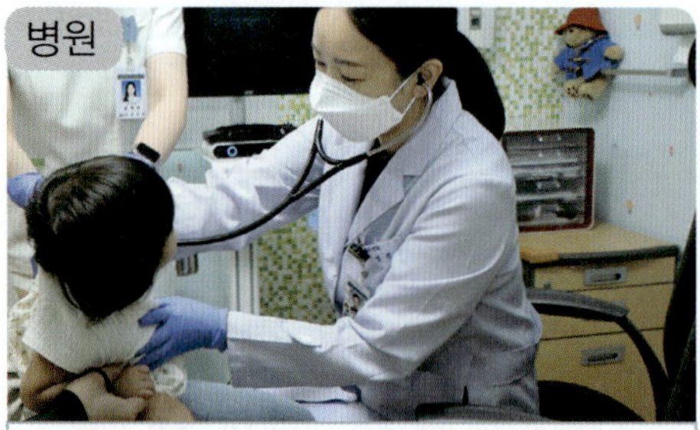
병원

아플 때 의사 선생님께 *진료를 받았음.

기차역

기차를 타고 멀리 사시는 할머니 댁에 갔음.

도서관

주말에 친구들과 책을 읽었음.

버스 터미널

친척의 결혼식에 가기 위해 버스를 탔음.

용어 사전

* **장소** 우리가 살고 있는 땅의 한 부분으로, 어떤 일이 이루어지거나 일어나는 곳.
* **진료** 의사가 앓는 사람을 진찰하고 치료하는 일.

(3) 장소 카드 만들기

① 장소 이름, 장소 모습, 장소에 대한 설명, 경험, 장소에 대한 생각이나 느낌 등을 중심으로 장소 카드를 만듭니다.

② 장소 모습을 나타낼 때는 사진을 붙이거나, 그림을 그립니다.

➕ 장소의 종류

건물이나 기관	학교, 보건소, 도서관 등
자연환경	산, 강, 바다 등

교과서 대표 자료 장소 카드

시장

생활에 필요한 물건들을 사고 파는 곳입니다. 재미있고 맛 있는 것이 많은 장소입니다.

공항

비행기를 탈 수 있는 곳입니다. 비행기를 타고 다른 고장이나 다른 나라에 여행을 갈 수 있 습니다.

친구들이 만든 장소 카드를 모아서 장소 다섯 고개 놀이를 해 봐요.

2 우리 주변의 다양한 장소 분류하기 ➕

물건이나 음식을 사고파는 장소	시장, 편의점, 할인 매장, 백화점 등
*여가 활동을 즐기는 장소	공원, 놀이터, *캠핑장, 해수욕장 등
운동하는 장소	운동장, 체육관 등
공부하는 장소	학교, 학원, 도서관 등
아플 때 치료받는 장소	병원, 치과 등
문화생활과 관련된 장소	미술관, 공연장, 영화관, 박물관 등

용어 사전

★ **여가** 일을 하는 가운데 잠시 생기는 자유로운 시간.

★ **캠핑장** 산이나 들 따위의 야외에서 천막을 치고 야영하는 장소.

핵심만 한번 더 쓰면서 정리 !

장소의 의미	우리가 생 활 하는 모든 곳
우리 주변의 다양한 장소	산 , 강, 학교, 놀이터, 병원, 기 차 역 , 도서관, 버스 터미널 등

핵심 체크

1 (장소 , 지역)은/는 우리가 생활하는 모든 곳입니다.

2 (   )은/는 아플 때 의사 선생님께 진료를 받는 곳입니다.

3 공원, 캠핑장, 놀이터, 해수욕장 등은 (   ) 활동을 즐기는 장소입니다.

4 학교, 보건소, 도서관 등은 건물이나 기관이고, 산, 강, 바다 등은 (   )환경입니다.

8종 공통

5 다음에서 설명하는 것은 무엇입니까? (   )

> 우리가 생활하는 모든 곳입니다.

① 집　　　② 인구　　　③ 자연
④ 장소　　　⑤ 학교

8종 공통

6 가족과 함께 등산을 할 수 있는 장소는 어디입니까? (   )

① 
▲ 산

② 
▲ 강

③ 
▲ 호수

④ 
▲ 지하철역

비상교육, 천재교과서(김) 외

7 다음 장소에 대한 설명을 선으로 알맞게 연결하시오.

(1) 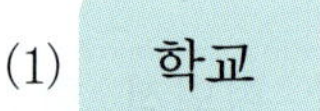 학교　•

　•㉠ 공부할 때 필요한 학용품과 수업 준비물을 사는 곳

(2) 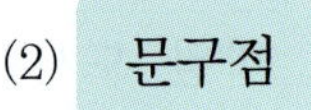 문구점　•

　•㉡ 친구들과 함께 교실에서 공부하는 곳

8종 공통

8 다음과 같이 친구들과 미끄럼틀을 타며 즐거운 시간을 보낼 수 있는 장소는 어디인지 쓰시오.

(   )

디지털 문해력 ▣ 8종 공통

9 다음 대화를 읽고, 시장에서 경험한 일을 알맞게 말한 친구의 이름을 쓰시오.

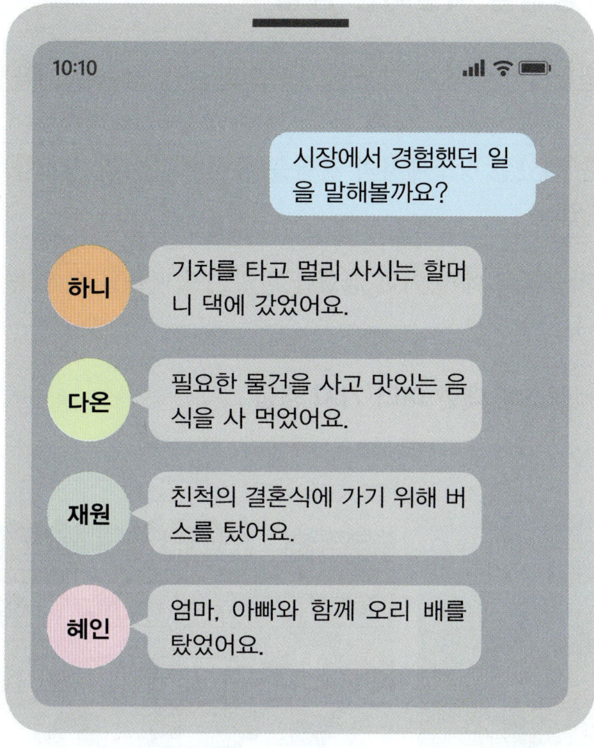

(   )

서술형 ▣ 8종 공통

10 우리 주변의 다양한 장소를 분류할 때, 여가 활동을 즐기는 장소의 이름을 두 가지 쓰시오.

____

도움말 나와 우리 가족이 여가 활동을 즐기러 어떤 장소에 방문하는지 떠올려 보세요.

▣ 8종 공통

11 다음과 같은 경험을 할 수 있는 장소를 (보기)에서 골라 기호를 쓰시오.

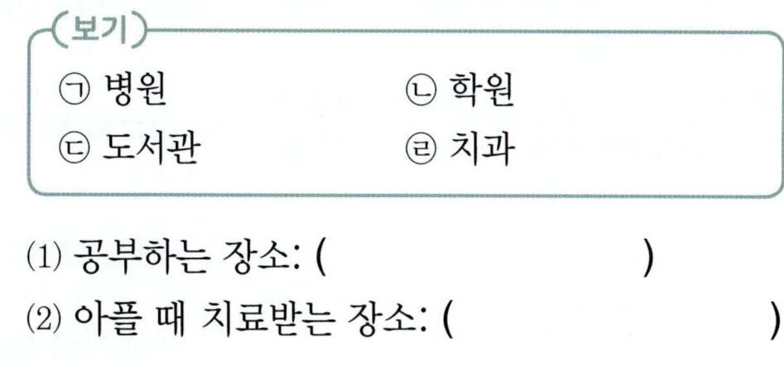

⑴ 공부하는 장소: (   )
⑵ 아플 때 치료받는 장소: (   )

동아출판, 아이스크림 외

12 다음 장소 카드의 (   ) 안에 들어갈 알맞은 장소의 이름을 쓰시오.

(   )

동아출판, 아이스크림 외

13 장소 카드에 들어갈 내용으로 알맞지 <u>않은</u> 것은 어느 것입니까? (   )

① 장소 이름   ② 장소 모습
③ 장소의 날씨   ④ 장소에 대한 설명
⑤ 장소에 대한 느낌

학습 결과에 색칠하세요. 

개념 학습

주변 장소에서의 경험 표현하기

➕ **주변 장소에서의 경험을 떠올리는 여러 가지 방법**

지역의 지도나 관광 안내도를 살펴보고 우리 주변의 장소와 그곳에서의 경험을 떠올릴 수 있습니다.

1 주변 장소에서의 경험을 떠올리는 방법 ➕

일기장 살펴보기	일상생활에서 *경험한 일들을 중심으로 여러 장소를 떠올릴 수 있음.
사진 살펴보기	사진을 찍었던 장소에서의 경험을 중심으로 여러 장소를 떠올릴 수 있음.
체험 학습 *보고서 살펴보기	체험 학습 장소에서 어떤 경험을 하였는지 떠올릴 수 있음.

➕ **다양한 장소에서의 경험**

- 편의점에서 친구들과 함께 간식을 사서 나눠 먹었습니다.
- 도서관에서 열린 작가와의 만남 행사에서 좋아하는 작가의 사인을 받았습니다.

교과서 **대표 자료** 장소에 대한 여러 가지 경험 ➕

공원	마트
친구와 집 근처 공원에서 시소를 타고 놀았음.	아빠와 함께 마트에 가서 장을 봤음.
캠핑장	물놀이장
가족들과 캠핑장에서 맛있는 음식을 먹으며 놀았음.	친구들과 물놀이장에서 재미있게 물놀이를 하였음.

➕ **공원에서의 경험을 만화로 표현하기**

- 가족들과 공원에 나들이를 갔던 경험을 만화로 표현하였습니다.
- 만화 그리기는 장소에서의 경험을 여러 장면으로 표현하고 싶을 때 좋은 방법입니다.

2 주변 장소에서의 경험을 표현하는 방법

(1) **노랫말 바꾸기**: 자신이 겪은 주변 장소에서의 경험을 노랫말로 표현하고 불러봅니다.

(2) **만화 그리기**: 주변 장소에 대한 자신의 경험을 여러 장면의 만화로 나누어 표현합니다. ➕

용어 사전

★ **경험** 직접 해 보거나 느끼는 것.

★ **보고서** 보고하는 내용을 적은 문서.

(3) 그림 그리기

① 머릿속에 떠오르는 주변 장소의 모습을 지도처럼 그려서 나타냅니다.

② 그림을 그릴 때는 주변의 모든 장소를 그리지 않아도 되고, 주변 장소에서 보았던 것을 자유롭게 그립니다.

예

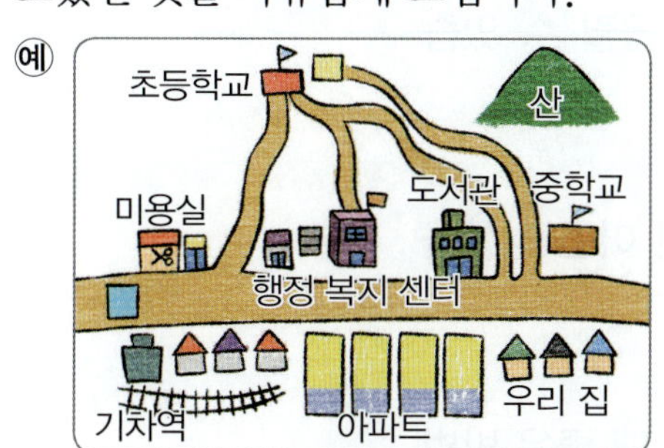

(4) 신문으로 표현하기: 주변 장소를 소개하는 내용을 담아 신문을 만듭니다. ➕

(5) 글로 표현하기: 장소에서의 경험을 글로 자세하게 풀어서 나타냅니다.

즐거운 캠핑장

캠핑장에서 정말 즐거운 경험을 했다. 캠핑장 바로 앞에 계곡이 있어서 물놀이를 했다. 가족들과 맛있는 고기를 숯불에 구워 먹는 특별한 경험도 했다.

야외에서 잠을 자는 것이 처음에는 어색하고 불편했는데, 자주 가 보니 익숙해졌다. 친구들이랑 함께 캠핑장에 가 보고 싶다.

➕ **신문으로 표현하는 주변 장소에서의 경험**

- 신문을 어떻게 꾸밀지 계획하고 신문 이름을 정합니다.
- 우리가 사는 곳에 있는 여러 장소를 떠올려 그림을 그립니다.
- 장소에 관한 내용의 기사를 씁니다.

용어 사전

★ **향교** (옛날에) 지방에 있는 유명한 유학자를 모신 곳에 딸려 있는 학교.

★ **어색하다** (어떤 경우나 환경에) 잘 어울리지 않음.

핵심만 **한번 더 쓰면서 정리 !**

주변 장소에서의 경험을 떠올리는 방법	- 일 기 장 살펴보기　- 사진 살펴보기 - 체 험 학 습 보 고 서 살펴보기
주변 장소에서의 경험을 표현하는 방법	- 노랫말 바꾸기　- 만 화 그리기 - 그 림 그리기　- 신문으로 표현하기 - 글로 표현하기

문제 학습

1 (   )을/를 찍었던 장소에서의 경험을 중심으로 여러 장소를 떠올릴 수 있습니다.

2 (백과 사전 , 체험 학습 보고서)을/를 살펴보면 체험 학습 장소에서 어떤 경험을 하였는지 떠올릴 수 있습니다.

3 (   ) 그리기는 장소에서의 경험을 여러 장면으로 표현하고 싶을 때 좋은 방법입니다.

4 장소에서 경험했던 일을 노랫말, 만화, (   ), 신문, 글 등 여러 가지 방법으로 표현할 수 있습니다.

📖 8종 공통

5 장소에서 경험한 일을 떠올릴 때 살펴볼 자료로 알맞은 것을 두 가지 고르시오. (   )

① 달력   ② 사진   ③ 광고지
④ 일기장   ⑤ 국어 사전

📖 8종 공통

6 다음에서 설명하는 자료는 무엇인지 쓰시오.

> • 체험 학습 장소에서 어떤 경험을 했는지 떠올릴 때 사용할 수 있는 자료입니다.
> • 주변 장소에서의 경험을 떠올릴 때 살펴보는 자료입니다.

(   )

동아출판, 천재교과서(김) 외

7 다음 (   ) 안에 들어갈 알맞은 장소의 이름을 쓰시오.

(   )

미래엔, 아이스크림 외

8 다음 장소의 이름과 장소에서 한 경험을 선으로 알맞게 연결하시오.

(1) 편의점 •   • ㉠ 작가와의 만남 행사에서 작가의 사인을 받음.

(2) 도서관 •   • ㉡ 친구들과 함께 간식을 사서 나눠 먹었음.

동아출판, 비상교육 외

9 다음 (　　　) 안에 공통으로 들어갈 말을 쓰시오.

- 자신의 경험을 여러 장면의 (　　　　)(으)로 나누어 표현합니다.
- 위의 자료는 가족들과 공원에 나들이를 갔던 경험을 (　　　　)(으)로 표현하였습니다.

(　　　　　　　　　　　　)

■ 8종 공통

10 다음은 지윤이가 그린 그림을 소개하는 글입니다. 지윤이가 그린 그림으로 알맞은 것을 골라 ○표 하시오.

> 나는 우리 고장의 자랑거리인 향교를 그렸어. 그리고 내가 그린 산과 공원은 주말마다 부모님과 내가 가는 장소야.

(1)　　　　　　　　　(2)

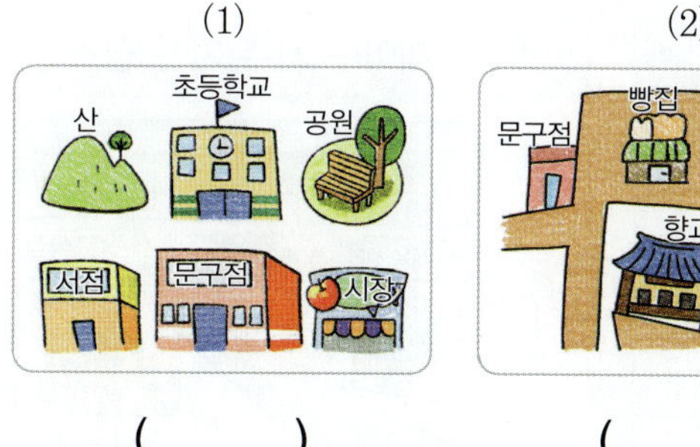
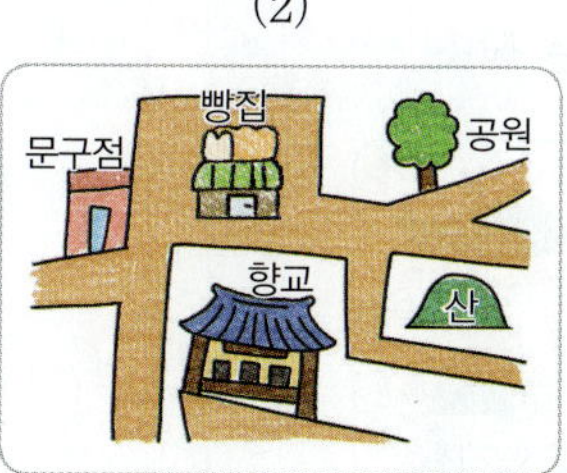

(　　　)　　　　　　(　　　)

■ 8종 공통

11 장소에서의 경험을 그림으로 표현할 때 주의할 점으로 알맞은 것에 ○표 하시오.

⑴ 주변의 모든 장소를 그려야 합니다. (　　　)

⑵ 우리 고장의 내가 좋아하는 장소에서의 경험을 그려야 합니다. (　　　)

서술형　■ 8종 공통

12 주변 장소에서의 경험을 신문으로 표현할 때 들어갈 내용을 쓰시오.

____

____

도움말 신문에 어떤 내용이 들어가 있는지 생각해 보고, 신문으로 주변 장소를 어떻게 소개할 수 있을지 떠올려 보세요.

디지털 문해력　■ 8종 공통

13 태하가 쓴 장소에서의 경험 블로그를 읽고, 글의 내용을 알맞게 설명한 친구를 골라 이름을 쓰시오.

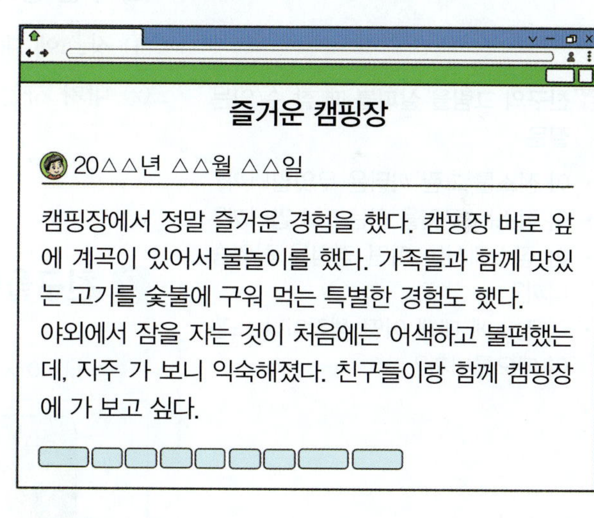

(　　　　　　　　　　　　)

학습 결과에 색칠하세요.   

개념 학습

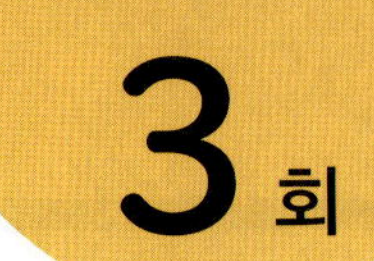

3회

우리 주변 장소의 그림

➕ **우리 주변 장소의 모습을 그릴 때 주의할 점**

- 고장에 있는 장소를 모두 다 그릴 필요는 없습니다.
- *상상 속의 장소가 아닌 주변에 실제로 있는 장소를 그립니다.
- 정해진 방법대로 그리지 않아도 되고 다양한 방법으로 그릴 수 있습니다.
- 장소에 대한 느낌을 ☆, ♡ 와 같은 표시를 해서 나타낼 수 있습니다.

1 주변 장소의 그림 그려보기 → 각자의 머릿속에 떠오르는 장소를 그리는 것이기 때문에 '심상지도'라고도 해요.

(1) 주변 장소의 모습을 그리는 과정

❶ 무엇을 중심으로 우리가 사는 곳을 그릴지 정하기

좋아하는 장소, *평소에 자주 가는 장소, 잘 아는 장소, 다른 사람에게 알리고 싶은 장소 등 무엇을 중심으로 장소를 그릴지 정합니다.

⬇

❷ 떠올린 장소들을 중심으로 주변의 모습 그리기 ➕

주변에 실제로 있는 장소들을 그리고, 장소의 이름을 씁니다.

⬇

❸ 장소에서의 경험이나 장소에 대한 느낌 표현하기

- 장소에서의 경험을 간단한 그림으로 나타냅니다.
- 장소에 대한 느낌을 단어, 표정, 그림 등으로 표현합니다.

(2) 주변 장소의 모습을 그려보면 알 수 있는 점

① 장소에 대한 내 생각을 정리할 수 있습니다.
② 내가 사는 곳에 어떤 장소들이 있는지 쉽게 확인할 수 있습니다.

➕ **친구의 그림을 살펴볼 때 할 수 있는 질문**

- 이 장소를 그린 까닭은 무엇입니까?
- 이 장소는 무엇을 하는 장소입니까?
- 이 장소에서는 어떤 경험을 하였습니까?
- 이 장소에 대해 어떤 생각이나 느낌이 떠오릅니까?

2 친구들이 그린 그림 살펴보기 ➕ → 장소에 대한 자신의 경험과 느낌에 따라 주변의 모습을 다양하게 표현할 수 있어요.

이서 – 좋아하는 장소

재이 – 자주 가는 장소

정화 – 잘 아는 장소

영훈 – 알리고 싶은 장소

용어 사전

★ **평소** 특별한 일이 없는 보통 때.
★ **상상** 실제로는 없거나 보이지 않는 것의 모양을 생각 속에 꾸미는 것.

	그림의 특징	그림을 보고 알 수 있는 점
이서	가운데에 집을 크게 그렸고, 집을 중심으로 길을 그렸음.	• 이서는 집, 공원, 산, 학교, 분식집, 놀이터를 좋아함. • 놀이터가 가장 좋아하는 장소임.
재이	집과 공원 앞쪽의 길만 크게 나타냈음.	• 재이가 *국민 체육 센터에 수영하러 간다는 것을 알 수 있음. • 학교와 집을 가장 좋아함.
정화	큰 사거리와 도로를 중심으로 그림을 그렸음.	• 학교를 가장 좋아하고, 놀이터에 대해서 가장 잘 알고 있음. • 학교, 문구점, 소방서, 편의점, 놀이터, 병원을 잘 알고 있음.
영훈	산, 공원, 도서관, 축구 경기장을 그렸음.	• 산, 공원, 도서관, 축구 경기장을 사람들에게 알리고 싶어함.

③ 우리 주변 장소의 그림 비교하기 ➕

▲ 이서의 그림

▲ 재이의 그림

공통점	• 두 친구 모두 길을 그렸음. • 두 친구 모두 각자의 집을 중심으로 주변 장소들을 그렸음.
차이점 ➕	• 두 친구는 서로 다른 장소를 그리기도 하였음. • 이서는 분식집에 떡볶이를, 재이는 김밥을 그렸음. • 이서는 학교에 운동장을 그렸지만, 재이는 그리지 않았음. • 이서는 공원에서 산책하는 모습을, 재이는 자전거 타는 모습을 그렸음.

➕ **그림을 비교하는 방법**

• 비교하는 두 개의 그림에 모두 그려진 장소를 찾아보기
• 같은 장소를 어떻게 다르게 그렸는지 살펴보기
• 비교하는 우리 주변 장소의 그림 중 한 곳에만 그려진 장소 찾아보기

1
단원
3회

➕ **친구들의 그림을 비교할 때 주의할 점**

• 주변의 여러 장소 중 어떤 곳들을 표현하였는지 비교합니다.
• 작품 속에 담겨 있는 친구들의 경험과 느낌을 비교합니다.

용어 사전

* **국민 체육 센터** 지역 주민의 건강을 돕기 위한 체육 시설.

핵심만 **한번 더 쓰면서 정리 !**

주변 장소의 모습을 그리는 과정

❶ 무엇을 중 심 으로 우리가 사는 곳을 그릴지 정하기 →
❷ 떠올린 장소들을 중심으로 주 변 의 모습 그리기 →
❸ 장소에서의 경 험 이나 장소에 대한 느낌 표현하기

핵심 체크

1 주변 장소의 모습을 그릴 때는 가장 먼저 무엇을 (   )(으)로 우리가 사는 곳을 그릴지 정해야 합니다.

2 주변 장소들의 모습을 그려보면 장소에 대한 내 (   )을/를 정리할 수 있습니다.

3 장소에서의 경험을 간단한 그림으로 나타내고, 장소에 대한 (   )을/를 단어, 표정, 그림 등으로 표현합니다.

4 친구들의 그림을 살펴볼 때는 주변의 여러 장소 중 어떤 곳들을 표현하였는지 (   )합니다.

📘 8종 공통

5 다음 (보기)는 주변 장소의 모습을 그리는 방법입니다. 가장 먼저 할 일과 가장 나중에 할 일을 골라 기호를 쓰시오.

> (보기)
> ㉠ 떠올린 장소들을 중심으로 주변의 모습 그리기
> ㉡ 무엇을 중심으로 우리가 사는 곳을 그릴지 정하기
> ㉢ 장소에서의 경험이나 장소에 대한 느낌 표현하기

⑴ 가장 먼저 할 일: (   )
⑵ 가장 나중에 할 일: (   )

서술형 📘 8종 공통

6 내가 사는 곳 주변 장소의 모습을 그리려고 할 때, 무엇을 중심으로 그릴 수 있는지 두 가지 쓰시오.

____

도움말 우리 주변의 장소를 그릴 때 어떤 기준으로 그려야 장소에 대한 내 생각을 잘 정리할 수 있을지 생각해 보세요.

📘 8종 공통

7 우리 주변 장소의 그림에 대해 알맞게 말한 친구를 골라 ○표 하시오.

⑴ (   )   ⑵ (   )

📘 8종 공통

8 친구의 주변 장소 그림을 살펴볼 때 할 수 있는 질문으로 알맞지 <u>않은</u> 것은 어느 것입니까? (   )

① 이 장소를 그린 까닭은 무엇입니까?
② 이 장소는 무엇을 하는 장소입니까?
③ 이 장소에서는 어떤 경험을 하였습니까?
④ 이 중에서 여행을 가고 싶은 나라는 어디입니까?
⑤ 이 장소에 대해 어떤 생각이나 느낌이 떠오릅니까?

📖 8종 공통

9 우리 주변 장소의 그림을 비교하는 방법으로 알맞은 것에 ◯표 하시오.

(1) 같은 장소를 어떻게 다르게 그렸는지 살펴봅니다. ( )

(2) 두 그림 중에서 마음에 드는 것을 하나만 선택하여 살펴봅니다. ( )

📖 8종 공통

10 친구들이 그린 주변 장소의 모습을 비교할 때 살펴볼 내용으로 알맞지 <u>않은</u> 것은 어느 것입니까?

( )

① 그림에 모두 있는 건물
② 그림에 모두 있는 자연환경
③ 어느 한 그림에만 있는 건물
④ 어느 한 그림에만 있는 자연환경
⑤ 그림을 그릴 때 사용한 그리기 도구를 파는 곳

📖 8종 공통

11 이서와 재이가 그린 그림에 모두 있는 장소를 (보기)에서 두 가지 골라 기호를 쓰시오.

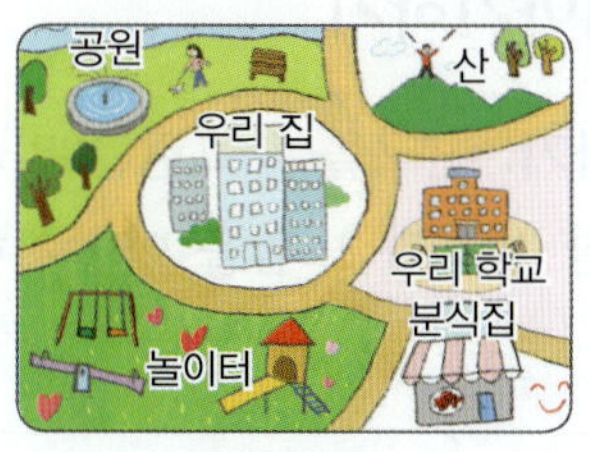

▲ 이서의 그림

▲ 재이의 그림

(보기)
㉠ 학교   ㉡ 놀이터
㉢ 분식집   ㉣ 국민 체육 센터

( )

디지털 문해력 동아출판 외

12 다음과 같은 그림을 그린 친구는 누구인지 찾아 쓰시오.

▲ 다른 사람에게 알리고 싶은 장소

댓글 ▼

• 유주: 나는 내가 사는 집을 크게 그렸어.
• 성빈: 나는 우리 고장의 자랑인 산을 알리고 싶었어.
• 예지: 나는 큰 사거리와 도로를 중심으로 그림을 그렸어.

( )

📖 8종 공통

13 친구들이 그린 주변 장소의 모습을 비교할 때 주의할 점으로 알맞은 것을 (보기)에서 골라 기호를 쓰시오.

(보기)
㉠ 내가 좋아하는 고장의 장소만 찾아서 비교한다.
㉡ 우리 주변 장소의 모습을 나와 다르게 그린 친구를 비난한다.
㉢ 그림을 잘 그렸는지 아닌지에 대해서는 비교하지 않도록 한다.

( )

학습 결과에 색칠하세요.   

개념 학습 4회

주변 장소에 대한 생각 나누기

➕ 친구들의 주변 장소 소개를 듣고 알 수 있는 점

- 주변에 있는지 몰랐던 장소를 알 수 있습니다.
- 우리가 사는 곳에 대한 친구들의 생각을 알 수 있습니다.
- 친구들이 우리 주변의 장소에서 어떤 경험을 하였는지 알 수 있습니다.
- 친구가 좋아하는 장소나 자주 가는 곳 등 친구들의 경험이나 관심 있는 것들에 대해서 알 수 있습니다.

➕ 우리 주변 장소의 모습

▲ 슈퍼마켓

▲ 병원

1 우리가 사는 곳에 있는 여러 장소 소개하기 ➕

① 우리가 사는 곳의 여러 장소를 *소개할 때는 어떤 방법으로 장소를 표현했는지 설명해야 합니다.

② 주변 장소의 그림을 소개할 때는 내가 그린 장소에 대한 설명과 장소를 어떻게 *표현했는지 이야기합니다.

교과서 | 대표 자료 | 그림으로 우리가 사는 곳 소개하기 ➕

2 우리가 사는 곳에 대한 생각과 느낌 이야기하기

(1) 우리가 사는 곳에 대한 생각과 느낌 이야기하기: 친구들이 그린 우리가 사는 곳의 모습을 비교하면서 주변 장소에 대한 생각과 느낌을 이야기해 봅니다.

용어 사전

★ **소개** 남이 잘 모르는 지식이나 내용을 대강 알게 해 주는 것.

★ **표현** 느낌이나 생각을 말, 글, 예술 작품 등으로 나타내는 것.

★ **문화재** 조상 대대로 전해 내려온 문화 중에서 다음 세대에게 물려줄 만한 가치가 있는 것.

(2) 장소에 대한 생각이나 느낌이 서로 다른 까닭

① 사람마다 기억하는 것이 다르기 때문입니다.
② 같은 장소에서의 경험이 사람마다 다르기 때문입니다. ➕
③ 사람마다 같은 장소에 대한 *감정이나 태도가 다르기 때문입니다.

(3) 장소에 대한 서로 다른 생각과 느낌을 대하는 태도

① 장소에 대한 생각과 느낌은 다양하다는 것을 알 수 있습니다.
② 장소에 대한 서로 다른 생각과 느낌을 이해하고 *존중해야 합니다.

➕ **같은 장소에서의 서로 다른 경험**
_{예)} **도서관**
- 도서관은 재미있는 책을 많이 읽을 수 있어서 좋아하는 장소입니다.
- 도서관에서 책을 빌려 집에서 동생과 함께 읽었던 추억이 있습니다.
- 도서관에서 빌린 책을 잃어버린 적이 있어서 그 이후로는 도서관에서 책을 빌리지 않습니다.
- 가족들과 도서관에 갔었는데 책 읽기를 좋아하지 않아서 심심했습니다.

▲ 도서관

1단원 / 4회

용어 사전

★ **감정**　슬픔·기쁨·좋음·싫음 등의 심리 상태.
★ **존중**　아주 귀중하게 여기는 것.

핵심만 **한번 더 쓰면서 정리 !**

우리가 사는 곳의 여러 장소 **소 개** 하기	- 어떤 방법으로 장소를 표현했는지 설명하기 - 그림을 소개할 때는 그린 장소에 대한 **설 명** 과 장소를 어떻게 **표 현** 했는지 이야기하기
장소에 대한 서로 다른 생각과 느낌을 대하는 태도	- 장소에 대한 생각과 느낌은 다양함. - 장소에 대한 서로 다른 생각과 느낌을 **이 해** 하고 **존 중** 해야 함.

핵심 체크

1 주변 장소의 그림을 (　　　)할 때는 내가 그린 장소에 대한 설명과 장소를 어떻게 표현했는지 이야기합니다.

2 친구들의 주변 장소 소개를 들으면 친구들이 우리 주변의 장소에서 어떤 (　　　)을/를 하였는지 알 수 있습니다.

3 사람마다 같은 장소에 대한 감정이나 (　　　)이/가 다릅니다.

4 장소에 대한 서로 다른 생각과 느낌을 (　　　)하고 존중해야 합니다.

| 5~6 | 다음 자료를 보고, 물음에 답하시오.

📖 8종 공통

5 위의 자료에 대한 알맞은 설명을 골라 ○표 하시오.

> 주변 장소에서의 경험을 (글 , 그림)으로 표현하였습니다.

📖 8종 공통

6 위의 자료로 우리가 사는 곳을 알맞게 소개한 친구의 이름을 쓰시오.

> • 민형: 집을 중심으로 길을 그렸어.
> • 미나: 학교에 '♥'를 그려서 좋아하는 장소를 표시했어.

(　　　　　　　)

📖 8종 공통

7 친구들의 주변 장소 소개를 듣고 알 수 있는 점으로 알맞은 것에 ○표 하시오.

⑴ 주변에 있는지 몰랐던 장소를 알 수 있습니다.

(　　　)

⑵ 친구들이 주변 장소에서 어떤 경험을 하였는지는 알 수 없습니다.

(　　　)

📖 8종 공통

8 친구들의 주변 장소 소개를 듣고 알 수 있는 점이 <u>아닌</u> 것은 어느 것입니까? (　　　)

① 사람마다 그린 장소의 모습이 다르다.
② 사람들이 좋아하는 장소가 모두 같다.
③ 사람마다 고장을 표현하는 방법이 다르다.
④ 사람마다 생각하는 고장의 모습이 다양하다.
⑤ 각자 그린 장소의 모습에는 공통점도 있고 차이점도 있다.

9 우리가 사는 곳에 대한 생각과 느낌을 읽고, 알 수 있는 점으로 알맞은 것을 골라 ○표 하시오.

⑴ 사람마다 장소에 대해서 기억하는 것이 같습니다. ( )

⑵ 사람마다 경험에 따라 장소에 대한 생각과 느낌이 다릅니다. ( )

10 다음은 놀이터에 대한 친구들의 경험입니다. 놀이터에 대한 경험이 좋지 않았던 친구를 골라 ○표 하시오.

( ) ( )

11 사람마다 장소에 대한 생각과 느낌이 서로 다른 까닭을 두 가지 쓰시오.

____

 사람마다 장소에 대한 생각이나 느낌이 왜 모두 똑같을 수 없는지 생각해 보세요.

 미래엔, 아이스크림 외

12 다음은 같은 장소에서의 경험을 담은 영상입니다. 어떤 장소에서의 경험인지 쓰시오.

( )

13 우리 주변 장소에 대한 서로 다른 생각과 느낌에 대해 우리는 어떤 태도를 가져야 합니까?

( )

① 무시하기 ② 존중하기

③ 비난하기 ④ 질투하기

⑤ 불만 갖기

학습 결과에 색칠하세요.   

개념 학습

5회

생활에 도움을 주는 장소

➕ 안전과 관련된 장소

경찰서

범죄를 예방하고, 교통질서를 유지합니다.

소방서

화재를 예방하고, 응급 환자를 구조합니다.

➕ 생활에 도움을 주는 장소에서 할 수 있는 일

산	등산을 할 수 있음.
캠핑장	가족들과 캠핑을 즐길 수 있음.
시장	싱싱한 해산물, 채소, 과일 등을 살 수 있음.
공연장	연극이나 음악회를 관람할 수 있음.
미술관	미술 작품을 감상할 수 있음.
수영장	여러 가지 수영 방법과 생존 수영을 배울 수 있음.
병원	몸이 아플 때 치료를 받을 수 있음.

용어 사전

★ **문화** 정신적 가치와 아름다움에 관계되는 사회적 분야나 활동.

★ **유물** 과거의 조상들이 남긴 물건.

★ **의료** 의술로 병을 치료하는 일.

★ **예방** 병이나 사고 같은 것이 생기지 않도록 미리 막는 것.

1️⃣ 생활에 도움을 주는 여러 장소 알아보기

➕ 우리 주변에는 사람들이 즐겁고 안전하게 살 수 있게 도와주는 여러 시설이나 장소가 있어요.

(1) 놀이 및 여가 생활을 돕는 장소

공원

휴식하거나 산책할 수 있는 공간을 제공함.

체육관

운동하는 공간을 제공하고, 건강을 위한 프로그램을 운영함.

(2) 교육 및 ★문화와 관련된 장소 → 문화 시설에는 공연장, 미술관 등도 있어요.

도서관

책을 읽을 수 있고, 책과 영상 자료를 빌릴 수 있음.

박물관

여러 가지 역사 ★유물을 직접 볼 수 있음.

(3) 건강 및 ★의료와 관련된 장소

약국

몸이 다치거나 아플 때 약을 살 수 있음.

보건소

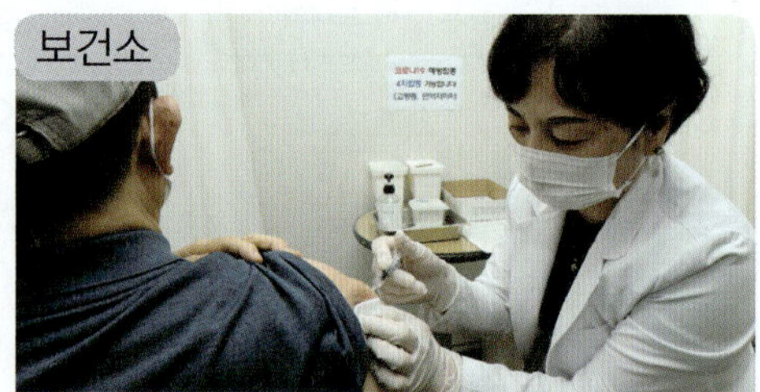

★예방 접종과 방역 활동으로 질병을 미리 막아 사람들의 건강을 지킴.

(4) 이동할 때 도움을 주는 장소 → 기차역, 지하철역 등도 있어요.

버스 터미널

다른 지역으로 가는 버스를 탈 수 있음.

공항

비행기를 타고 다른 지역이나 해외로 갈 수 있음.

(5) 생활에 필요한 물건을 살 수 있는 장소 → 편의점, 대형 마트, 슈퍼마켓 등도 있어요.

싱싱한 해산물, 채소, 과일 등을 살 수 있음.

층별로 다양한 물건을 구경하고 살 수 있음.

2 사람들에게 직접 도움을 주는 공공 기관

(1) 공공 기관 ✚

① 개인이 아닌 모든 사람을 위해 일하는 국가 기관을 말합니다.
② 공공 기관은 지역 주민들이 안전하고 편리한 생활을 할 수 있도록 일하는 곳입니다.

(2) 공공 기관의 종류 및 하는 일

경찰서	교통정리 및 사고 처리, 범죄 예방 등 지역의 안전을 책임지고 질서를 유지함.
우체국	우편물을 배달하고, 지역 특산물을 판매함.
행정 복지 센터	주민 등록, 전입 신고 등 주민의 생활과 관련된 다양한 일을 함.
소방서	화재를 예방하거나 진압하고, 응급 환자를 구조함.
도서관	책과 자료를 모아두어 주민이 보거나 빌릴 수 있게 함.
학교	교실·체육관 등의 시설을 갖추고, 학생들을 교육함.
시·도청	• 주민을 위해 다양한 지원을 하고 도로, 공원 등의 시설을 관리함. • 예산을 관리하며 주민 복지, 지역 환경 관리 등의 일을 함.

✚ 생활에 도움을 주는 장소 중 공공 기관이 아닌 장소

병원, 서점, 시장, 문구점, 아파트, 백화점, 영화관, 대형 마트, 택배 회사 등은 공공 기관이 아닙니다.

▲ 아파트

▲ 백화점

용어 사전

★ **전입** 살던 거주지에서 새 거주지로 옮겨 들어오는 것.
★ **화재** 집이나 물건이 불에 타는 손해.
★ **예산** 수입과 지출을 미리 계획하는 것, 또는 그 계획.

핵심만 한번 더 쓰면서 정리 !

생활에 도움을 주는 장소	- 놀이 및 여가생활을 돕는 장소 - 교육 및 문화와 관련된 장소 - 건강, 의료와 관련된 장소 - 이동할 때 도움을 주는 장소 - 생활에 필요한 물건을 살 수 있는 장소 - 안전과 관련된 장소
공공 기관의 의미	개인이 아닌 모든 사람을 위해 일하는 국가 기관

핵심 체크

1 우리 주변에는 사람들이 즐겁고 안전하게 살 수 있게 도와주는 여러 시설이나 (   )이/가 있습니다.

2 (   )은/는 여러 가지 역사 유물을 직접 볼 수 있는 장소입니다.

3 (   )은/는 개인이 아닌 모든 사람을 위해 일하는 국가 기관을 말합니다.

4 (   )은/는 주민 등록, 전입 신고 등 주민의 생활과 관련된 다양한 일을 하는 공공 기관입니다.

📖 8종 공통

5 생활에 도움을 주는 장소와 그곳에서 볼 수 있는 모습을 선으로 알맞게 연결하시오.

(1) 박물관 •　　　• ㉠ 산책을 하는 모습

(2) 공원 •　　　• ㉡ 역사 유물을 보는 모습

📖 8종 공통

6 다음 사진과 같이 운동하는 공간을 제공하는 장소는 어느 곳입니까? (   )

① 공원　　② 약국　　③ 경찰서
④ 체육관　　⑤ 캠핑장

📖 8종 공통

7 생활에 도움을 주는 장소에 대한 설명이 알맞게 연결된 것은 어느 것입니까? (   )

① 공원 – 다치거나 아플 때 약을 살 수 있다.
② 약국 – 싱싱한 해산물, 채소, 과일 등을 살 수 있다.
③ 소방서 – 범죄를 예방하고 교통질서를 유지한다.
④ 버스 터미널 – 다른 지역으로 가는 비행기를 탈 수 있다.
⑤ 도서관 – 책을 읽을 수 있고, 책과 영상 자료를 빌릴 수 있다.

📖 8종 공통

8 다음에서 설명하는 장소는 어디인지 쓰시오.

> • 건강 및 의료와 관련된 장소입니다.
> • 몸이 다치거나 아플 때 약을 살 수 있습니다.

(   )

📖 8종 공통

9 다음 장소에 대한 설명으로 알맞은 것은 어느 것입니까? (　　　)

▲ 버스 터미널

▲ 공항

① 안전과 관련된 장소
② 교육 및 문화와 관련된 장소
③ 건강 및 의료와 관련된 장소
④ 놀이 및 여가와 관련된 장소
⑤ 이동할 때 도움을 주는 장소

디지털 문해력

|10~11| 다음 친구가 쓴 블로그 글을 읽고, 물음에 답하시오.

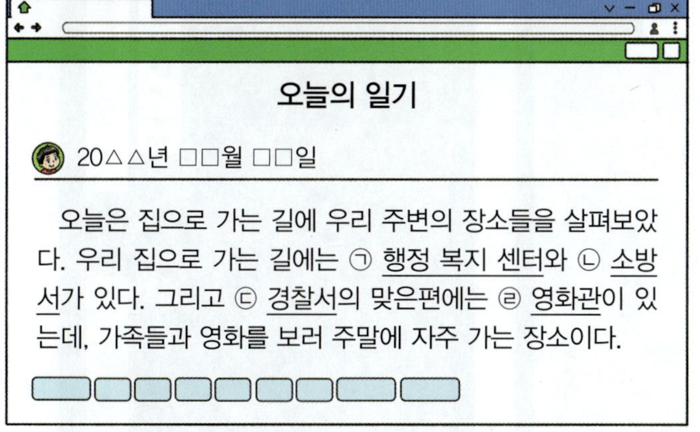

동아출판, 비상교육 외

10 위의 글을 읽고, ㉠~㉣ 중 시설의 종류가 나머지와 다른 곳을 골라 기호를 쓰시오.

(　　　　　　　)

서술형 동아출판, 비상교육 외

11 위의 10번의 답이 공공 기관이 아닌 까닭을 한 가지만 쓰시오.

____

도움말 공공 기관은 개인이 아닌 모든 사람을 위해 일하는 국가 기관을 말해요.

|12~13| 다음 그림을 보고, 물음에 답하시오.

▲ 시장

▲ 도서관

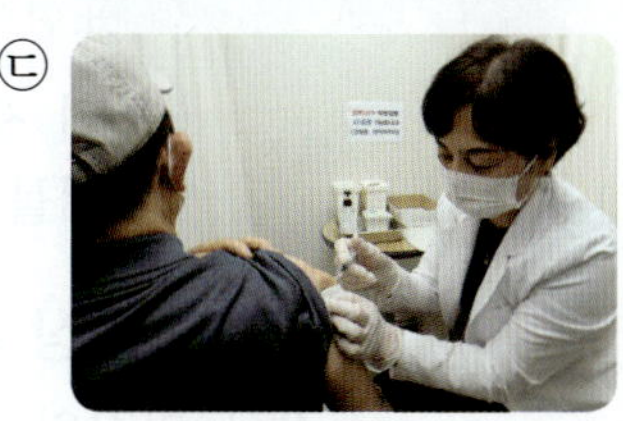
▲ 보건소

▲ 백화점

동아출판, 비상교육 외

12 위 ㉠~㉣ 중 공공 기관을 모두 골라 기호를 쓰시오.

(　　　　　　　)

동아출판, 비상교육 외

13 위 12번 답과 같은 공공 기관이 공통적으로 하는 일로 알맞은 것은 어느 것입니까? (　　　)

① 아픈 사람을 치료한다.
② 정부에서 요청하는 일만 한다.
③ 개인적인 문제 상황을 해결해 준다.
④ 기관의 대표가 돈을 벌기 위한 일을 한다.
⑤ 지역 주민들이 편리한 생활을 할 수 있도록 일한다.

학습 결과에 색칠하세요.   

개념 학습

6회

생활에 도움을 주는 장소 살펴보기

➕ **디지털 영상 지도의 특징**

- 다양한 크기의 면적을 볼 수 있습니다.
- 어떤 장소의 위치를 쉽게 알게 해 줍니다.
- 지역을 자세히 볼 수도 있고 폭넓게 볼 수도 있습니다.

1 디지털 영상 지도로 생활에 도움을 주는 장소 살펴보기

(1) 디지털 영상 지도

의미	• ＊항공 사진이나 ＊인공위성 사진을 이용해서 만든 지도 • 컴퓨터나 스마트폰 등 다양한 기기에서 이용할 수 있는 디지털 정보로 표현한 지도
특징	우리 지역의 전체적인 모습과 자세한 모습을 하늘에서 내려다본 것처럼 살펴볼 수 있음. ➕

(2) 디지털 영상 지도의 기능과 이용하는 방법: 국토 정보 플랫폼과 인터넷 검색 누리집의 지도 서비스 화면에서 이용할 수 있습니다. ➕

➕ **스마트 기기를 활용하여 디지털 영상 지도 살펴보기**

- 지도 화면을 손가락으로 누른 채 손가락을 움직이면 원하는 위치로 지도를 이동시킬 수 있습니다.
- 지도 화면에 두 손가락을 대고 벌리거나 좁혀서 지도를 확대하거나 축소할 수 있습니다.

> **교과서 대표 자료** 국토 정보 플랫폼에서 디지털 영상 지도 살펴보기

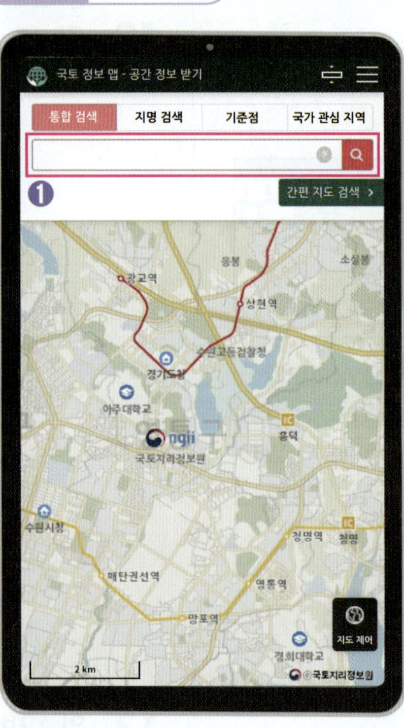

❶ **위치 찾기:** 검색창에 찾고자 하는 장소를 입력하면 지도에서 위치를 찾을 수 있습니다.

❷ **이동하기:** 컴퓨터로 디지털 영상 지도를 볼 때는 마우스 왼쪽 단추를 누른 채로 움직이면 지도 안에서 원하는 위치로 이동할 수 있습니다.

❸ **확대·축소하기:** ＋를 누르면 확대되고, －를 누르면 축소됩니다. 스마트 기기를 활용할 때는 손가락으로 확대·축소를 할 수 있습니다.

❹ **지도 종류 선택:** '바탕 화면 선택'을 누르면 일반지도, 영상 지도 등 다양한 종류의 지도를 선택하여 볼 수 있고, '하이브리드' 단추를 누르면 지도 위에 장소의 이름을 보이게 하거나 숨길 수 있습니다.

용어 사전

★ **항공 사진** 비행기에서 찍은 사진.

★ **인공위성** 사람들이 만들어 쏘아 올린 비행 물체.

② 디지털 영상 지도로 생활에 도움을 주는 장소 찾기

(1) 디지털 영상 지도를 이용해 장소를 찾는 방법

| ❶ 찾고 싶은 장소 정하기 | → | ❷ 장소를 디지털 영상 지도에서 찾아보기 | → | ❸ 찾아본 장소를 디지털 영상 지도에서 확대하여 살펴보기  |

(2) 디지털 영상 지도로 실제 장소 살펴보기 ⑩ 부산광역시

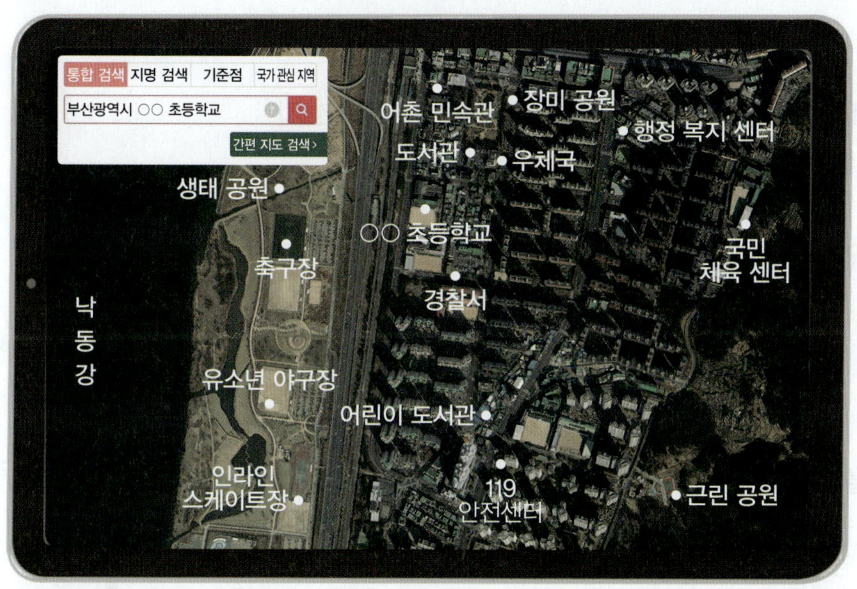

① 왼쪽에 낙동강, 오른쪽에는 산이 있습니다.
② *생태 공원에 있는 축구장, *유소년 야구장, 인라인스케이트장 등이 보입니다.
③ 도서관, 우체국, 경찰서, 행정 복지 센터 등 여러 공공 기관이 있습니다.

(3) 디지털 영상 지도로 장소를 살펴보면 좋은 점

① 장소의 실제 모습을 정확하게 볼 수 있습니다.
② 주변에 있는 여러 장소를 한눈에 볼 수 있습니다.
③ 지역의 전체적인 모습과 자세한 모습을 모두 볼 수 있습니다.

➕ 디지털 영상자료로 살펴본 지역의 모습

▲ 고장의 전체적인 모습

▲ 고장의 자세한 모습

1단원 / 6회

용어 사전

★ **생태** 생물이 자연적으로 살아가는 생활의 모습.
★ **유소년** 유치원이나 초등학교에 다닐 나이의 어린아이.

핵심만 한번 더 쓰면서 **정리!**

디 지 털 영 상 지 도	항공 사진이나 인공위성 사진을 이용해서 만든 지도
디지털 영상 지도를 이용해 장소 찾는 방법	❶ 찾고 싶은 장 소 정하기 ❷ 장소를 디지털 영상 지도에서 찾기 ❸ 지도를 확 대 해서 살펴보기

핵심 체크

1 (지구본 , 디지털 영상 지도)은/는 컴퓨터나 스마트폰 등 다양한 기기에서 이용할 수 있는 디지털 정보로 표현한 지도를 말합니다.

2 디지털 영상 지도에는 (   ) 찾기, 이동하기, 확대·축소하기, 지도 종류 선택 등 다양한 기능이 있습니다.

3 컴퓨터로 디지털 영상 지도를 볼 때는 마우스 왼쪽 단추를 누른 채로 움직이면 지도 안에서 원하는 위치로 (   )할 수 있습니다.

4 디지털 영상 지도로 장소를 살펴보면 지역의 전체적인 모습과 (   ) 모습을 모두 볼 수 있어서 좋습니다.

📖 8종 공통

5 다음 (   ) 안에 들어갈 알맞은 말을 쓰시오.

> (   )은/는 항공 사진이나 인공위성 사진을 이용해 만들어진 지도입니다.

(   )

서술형 📖 8종 공통

6 디지털 영상 지도의 특징을 한 가지만 쓰시오.

____

도움말 디지털 영상 지도의 이용 방법과 여러 가지 기능을 떠올려 보세요.

📖 8종 공통

7 디지털 영상 지도를 이용할 수 있는 기기를 두 가지 고르시오. (   )

① 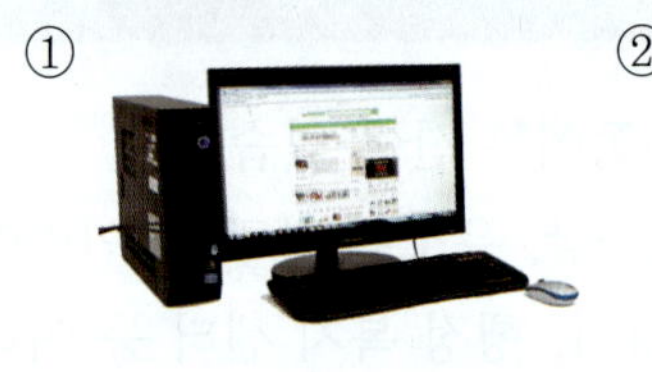
▲ 컴퓨터

② 
▲ 무전기

③ 
▲ 유선 전화

④ 
▲ 스마트폰

📖 8종 공통

8 다음 〈보기〉에서 디지털 영상 지도의 기능을 모두 골라 기호를 쓰시오.

〈보기〉
ㄱ 이동하기   ㄴ 축소하기   ㄷ 확대하기
ㄹ 위치 찾기   ㅁ 사람 찾기

(   )

| 9~10 | 다음 지도를 보고, 물음에 답하시오.

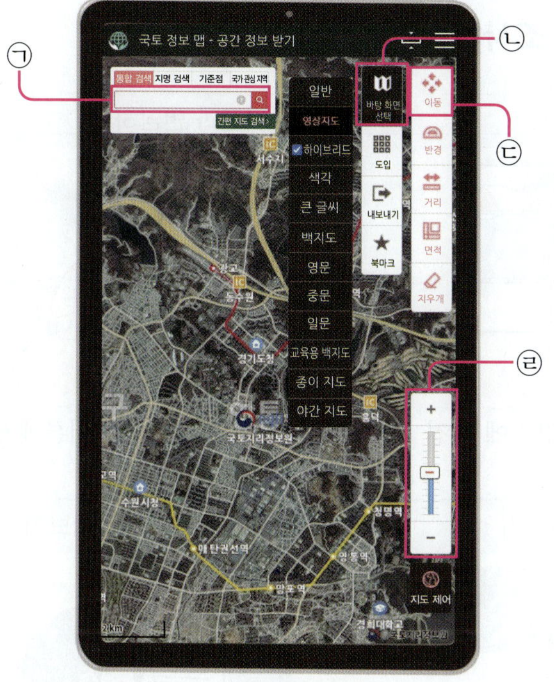

9 위 ㉠~㉣ 중 지도의 종류를 바꿀 수 있는 기능을 골라 기호를 쓰시오.

(   )

10 다음에서 설명하는 기능을 위의 자료에서 골라 기호를 쓰시오.

> 검색창에 찾고자 하는 장소를 입력하면 지도에서 위치를 찾을 수 있습니다.

(   )

11 디지털 영상 지도를 이용하여 살펴볼 수 있는 것을 〈보기〉에서 모두 골라 기호를 쓰시오.

> 〈보기〉
> ㉠ 장소의 날씨
> ㉡ 장소의 실제 모습
> ㉢ 우리 지역의 역사
> ㉣ 우리 지역의 여러 장소

(   )

12 디지털 영상 지도를 이용해서 살펴본 지역 모습을 선으로 알맞게 연결하시오.

(1)   (2)

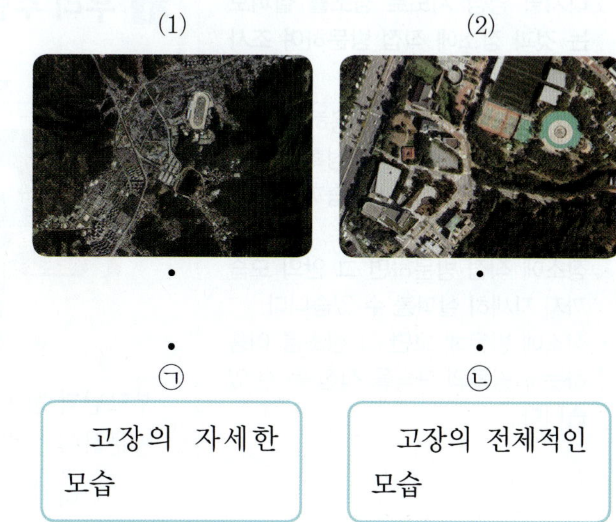

•   •

•   •

㉠   ㉡

| 고장의 자세한 모습 | 고장의 전체적인 모습 |

13 다음 단체 대화창을 읽고, 디지털 영상 지도로 장소를 살펴보면 좋은 점을 알맞게 말한 친구를 모두 골라 이름을 쓰시오.

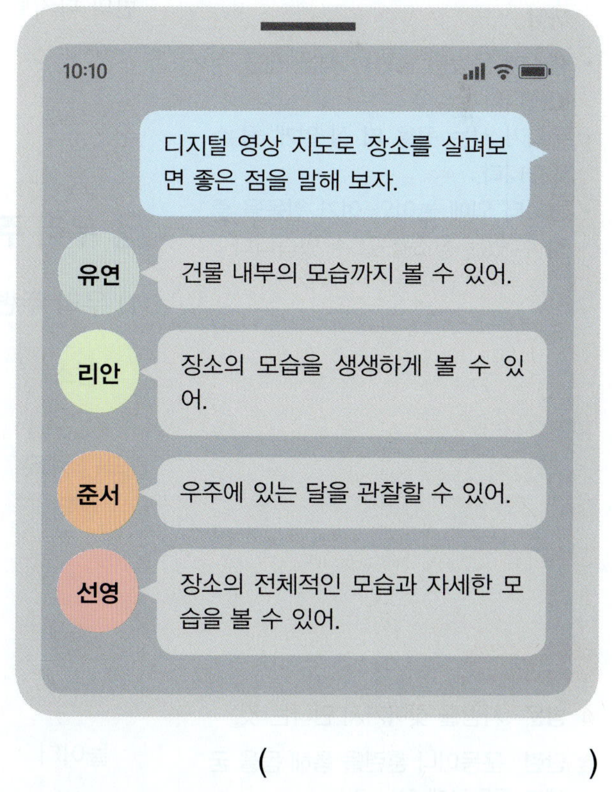

(   )

학습 결과에 색칠하세요.   

개념 학습 **7**회

우리 주변의 장소 조사하기

➕ **디지털 영상 지도로 장소를 살펴보는 것과 장소에 직접 방문하여 조사하는 것의 차이점**

- 디지털 영상 지도를 활용하면 어디에 어떤 장소가 있는지 정확하게 알 수 있지만, 장소 안의 모습까지는 알기 어렵습니다.
- 장소에 직접 방문하면 그 안의 모습까지 자세히 살펴볼 수 있습니다.
- 장소에 방문해 보면 그 장소를 이용하는 사람들의 모습을 직접 볼 수 있습니다.

➕ **우리 주변의 장소를 살펴봐야 하는 까닭**

- 평소에 몰랐던 불편한 점을 찾을 수 있습니다.
- 우리가 사는 곳을 더 잘 알게 될 수 있습니다.
- 놀이터 외에 놀이와 여가 활동을 즐길 수 있는 장소를 알 수 있습니다.

① 우리 주변의 장소를 조사하는 방법 ➕

직접 *방문하기	어른과 면담하기

부모님과 함께 우리 주변의 장소에 직접 방문하여 살펴봄.	우리가 사는 곳을 잘 아는 어른에게 우리 주변 장소에 대해 여쭤봄.
디지털 영상 지도 살펴보기	시청·구청 누리집 살펴보기

컴퓨터나 스마트폰을 활용하여 우리 주변의 디지털 영상 지도를 살펴봄.	우리가 사는 곳의 시청·구청 누리집에 들어가서 사진이나 영상을 살펴봄.

↳ 이 밖에도 우리가 사는 곳을 소개한 안내 책자나 홍보 자료를 살펴볼 수도 있어요.

② 우리 주변 장소의 좋은 점과 불편한 점 조사하기

(1) 우리 주변 장소의 좋은 점과 불편한 점 ➕

장소	좋은 점	불편한 점
국민 체육 센터	수영장, 농구장, 체력 *단련실 등 여러 체육 활동과 관련된 시설이 모여 있어서 다양한 운동을 할 수 있음.	시설을 이용하고 싶지만 집과의 거리가 다소 멀어서 불편했음.
시장	식재료를 파는 구역, 옷이나 신발 등을 파는 구역 등으로 나눠져 있어서 편리함.	시장 곳곳에 쓰레기가 있어서 불편했음.
놀이터	놀이 시설과 의자, 음수대 등 편의 시설을 잘 갖추고 있음.	오래된 놀이기구가 고장 났는데 수리하지 않고 *방치되어 있음.
어린이 도서관	자유롭게 앉아서 책을 볼 수 있어서 좋음.	어린이가 높은 책장에 있는 책을 빼기 어려움.

용어 사전

✸ **방문** 사람을 찾아가서 만나는 것.

✸ **단련** 운동이나 훈련을 통해 몸을 굳세고 튼튼하게 하는 것.

✸ **방치** 관심을 가지고 관리하거나 보호하지 않고 내버려 두는 것.

(2) 우리 주변 장소의 좋은 점이나 불편한 점을 알아보는 까닭

① 우리가 자주 이용하는 장소는 일상생활과 *밀접한 관련이 있으므로 그 특징을 잘 알고 있을 필요가 있기 때문입니다.

② 주변 장소의 특징을 잘 알고 있어야 우리가 사는 곳을 더 살기 좋은 곳으로 만들 방안을 생각할 수 있기 때문입니다.

➕ 주변 장소의 특징 알아보는 방법

- 장소에 방문하여 장소의 느낌 체험하기
- 사람들의 장소 이용 모습 관찰하기

> 우리가 사는 곳이 살기 좋은 곳인지 살펴보려면 우리 주변에 있는 장소들에 관심을 가져야 해요.

1단원 7회

교과서 대표 자료 우리 주변에 있는 장소들을 살펴보는 모습 ➕

(3) 우리가 사는 곳을 살펴보면 알 수 있는 점

용어 사전

- ✱ **밀접하다** (무엇과) 관계가 아주 가깝다.
- ✱ **파악** 어떤 일의 내용·사정·본질 등을 분명하게 아는 것.

핵심만 한번 더 쓰면서 정리 !

우리 주변 장소 조사 방법	- 장소에 직접 **방 문** 하기　- 어른과 **면 담** 하기 - 디지털 영상 지도 살펴보기　- 시청·구청 **누 리 집** 살펴보기
우리가 사는 곳을 살펴보면 알 수 있는 점	- 장소의 편리한 점과 좋은 점, **불 편 한** 점 - 여러 가지 장소와 시설의 이용 방법

핵심 체크

1 우리 주변의 장소에 직접 (　　　)하면 그 안의 모습까지 자세히 살펴볼 수 있습니다.

2 우리 주변의 장소를 조사하기 위해서 우리가 사는 곳을 잘 아는 어른과 (　　　)을/를 합니다.

3 우리가 자주 이용하는 장소는 (　　　)와/과 밀접한 관련이 있습니다.

4 우리가 사는 곳을 살펴보면 여러 가지 장소와 시설의 (　　　)을/를 자세히 알 수 있습니다.

📖 8종 공통

5 우리 주변의 장소를 조사하는 방법으로 알맞지 <u>않은</u> 것은 어느 것입니까? (　　　)

① 직접 방문하기
② 세계 지도 살펴보기
③ 디지털 영상 지도 살펴보기
④ 시청·구청 누리집 살펴보기
⑤ 우리가 사는 곳을 잘 아는 어른과 면담하기

서술형 📖 8종 공통

6 디지털 영상 지도로 장소를 살펴보는 것과 장소에 직접 방문하여 살펴보는 것의 차이점을 한 가지만 쓰시오.

____

____

도움말 디지털 영상 지도를 사용해 본 경험과 우리 주변의 장소에 방문한 경험을 떠올려 보세요.

|7~8| 다음 **(보기)**를 보고, 물음에 답하시오.

(보기)

㉠ 공원에는 쉴 수 있는 곳이 많다.
㉡ 공원에는 매점, 화장실 등이 있다.
㉢ 버스 터미널은 사람이 많아서 복잡하다.
㉣ 할인 매장은 필요한 물건을 한 곳에서 살 수 있어서 좋다.

동아출판, 비상교육 외

7 위의 **(보기)**에서 우리 주변 장소의 불편한 점을 말한 친구를 골라 기호를 쓰시오.

(　　　　　　　)

동아출판, 비상교육 외

8 위의 **(보기)**에서 오른쪽 사진과 같은 장소를 방문한 친구를 골라 기호를 쓰시오.

(　　　　　　　)

미래엔, 천재교과서(박) 외

9 우리 주변 장소의 좋은 점을 선으로 알맞게 연결하시오.

(1)	어린이 도서관	•		• ㉠	다양한 운동을 할 수 있음.
(2)	국민 체육 센터	•		• ㉡	자유롭게 앉아서 책을 볼 수 있음.

디지털 문해력   📖 8종 공통

10 다음 인터넷 기사를 읽고, 밑줄 친 이곳의 이름을 쓰시오.

☆☆ 인터넷 신문

설날을 맞이하여 이곳에 많은 시민이 모였습니다.
☆☆구에 사는 한 시민은 제사상에 올라갈 과일, 떡, 생선을 사기 위해 이곳에 방문하였다고 말했습니다.
이곳은 개장 40주년을 맞이하여 식재료를 파는 구역, 옷과 신발 등을 파는 구역을 나누어 재단장을 완료하였는데, 시민들의 만족도가 크게 올라간 것으로 파악되었습니다.

(   )

📖 8종 공통

11 다음 (   ) 안에 공통으로 들어갈 말을 쓰시오.

- 우리가 자주 이용하는 장소는 일상생활과 밀접한 관련이 있으므로 그 (   )을/를 잘 알고 있어야 합니다.
- 주변 장소의 (   )을/를 잘 알고 있어야 우리가 사는 곳을 더 살기 좋은 곳으로 만들 방안을 생각할 수 있습니다.

(   )

📖 8종 공통

12 우리 주변의 장소를 살펴봐야 하는 까닭으로 알맞은 것을 (보기)에서 모두 골라 기호를 쓰시오.

(보기)

㉠ 우리가 사는 곳을 더 잘 알 수 있다.
㉡ 평소에 몰랐던 불편한 점을 찾을 수 있다.
㉢ 우리 주변 장소의 불편한 점을 무시할 수 있다.

(   )

1
단원
7회

📖 8종 공통

13 우리가 사는 곳을 살펴보면 알 수 있는 점을 알맞게 말한 친구를 골라 ○ 표 하시오.

(1) (   )   (2) (   )

학습 결과에 색칠하세요.     

개념 학습

우리가 사는 곳을 더 살기 좋은 곳으로 만들기

➕ 여러 가지 살기 좋은 곳의 조건

➕ 여러 가지 살기 좋은 곳의 조건

- 어린이를 위한 장소가 많은 곳
- 사람들의 건강을 위한 장소가 많은 곳
- 사람들의 생활을 돕는 장소가 많은 곳
- 놀이와 여가 생활을 할 장소가 많은 곳
- 교육, 휴식, 안전을 위한 장소가 모여 있는 곳

1 우리가 생각하는 살기 좋은 곳 ➕

(1) 살기 좋은 곳의 조건 ➕

① 교육과 문화생활을 돕는 장소가 많아야 합니다.

② 안전하고 건강한 생활을 돕는 장소가 많아야 합니다.

③ 편하게 쉬고, 즐겁게 놀 수 있는 장소가 많아야 합니다.

(2) 우리가 사는 곳을 더 살기 좋은 곳으로 만드는 방법

① 우리가 사는 곳의 좋은 점을 알립니다.

② 우리가 사는 곳의 불편한 점을 찾고, 불편한 점을 개선합니다.

2 우리가 사는 곳의 좋은 점 알리기

(1) 우리가 사는 곳의 좋은 점

쾌적한 환경	다양한 문화생활 공간

공기가 맑고, 물이 깨끗함.	다양한 문화생활을 즐길 장소가 많음.
어린이를 위한 다양한 장소	쾌적한 휴식 공간
	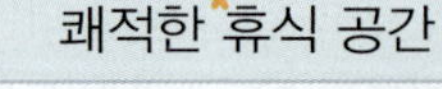
어린이 도서관, 놀이터 등 어린이를 위한 장소가 많음.	공원에서 산책하며 휴식을 즐길 수 있음.

➕ 우리가 생각한 살기 좋은 곳 표현하기

- 상자나 종이 등을 활용하여 도로, 건물, 간판을 만들어 살기 좋은 곳의 모습을 표현합니다.
- 살기 좋은 곳의 조건을 한 가지 정하여 친구들과 함께 그림으로 표현합니다.

(2) 우리가 사는 곳의 좋은 점을 알리는 까닭: 우리가 사는 곳을 더 살기 좋은 곳으로 만들어 나갈 수 있기 때문입니다.

3 우리가 사는 곳의 불편한 점 개선하기

(1) 우리 주변 장소와 시설의 문제점 찾기 ㉐ 공원

① 어린이용 운동 기구가 부족해서 불편합니다.

② 공원의 공중화장실이 더러워서 사용하기 싫었습니다.

③ 공중화장실 옷걸이가 너무 높이 있어서 이용하기 어려웠습니다.

(2) 문제점을 해결할 방안 탐색하고 실천하기 ㉠ 공원 ➕

문제점	해결 방안 ➕
어린이용 운동 기구가 부족함.	공원을 관리하는 공공 기관에 어린이용 운동 기구를 설치하자고 의견을 제안함.
공중화장실이 더러움.	공중화장실을 이용하는 사람들에게 올바른 이용 방법을 홍보함.
공중화장실의 옷걸이 높이가 너무 높음.	공공 기관 누리집 게시판에 공중화장실에 어린이용 옷걸이를 설치해 달라고 *민원 글을 올림.

교과서 대표 자료 **불편한 점을 해결하는 방법을 알리는 글쓰기**

① 공공 장소나 시설을 함께 이용하는 사람들을 위한 알림판 쓰기

공중화장실에서 이것만은 꼭 지켜 주세요.
하나, 볼일을 보고 반드시 물을 내려주세요.
둘, 사용한 휴지는 꼭 휴지통에 버려 주세요.
셋, 변기에 신발을 신고 올라가지 말아 주세요.

② 공공 기관에 편지 쓰기

*구청장님께
안녕하세요? 저는 ☆☆ 초등학교 3학년 김하율입니다.
공중화장실 문에 있는 옷걸이가 너무 높이 있어서 키가 작은 어린이들은 옷걸이에 손이 닿지 않아 이용하기 어렵습니다. 어린이들도 옷이나 가방을 걸 수 있도록 낮은 옷걸이를 설치해 주세요.

20△△년 □□월 □□일

➕ **문제 해결 방안을 결정하는 방법**

- 대화와 타협으로 의견을 조정합니다.
- 충분한 시간을 두고 의견을 주고 받습니다.
- 다양한 의견에 대한 장점과 단점을 비교해 봅니다.
- 투표를 통해 많은 사람이 원하는 의견으로 결정합니다.

1 단원 8회

➕ **문제점 해결을 위해 우리가 할 수 있는 일**

- 친구들과 *캠페인을 해서 사람들에게 문제점을 알립니다.
- 불편한 점과 문제 해결 방안을 공공 기관에 편지로 써서 보냅니다.
- 알림판이나 포스터 등을 만들어서 사람들에게 홍보 활동을 합니다.

용어 사전

- ✱ **민원** 어떤 일을 처리해 달라고 주민이 행정 기관에 하는 요구.
- ✱ **캠페인** 주고 사회적·정치적 목적을 위하여 대중을 상대로 조직적으로 펼치는 운동.
- ✱ **구청장** 구청의 최고 책임자.

핵심만 **한번 더 쓰면서 정리 !**

우리가 사는 곳의 좋은 점	- 쾌적한 환경	- 다양한 문화생활 공간
	- 어린이를 위한 다양한 장소	- 쾌적한 휴식 공간
우리가 사는 곳의 문제점 해결을 위해 할 수 있는 일	- 친구들과 캠페인 하기	- 공공기관에 편지 쓰기
	- 알림판이나 포스터 만들기	

문제 학습

1 우리가 사는 곳을 더 살기 좋은 곳으로 만들기 위해서 우리가 사는 곳의 (　　　)을/를 알려야 합니다.

2 우리가 사는 곳의 불편한 점을 개선하기 위해서 우리 주변 장소와 시설의 (　　　)을/를 찾습니다.

3 시청·군청·구청 등 (　　　)에 편지를 써서 문제를 해결할 수 있습니다.

4 문제점 해결을 위해 친구들과 (　　　)을/를 해서 사람들에게 문제점을 알립니다.

📖 8종 공통

5 다음 중 살기 좋은 곳의 조건을 <u>잘못</u> 말한 친구를 골라 이름을 쓰시오.

> - 설아: 다양한 문화생활을 돕는 장소가 많아야 살기 좋아.
> - 민준: 어른들만 편하게 쉬고, 편하게 놀 수 있는 곳이 많아야 해.
> - 유안: 건강하게 생활할 수 있는 곳이 많아야 살기 좋은 곳이라고 생각해.

（　　　　　　　　）

📖 8종 공통

6 우리가 사는 곳의 좋은 점으로 알맞지 <u>않은</u> 것을 〈보기〉에서 골라 기호를 쓰시오.

> 〈보기〉
> ㉠ 쾌적한 환경
> ㉡ 쾌적한 휴식 공간
> ㉢ 부족한 문화생활 공간
> ㉣ 어린이를 위한 다양한 장소

（　　　　　　　　）

📖 8종 공통

7 우리가 사는 곳의 좋은 점을 알리는 까닭을 알맞게 말한 친구를 골라 ○표 하시오.

（　　　）　　　　（　　　）

서술형 📖 8종 공통

8 다음과 같은 우리 주변 장소의 문제점을 해결하기 위한 해결 방안을 쓰시오.

> 공원에 있는 공중화장실의 옷걸이 높이가 너무 높습니다.

____

도움말 문제점을 해결하기 위해서 할 수 있는 일은 어떤 것이 있는지 생각해 보세요.

📖 8종 공통

9 다음 우리 주변 장소의 문제점과 문제 해결 방안을 선으로 알맞게 연결하시오.

(1) 어린이용 운동 기구가 부족함. •

(2) 공중화장실이 더러움. •

• ㉠ 올바른 화장실 이용 방법을 홍보함.

• ㉡ 공공 기관에 어린이용 운동 기구를 설치하자고 의견을 제안함.

디지털 문해력 📖 8종 공통

10 다음 단체 대화방의 대화를 읽고, 우리 지역 공원의 불편한 점을 해결하기 위한 의견을 <u>잘못</u> 말한 친구를 골라 이름을 쓰시오.

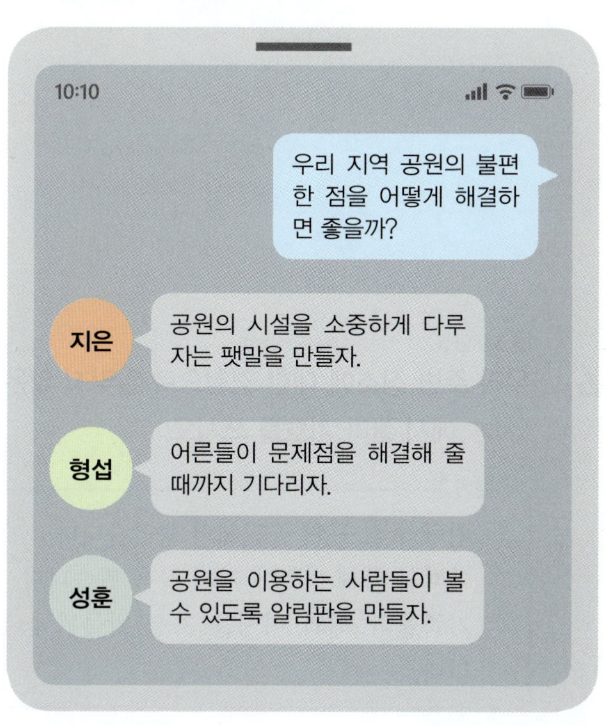

( )

📖 8종 공통

11 우리가 사는 곳의 문제점을 해결하는 방법으로 알맞지 <u>않은</u> 것은 어느 것입니까? ( )

① 공공 기관에 편지를 쓴다.
② 우리 지역의 지도를 살펴본다.
③ 시청·구청 누리집에 의견을 올린다.
④ 문제 해결 방안을 알리는 홍보 활동을 한다.
⑤ 공공장소나 시설을 이용하는 올바른 방법을 알리는 알림판을 쓴다.

비상교육, 천재교과서(김) 외

12 다음에서 설명하는 것은 무엇인지 쓰시오.

• 주로 사회적·정치적 목적을 위하여 대중을 상대로 조직적으로 펼치는 운동을 말합니다.
• 우리가 사는 곳의 문제점을 해결하기 위해 우리가 할 수 있는 일입니다.

( )

📖 8종 공통

13 다음은 우리가 사는 곳의 불편한 점을 해결하기 위한 방법을 알리는 글입니다. 이에 대한 설명으로 알맞은 것에 ○표 하시오.

> **공중화장실에서 이것만은 꼭 지켜 주세요.**
> 하나, 볼일을 보고 반드시 물을 내려주세요.
> 둘, 사용한 휴지는 꼭 휴지통에 버려 주세요.
> 셋, 변기에 신발을 신고 올라가지 말아 주세요.

(1) 공공 기관에 의견을 제안한 편지입니다.
( )

(2) 장소나 시설을 함께 이용하는 사람들에게 올바른 행동을 요청하는 알림판입니다. ( )

학습 결과에 색칠하세요.   

■ 8종 공통

1 우리 주변의 다양한 장소에서 볼 수 있는 모습과 장소의 이름을 선으로 알맞게 연결하시오.

(1)  ・　・㉠ 놀이터

(2)  ・　・㉡ 강

(3)  ・　・㉢ 문구점

동아출판, 아이스크림 외

3 다음 장소 카드의 (　　) 안에 들어갈 알맞은 장소의 이름을 쓰시오.

(　　　　　)

생활에 필요한 물건들을 사고 파는 곳입니다. 재미있고 맛있는 것이 많은 장소입니다.

(　　　　　　　　　)

■ 8종 공통

4 우리 주변 장소에 대한 경험으로 알맞지 <u>않은</u> 것을 〈보기〉에서 골라 기호를 쓰시오.

〈보기〉
㉠ 친구와 집 근처 공원에서 놀았습니다.
㉡ 아빠와 함께 마트에 가서 장을 봤습니다.
㉢ 가족들과 해외 여행을 가서 박물관에 갔습니다.

(　　　　　　　　　)

서술형 ■ 8종 공통

2 우리 주변의 장소 중에서 여가 활동을 즐기는 장소를 두 가지 쓰시오.

____

____

5 다음 그림에 대해 알맞게 말한 친구를 골라 이름을 쓰시오.

- 영현: 아빠와 함께 마트에 가서 장을 봤습니다.
- 지영: 가족들과 캠핑장에서 맛있는 음식을 먹으며 놀았습니다.

(   )

8종 공통
6 다음 ㉠~㉢을 주변 장소의 모습을 그리는 과정을 순서대로 알맞게 기호를 쓰시오.

㉠ 떠올린 장소들을 중심으로 주변의 모습 그리기
㉡ 장소에서의 경험이나 장소에 대한 느낌 표현하기
㉢ 무엇을 중심으로 우리가 사는 곳을 그릴지 정하기

(   ) → (   ) → (   )

서술형 8종 공통
7 우리 주변 장소의 모습을 그릴 때 주의할 점을 두 가지 쓰시오.

____

____

비상교육, 천재교과서(김) 외
8 재이가 그린 그림에는 있지만 이서가 그린 그림에는 없는 장소는 어디입니까? (   )

▲ 재이의 그림

▲ 이서의 그림

① 공원   ② 학교
③ 놀이터   ④ 분식집
⑤ 국민 체육 센터

8종 공통
9 친구들의 주변 장소 소개를 듣고 알 수 있는 점으로 알맞지 <u>않은</u> 것은 어느 것입니까? (   )

① 우리 주변에 있는지 몰랐던 장소를 알 수 있다.
② 우리가 사는 곳에 대한 친구들의 생각을 알 수 있다.
③ 친구들이 주변 장소에서 어떤 경험을 했는지 알 수 있다.
④ 주변 장소에서 모두 같은 경험을 했다는 것을 알 수 있다.
⑤ 친구가 좋아하는 장소나 자주 가는 장소에 대해서 알 수 있다.

8종 공통
10 친구들의 대화를 읽고, 어떤 장소에서의 경험인지 쓰시오.

- 현지: 나는 이곳에서 재미있는 책을 많이 읽을 수 있어서 좋아해.
- 민현: 어릴 때 이곳에서 책을 빌려 집에서 동생과 함께 읽었던 추억이 있어.
- 지수: 가족들과 이곳에 갔었는데 책 읽기를 좋아하지 않아서 심심했어.

(   )

1 단원 **9**회

8종 공통

11 우리 생활에 도움을 주는 장소와 설명을 선으로 알맞게 연결하시오.

(1) 경찰서 • · ㉠ 범죄를 예방하고, 교통질서를 유지함.

(2) 보건소 • · ㉡ 다른 지역으로 가는 버스를 탈 수 있음.

(3) 버스 터미널 • · ㉢ 예방 접종을 할 수 있음.

동아출판, 비상교육 외

12 공공 기관에서 볼 수 있는 모습을 알맞게 짝지은 것은 어느 것입니까? ( )

① 경찰서 – 예방 접종을 하는 사람들
② 우체국 – 범죄를 신고하는 사람들
③ 도서관 – 지역 특산물을 판매하는 사람들
④ 보건소 – 체육관에서 수업을 듣는 학생들
⑤ 행정 복지 센터 – 전입 신고를 하는 사람들

8종 공통

13 다음 지도에 대한 설명으로 알맞지 <u>않은</u> 것은 어느 것입니까? ( )

▲ 디지털 영상 지도

① 스마트폰으로 이용할 수 있다.
② 인공위성 사진을 이용해 만든다.
③ 지역의 자세한 모습을 볼 수 있다.
④ 산, 강, 도로 등의 밑그림만 그려져 있다.
⑤ 지역의 실제 모습을 생생하게 볼 수 있다.

8종 공통

14 디지털 영상 지도를 살펴볼 때, 지도 안에서 원하는 위치로 이동하기 위해 이용하는 단추는 무엇인지 골라 ○표 하시오.

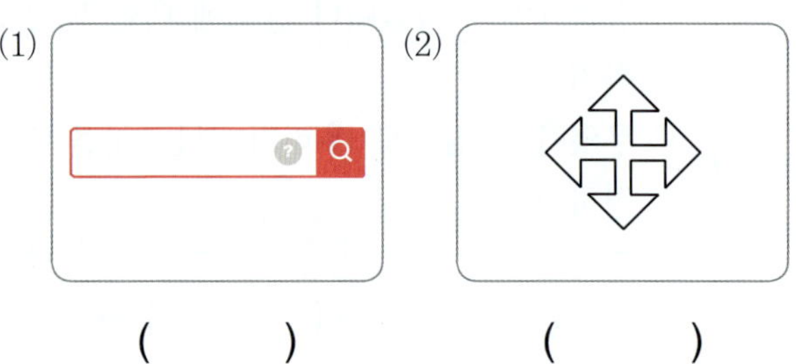

(1) ( ) (2) ( )

서술형 8종 공통

15 디지털 영상 지도로 장소를 살펴보면 좋은 점을 두 가지 쓰시오.

____

____

1
단원
9회

16

📖 8종 공통

우리 주변의 장소를 조사하는 방법으로 알맞은 것을 두 가지 고르시오. (   )

① 국어사전 찾아보기
② 세계 지도 살펴보기
③ 디지털 영상 지도 살펴보기
④ 시청·구청 누리집 살펴보기
⑤ 다른 나라의 라디오 방송 듣기

17

📖 8종 공통

우리 주변 장소의 문제점을 해결할 방안을 탐색한 후 해야 할 일로 알맞은 것을 (보기)에서 골라 기호를 쓰시오.

(보기)
㉠ 주변 장소와 시설의 문제점 찾기
㉡ 문제점을 해결할 방안 실천하기
㉢ 우리가 사는 곳의 좋은 점 이야기하기

(   )

18

📖 8종 공통

다음 중 우리가 사는 곳의 문제를 해결하기 위해 우리가 할 수 있는 일로 알맞지 <u>않은</u> 것을 골라 ○표 하시오.

(1) 공공 기관에 편지 쓰기 (   )
(2) 다른 사람이 해결할 때까지 기다리기 (   )
(3) 시청·군청·구청 누리집에 의견 올리기 (   )
(4) 문제점을 사람들에게 알리는 캠페인 하기 (   )

| 19~20 | 다음 대화를 읽고, 물음에 답하시오.

19

📖 8종 공통

다음 표의 빈칸에 들어갈 알맞은 친구의 이름을 위에서 골라 각각 쓰시오.

놀이터에 대한 경험이 좋은 친구	(1)
놀이터에 대한 경험이 좋지 않은 친구	(2)

20

서술형 📖 8종 공통

위와 같이 장소에 대한 서로 다른 생각과 느낌을 대하는 알맞은 태도를 쓰시오.

____

학습 결과에 색칠하세요. 

8종 공통

1 다음 중 미끄럼틀을 타고 친구들과 즐거운 시간을 보낼 수 있는 장소의 모습을 골라 ○표 하시오.

(1) ( ) (2) ( )

8종 공통

2 우리 주변의 다양한 장소를 분류한 표에 들어갈 알맞은 곳을 (보기)에서 골라 기호를 쓰시오.

(보기)
• 병원   • 치과   • 학교   • 학원

공부하는 장소	㉠
아플 때 치료받는 장소	㉡
문화생활과 관련된 장소	미술관, 공연장, 영화관

㉠: ( )
㉡: ( )

동아출판, 아이스크림 외

3 장소 카드에 들어갈 내용으로 알맞지 <u>않은</u> 것은 어느 것입니까? ( )

① 장소 모습
② 장소 이름
③ 장소 설명
④ 장소에서 겪었던 경험
⑤ 장소를 방문한 모든 사람들의 이름

8종 공통

4 주변 장소에서의 경험을 떠올릴 때 살펴볼 것으로 알맞은 것을 두 가지 고르시오. ( )

① 시계   ② 지구본   ③ 일기장
④ 사진첩   ⑤ 영어 사전

8종 공통

5 다음 그림에 나타난 장소를 모두 고르시오.
( )

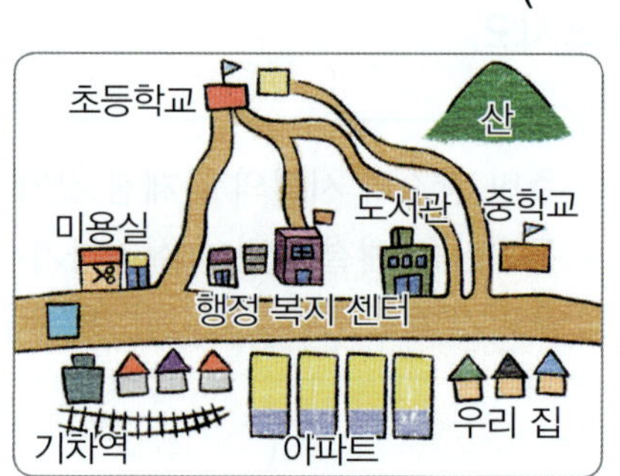

① 시장   ② 미용실   ③ 도서관
④ 고등학교   ⑤ 지하철역

서술형 **8종 공통**

6 우리 주변 장소의 그림을 비교하는 방법을 두 가지 쓰시오.

____

____

7 우리 주변 장소 그림을 살펴볼 때 할 수 있는 질문으로 알맞지 <u>않은</u> 것은 어느 것입니까? (　　　　)

① 이 장소는 무엇을 하는 곳인가요?

② 이 장소를 그린 까닭은 무엇인가요?

③ 이 장소에서는 어떤 경험을 하였나요?

④ 우리가 사는 곳에 없는 장소는 어디인가요?

⑤ 이 장소에 대해 어떤 생각이나 느낌이 떠오르나요?

8 다음 친구들의 그림에 대해 <u>잘못</u> 말한 친구의 이름을 쓰시오.

(　　　　　　　　　)

9 다음 (　　　) 안에 들어갈 생활에 도움을 주는 알맞은 장소를 쓰시오.

> (　　　　　)이/가 없다면 화재가 발생했을 때 많은 사람들이 목숨을 잃거나 다칠 수 있습니다.

(　　　　　　　　　)

10 다음에서 설명하는 장소에서 볼 수 있는 모습으로 알맞은 것에 ○표 하시오.

> 여러 가지 역사 유물을 직접 볼 수 있습니다.

(1)　　　　　　　　　(2)

(　　　　)　　　　　　(　　　　)

11 다음 (보기)에서 공공 기관을 모두 골라 기호를 쓰시오.

보기
㉠ 학교　　　㉡ 시장　　　㉢ 경찰서
㉣ 백화점　　㉤ 아파트　　㉥ 대형 마트

(　　　　　　　　　)

8종 공통

12 다음 주제와 관련된 생활에 도움을 주는 장소를 선으로 알맞게 연결하시오.

(1)	놀이 및 여가 생활을 돕는 장소	•
(2)	생활에 필요한 물건을 살 수 있는 곳	•
(3)	이동할 때 도움을 주는 장소	•

• ㉠ 공원

• ㉡ 공항

• ㉢ 대형 마트

8종 공통

13 다음 디지털 영상 지도에 대한 설명으로 알맞지 않은 것은 어느 것입니까? (   )

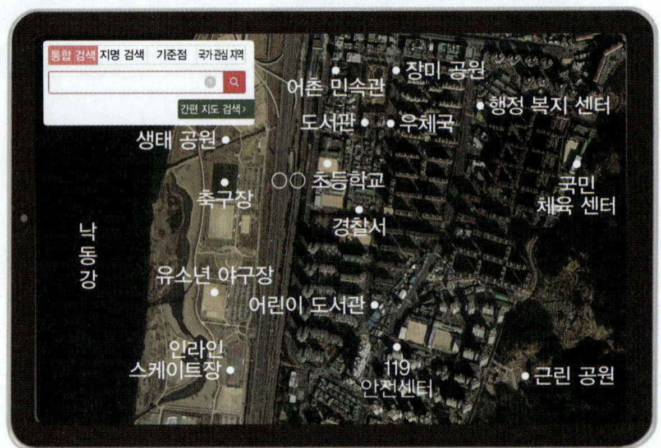

① 오른쪽에는 산이 있다.
② 왼쪽에는 낙동강이 있다.
③ 고장의 전체적인 모습과 자세한 모습을 살펴볼 수 있다.
④ 생태 공원에 있는 축구장, 유소년 야구장 등을 볼 수 있다.
⑤ 위의 디지털 영상 지도에는 공공 기관이 나타나 있지 않다.

8종 공통

14 디지털 영상 지도로 장소를 찾아보는 방법에 대해 알맞게 말한 친구를 골라 이름을 쓰시오.

> • 하영: 디지털 영상 지도를 활용하면 장소 안의 모습까지 볼 수 있어.
> • 유현: 장소에 방문하면 그 장소를 이용하는 사람들의 모습을 직접 볼 수 있어.
> • 준호: 디지털 영상 지도를 활용하면 어디에 어떤 장소가 있는지 정확하게 알 수 있어.

(   )

서술형 **8종 공통**

15 우리 주변의 장소를 조사하는 방법을 두 가지 쓰시오.

____

____

8종 공통

16 우리가 사는 곳을 살펴보면 알 수 있는 점으로 알맞은 것에 ○표 하시오.

(1) 장소에 직접 찾아가면 그곳의 불편한 점만 알 수 있습니다. (   )

(2) 여러 가지 장소와 시설의 이용 방법을 자세히 알 수 있습니다. (   )

📖 8종 공통

17 우리가 사는 곳의 좋은 점을 알리는 까닭을 알맞게 말한 친구를 골라 ○표 하시오.

(1) 

( )

(2) 

( )

📖 8종 공통

18 다음 공원의 문제점을 읽고, (보기)에서 알맞은 문제 해결 방법을 골라 기호를 쓰시오.

(보기)
> ㉠ 공중화장실을 이용하는 사람들에게 올바른 이용 방법을 홍보한다.
> ㉡ 공원을 관리하는 공공 기관에 어린이용 운동 기구를 설치하자고 의견을 제안한다.
> ㉢ 공공 기관 누리집 게시판에 공중 화장실에 어린이용 옷걸이를 설치해 달라고 민원 글을 올린다.

(1) 공중화장실이 더럽습니다. ( )
(2) 어린이용 운동 기구가 부족합니다. ( )
(3) 공중화장실의 옷걸이가 너무 높습니다.
( )

| 19~20 | 다음 자료를 보고, 물음에 답하시오.

▲ 희준

▲ 지수

▲ 영원

▲ 채린

📖 8종 공통

19 오른쪽 사진과 같은 모습을 볼 수 있는 장소에 방문한 친구를 위에서 찾아 이름을 쓰시오.

( )

서술형 📖 8종 공통

20 위와 같이 우리 주변 장소의 좋은 점이나 불편한 점을 알아보는 까닭을 한 가지 쓰시오.

____

____

____

학습 결과에 색칠하세요.   

2 일상에서 만나는 과거

① 우리가 경험하는 시간의 흐름

② 우리 주변에 남아 있는 과거의 흔적들

③ 지역의 변화와 달라진 생활 모습

● 이번에 배울 내용

회차	단원	쪽수	학습 내용	학습 주제
1회	❶ 우리가 경험하는 시간의 흐름	50~53쪽	개념+문제 학습	일상생활에서 경험하는 시간의 흐름
2회		54~57쪽	개념+문제 학습	시간을 나타내는 표현
3회		58~61쪽	개념+문제 학습	우리 가족과 학교의 역사
4회		62~65쪽	개념+문제 학습	연표를 만들고 소개하기
5회	❷ 우리 주변에 남아 있는 과거의 흔적들	66~69쪽	개념+문제 학습	과거 모습을 알아보는 방법
6회		70~73쪽	개념+문제 학습	오래된 물건과 기록으로 알아보는 과거
7회		74~77쪽	개념+문제 학습	기록으로 알아보는 과거
8회		78~81쪽	개념+문제 학습	건축물과 증언으로 알아보는 과거
9회		82~85쪽	개념+문제 학습	주변의 과거 모습 조사 및 소개하기
10회	❸ 지역의 변화와 달라진 생활 모습	86~89쪽	개념+문제 학습	지역의 변화 살펴보기
11회		90~93쪽	개념+문제 학습	자료로 살펴보는 지역의 변화
12회		94~97쪽	개념+문제 학습	지역의 변화 조사 과정
13회		98~101쪽	개념+문제 학습	우리 지역의 변화 표현하기
14회	단원 마무리	102~105쪽	기출 마무리 평가	단원 마무리 문제, 수행평가
15회		106~109쪽	실전 마무리 평가	단원 마무리 문제, 수행평가

과거

이미 지나간 때 혹은 지나간 일이나 삶

역사

어떤 사물·인물·조직 등이 과거부터 오늘에 이르기까지의 과정을 적은 기록

증언

과거를 경험한 사람이 자기의 경험을 직접 말로 들려주는 것

지역

전체 사회를 어떤 특징으로 나눈 일정한 공간 영역

개념 학습 — 1회

일상생활에서 경험하는 시간의 흐름

➕ **일상생활에서 시간의 흐름을 느낄 수 있는 요소**

- 변하는 것들을 보며 시간의 흐름을 느낍니다.
- 우리 주변에서 예전과 달라진 모습을 살펴보며 시간의 흐름을 느낍니다.

➕ **시간의 흐름을 느껴 본 경험**

- 나의 키가 커졌습니다.
- 나의 머리카락이 자랐습니다.
- 기어다녔던 동생이 걸어다닙니다.
- 새싹이 자라서 나무가 되었습니다.
- 부모님의 머리카락에 흰머리가 생겼습니다.
- 방학이 끝나고 새 학기가 시작되었습니다.

---

1 일상생활에서 경험하는 시간의 흐름 알아보기

(1) *일상생활에서 시간의 흐름을 느낄 수 있는 *사례 ➕

봄, 여름, 가을, 겨울 *계절이 바뀌는 것을 보면 시간의 흐름을 느낄 수 있음.

엄마의 머리카락이 자란 것을 보면 시간의 흐름을 느낄 수 있음.

해가 뜨고 지는 것을 보면 시간이 흐르는 것을 알 수 있음.

시계를 보면서 시간이 흐르고 있다는 것을 알 수 있음.

(2) 시간의 흐름을 느껴 본 경험 표현하기 ➕ → 그림을 그려서 시간의 흐름을 표현했어요.

① 초등학교 입학하기 직전의 키는 118㎝였고, 어린이용 놀이기구만 탈 수 있었습니다.

② 초등학교 3학년이 된 지금은 키가 자라서 138㎝이고, 놀이동산의 거의 모든 놀이기구를 탈 수 있습니다.

용어 사전

⭐ **일상생활** 늘 하는 생활.

⭐ **사례** 어떤 일이 전에 실제로 일어난 예.

⭐ **계절** 기후에 따라 일 년을 넷으로 나눈, 봄·여름·가을·겨울의 철.

2 나의 성장 흐름표 만들기

(1) *성장 흐름표의 의미: 내가 성장해 온 모습과 겪었던 일들을 시간의 흐름대로 정리한 표를 말합니다. ➕

(2) 성장 흐름표를 만드는 과정

① 내가 성장해 온 모습과 겪었던 일들을 떠올려 봅니다.

② 나의 성장 과정을 시간 순서대로 표에 적어 봅니다.

③ 성장 흐름표에는 시기를 나타내고, 시기에 일어난 일을 표시합니다.

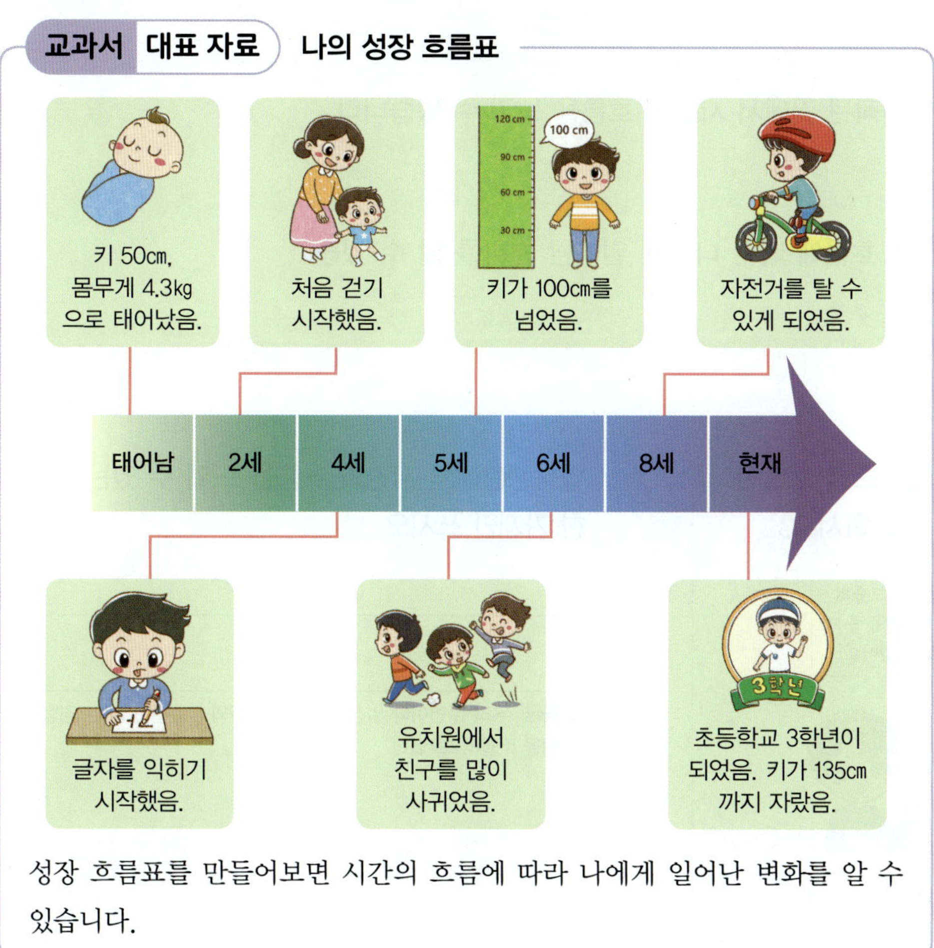

성장 흐름표를 만들어보면 시간의 흐름에 따라 나에게 일어난 변화를 알 수 있습니다.

➕ 나와 친구의 성장 흐름표 살펴보기

시간은 모두에게 똑같이 주어지지만, 같은 시간이 흐르는 동안 서로 다른 경험과 생각을 했다는 것을 알 수 있습니다.

용어 사전

★ **성장** 사람이나 동식물 따위가 자라서 점점 커짐.

핵심만 한번 더 쓰면서 정리 !

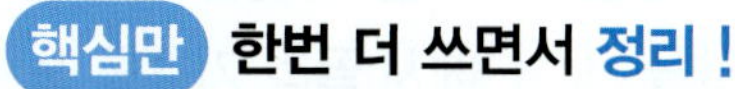

일상생활에서 시 간 의 흐름을 느낄 수 있는 요소	- 변하는 것들 - 우리 주변에서 예 전 과 달라진 모습을 살펴봄.
성 장 흐 름 표	내가 성장해 온 모습과 겪었던 일들을 시 간 의 흐름대로 정리한 표

1 봄, 여름, 가을, 겨울 (   )이/가 바뀌는 것은 일상생활에서 시간의 흐름을 느낄 수 있는 사례입니다.

2 우리 주변에서 예전과 달라진 것을 보며 (   )의 흐름을 느낄 수 있습니다.

3 (   )이/가 끝나고 새 학기가 시작된 것에서 시간의 흐름을 느낄 수 있습니다.

4 (   )을/를 만들어 보면 시간의 흐름에 따라 나에게 일어난 변화를 알 수 있습니다.

📖 8종 공통

5 다음 중 일상생활에서 시간의 흐름을 느낄 수 있는 사례를 알맞게 말한 친구를 골라 ○표 하시오.

(1) (   )   (2) (   )

📖 8종 공통

6 다음 그림을 보고, (   ) 안에 들어갈 알맞은 말을 쓰시오.

(   )을/를 보면서 시간이 흐르고 있다는 것을 알 수 있습니다.

(   )

서술형 📖 8종 공통

7 일상생활에서 시간의 흐름을 느낄 수 있는 요소를 한 가지만 쓰시오.

____

도움말 우리 주변이나 일상생활에서 시간의 흐름을 느껴본 경험의 공통점을 떠올려 보세요.

📖 8종 공통

8 다음은 시간의 흐름을 느껴 본 경험입니다. 빈칸에 들어갈 알맞은 말을 보기 에서 골라 기호를 쓰시오.

보기
• 부모님   • 동생

(1) 기어 다녔던 (   )이/가 걸어 다닙니다.

(2) (   )의 머리카락에 흰머리가 생겼습니다.

| 9~11 | 다음 자료를 보고, 물음에 답하시오.

📖 8종 공통

9 위와 같이 시간의 흐름을 느껴 본 경험을 표현하는 방법은 무엇인지 쓰시오.

( )

📖 8종 공통

10 위의 ㉠, ㉡ 중 시간이 흐른 뒤의 모습을 나타낸 그림은 어느 것인지 기호를 쓰시오.

( )

📖 8종 공통

11 다음 글을 읽고, 위의 ㉠, ㉡ 중 어떤 자료에 대한 설명인지 각각 기호를 쓰시오.

⑴ 초등학교 입학하기 직전의 키는 118㎝였고, 어린이용 놀이기구만 탈 수 있었습니다.

( )

⑵ 초등학교 3학년이 된 지금은 키가 자라서 138㎝이고, 놀이동산의 거의 모든 놀이기구를 탈 수 있습니다.

( )

| 12~13 | 다음 자료를 보고, 물음에 답하시오.

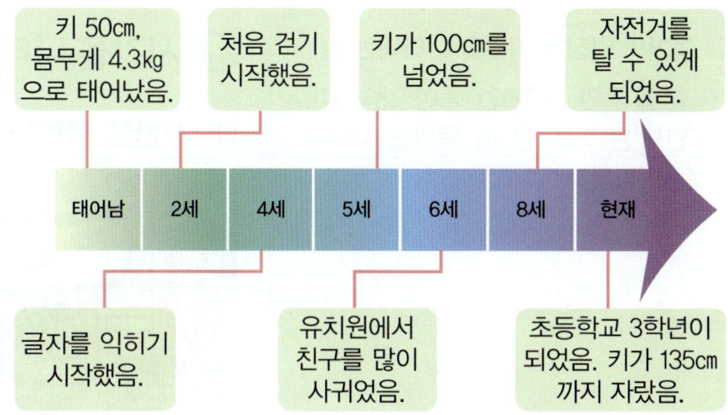

동아출판, 비상교육 외

12 위와 같이 내가 성장해 온 모습과 겪었던 일들을 적어서 만든 표를 무엇이라고 하는지 쓰시오.

( )

디지털 문해력 동아출판, 비상교육 외

13 다음 대화를 읽고, 위의 자료를 보고 알 수 있는 내용을 잘못 말한 친구의 이름을 쓰시오.

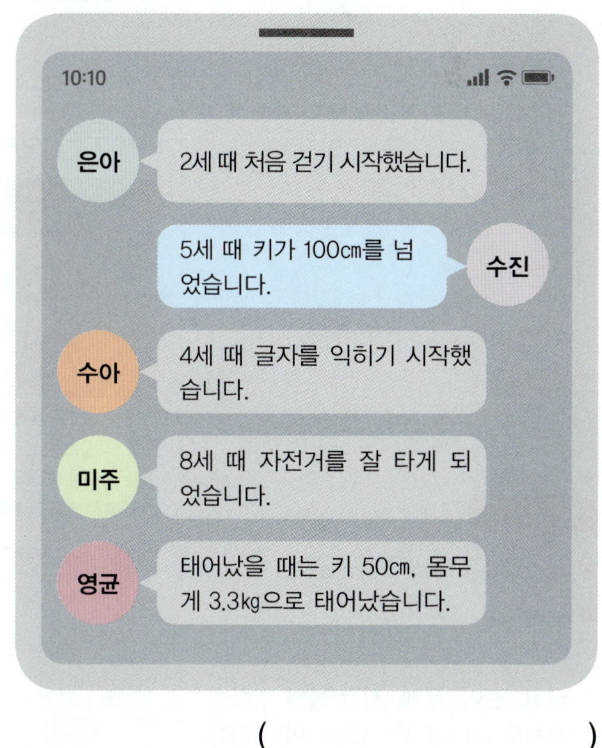

( )

학습 결과에 색칠하세요.   

개념 학습

2회

시간을 나타내는 표현

➕ **과거의 일정한 기간을 나타내는 말**
- '한 달 동안', '20년간' 등이 있습니다.
- '연도'는 어느 한 해 동안을 나타내는 말입니다.

1 시간을 나타내는 표현 알아보기

(1) 시간을 나타내는 표현의 종류

① 과거, 현재, 미래

과거	**이미 지나간 시간** ➕ 예 옛날, 어릴 적, 오래전, 10년 전, 작년, 지난 주
현재	**지금의 시간** 예 오늘, 지금, 오늘날
미래	**앞으로 다가올 시간** 예 내일, 앞날, 훗날, 앞으로, 이후, 내년, 2300년

② 몇 년, 몇 월 며칠, 몇 시 등 그때가 언제인지 분명하게 알 수 있는 표현이 있습니다.
└ '연월일'이라고도 해요.

③ 옛날, 오늘날 등 그때가 언제인지 뚜렷하지 않은 표현이 있습니다.

(2) 우리 생활 속에서 시간을 나타내는 여러 가지 표현 ➕

➕ **역사에서 자주 사용하는 시간 표현**
- 오늘은 21세기에 해당합니다.
- 1789년은 18세기에 해당합니다.
- 올해는 2000년대이면서 2020년대이기도 합니다.

세기	• **100년 동안을 세는 단위** • 1세기는 1년부터 100년까지를 말함. 예 17세기, 21세기
년대	**10년, 100년, 1000년 단위의 해를 뜻하는 말 뒤에 쓰임.** 예 1980년대, 2000년대, 2010년대
시대	**어떤 기준에 따라 구분한 일정한 기간** 예 고려 시대, 조선 시대, 정보화 시대

용어 사전

★ **옛날** 아주 오래된 지난날.

★ **뚜렷하다** 엉클어지거나 흐리지 않고 아주 분명함.

★ **단위** 길이, 무게, 시간 등의 수량을 수치로 나타낼 때 기초가 되는 일정한 기준.

★ **년대** 그 단위의 첫 해로부터 다음 단위로 넘어가기 전까지의 시간.

2 시간 표현을 사용한 자료

(1) **시간을 나타내는 표현을 사용한 자료 살펴보기**: 소식을 전하는 신문 기사, 친구나 부모님께 쓴 편지, 일어났던 일을 기록하는 일기 등의 자료에는 시간을 표현하는 말을 사용합니다. ➕

교과서 대표 자료 　시간을 나타내는 표현을 사용한 자료

❶ 신문

○○신문　　　　　　　　　　　　　　　2018년 2월 9일

평창 동계 올림픽 개막

2018년 2월 9일 금요일 오후 8시, 평창 동계 올림픽 대회가 시작되었다. 평창 동계 올림픽은 대한민국에서 최초로 열리는 동계 올림픽으로, 오늘부터 2월 25일까지 펼쳐진다.

❷ 편지

유현이에게

유현아, 우리가 친구가 된 지 2년이나 지났네. 작년에는 다른 반이 돼서 슬펐는데, 3학년 때는 같은 반이 돼서 기뻐. 지난주 토요일에 문구점에서 가지고 싶다고 한 필통을 선물로 준비했어. 오늘 생일 정말 축하해!

너의 친구 유정이가

20△△년 3월 23일

(2) **다양한 시간 표현을 통해 알 수 있는 점**

① 일이 언제 일어났는지 알 수 있습니다.
② 여러 일이 일어난 순서를 알 수 있습니다.
③ 일을 얼마 동안 *지속했는지 알 수 있습니다.

➕ **상장과 달력**

상장과 달력에서도 시간을 나타내는 표현을 찾아볼 수 있습니다.

용어 사전

★ **지속하다** 　어떤 상태를 오래 계속함.

핵심만 한번 더 쓰면서 **정리 !**

시간을 나타내는 표현

과 거	현 재	미 래
이미 지나간 시간	지금의 시간	앞으로 다가올 시간
예 옛날, 어릴 적, 오래전	예 오늘, 지금, 오늘날	예 내일, 내년, 앞으로

← 　　　 →

핵심 체크

1 이미 지나간 시간은 ( ), 지금의 시간은 현재, 앞으로 다가올 시간은 미래로 표현할 수 있습니다.

2 내일, 앞날, 훗날, 앞으로, 이후, 내년, 2300년 등은 ( )을/를 나타내는 시간 표현입니다.

3 ( )은/는 100년 동안을 세는 단위입니다.

4 다양한 시간 표현을 통해 여러 일이 일어난 ( )을/를 알 수 있습니다.

📖 8종 공통

5 과거, 현재, 미래와 관련 있는 다양한 시간 표현을 각각 선으로 알맞게 연결하시오.

(1) 과거 •

(2) 현재 •

(3) 미래 •

• ㉠ 오늘, 지금, 오늘날

• ㉡ 앞으로, 이후, 내년

• ㉢ 오래전, 작년, 지난주

📖 8종 공통

6 시간의 종류를 나타내는 표현에 대한 설명으로 알맞은 것에 ○표, 알맞지 않은 것에 ×표 하시오.

(1) 옛날, 오늘날 등 그때가 언제인지 뚜렷한 표현이 있습니다. ( )

(2) '연도'는 어느 한 해 동안을 나타내는 말입니다. ( )

동아출판, 지학사 외

7 다음 ( ) 안에 공통으로 들어갈 시간을 나타내는 표현을 쓰시오.

• ( )은/는 100년 동안을 세는 단위를 말합니다.
• 1( )은/는 1년부터 100년까지를 말합니다.

( )

📖 8종 공통

8 다음 빈칸에 들어갈 알맞은 말을 (보기)에서 골라 기호를 쓰시오.

(보기)
• 세기　　　• 년대　　　• 시대

(1) ( )은/는 10년, 100년, 1000년 단위의 해를 뜻하는 말 뒤에 쓰입니다.

(2) ( )은/는 어떤 기준에 따라 구분한 일정한 기간을 말합니다.

9 다음 중 일상생활에서 현재를 표현하는 말을 사용한 모습은 어느 것입니까? (   )

10 역사에서 자주 사용하는 시간 표현에 대한 설명으로 알맞은 것을 모두 골라 기호를 쓰시오.

〔 보기 〕

㉠ 오늘은 21세기에 해당합니다.
㉡ 1789년은 17세기에 해당합니다.
㉢ 올해는 2000년대이면서 2020년대이기도 합니다.

(   )

11 시간을 표현하는 말을 사용한 자료에는 무엇이 있는지 두 가지 쓰시오.

____

____

도움말 과거, 현재, 미래를 나타내는 시간 표현을 사용한 자료에는 어떤 것이 있는지 떠올려 보세요.

---

12 다음 누리집의 신문 기사를 읽고, 시간을 나타낸 표현을 찾아 쓰시오.

○○신문

평창 동계 올림픽 개막

평창 동계 올림픽 대회가 시작되었다. 평창 동계 올림픽은 대한민국에서 최초로 열리는 동계 올림픽으로, 오늘부터 펼쳐진다.

(   )

13 다음 편지의 밑줄 친 ㉠~㉤ 중 시간을 나타내는 표현이 <u>아닌</u> 것을 골라 기호를 쓰시오.

유현이에게
유현아, 우리가 ㉠ 친구가 된 지 2년이나 지났네. ㉡ 작년에는 다른 반이 돼서 슬펐는데, 3학년 때는 같은 반이 돼서 기뻐. ㉢ 지난주 토요일에 문구점에서 가지고 싶다고 한 필통을 선물로 준비했어. ㉣ 오늘 생일 정말 축하해!
너의 친구 유정이가
㉤ 20△△년 3월 23일

(   )

학습 결과에 색칠하세요. 

개념 학습

우리 가족과 학교의 역사

➕ **역사의 의미**

역사는 과거에 있었던 일이나 사람들이 살아온 이야기입니다.

1 우리 가족의 역사 알아보기 ➕

(1) 가족의 역사를 조사하는 방법

(2) 가족의 역사를 살펴보면 알 수 있는 점: 가족의 역사를 알아보면 우리 가족의 현재 모습이 어떠한 과정으로 만들어졌는지 이해할 수 있습니다.

(3) 우리 가족에게 있었던 중요한 일 ➕ → 가족에게 큰 영향을 미쳤거나 중요한 일들은 우리 가족의 역사가 됩니다.

➕ **우리 가족에게 있었던 중요한 일을 기억하는 것이 중요한 까닭**

- 과거의 일이 오늘날 우리 가족의 생활에 영향을 줄 수 있기 때문입니다.
- 과거의 일을 기억해야 미래 우리 가족의 모습을 짐작할 수 있기 때문입니다.

2014년 4월 6일에 아내와 결혼식을 올렸음.

첫째 아들이 초등학교에 입학하던 날, ★의젓한 모습이 자랑스러웠음.

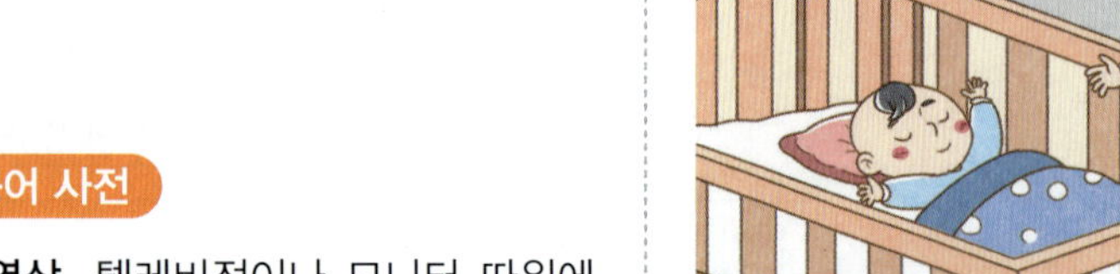

동생이 태어났을 때 귀엽고 신기했음.

초등학교 입학식 날, 긴장했던 기억이 남.

용어 사전

★ **영상** 텔레비전이나 모니터 따위에 비추어진 상.

★ **의젓하다** (말이나 행동이) 점잖고 무게가 있다.

2 우리 학교의 역사 알아보기

(1) 학교의 과거 모습을 조사하는 방법 ➕ 옛날에 학교에 다녔던 사람들의 이야기를 들어봐요.

① 학교를 찍은 사진이나 영상을 살펴봅니다.

② 학교에 있는 오래된 물건을 살펴봅니다.

③ 학교의 누리집이나 *역사관을 살펴봅니다.

(2) 학교의 역사 살펴보기

① 학교의 누리집이나 역사관을 살펴보면 우리 학교에 있었던 중요한 일과, 학교의 변화 과정을 알 수 있습니다.

② 과거 학교에서 일어난 중요한 일들을 살펴보면 학교의 역사를 잘 알 수 있습니다.

교과서 | 대표 자료 ▶ 학교 누리집에서 학교의 과거 모습 살펴보기

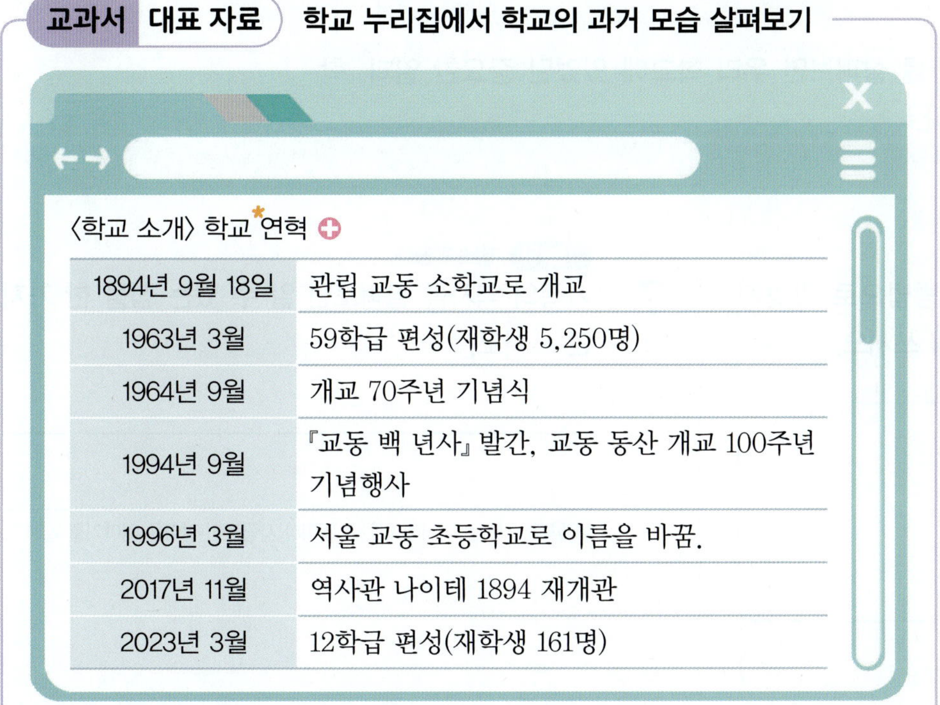

〈학교 소개〉 학교 *연혁 ➕

1894년 9월 18일	관립 교동 소학교로 개교
1963년 3월	59학급 편성(재학생 5,250명)
1964년 9월	개교 70주년 기념식
1994년 9월	『교동 백 년사』 발간, 교동 동산 개교 100주년 기념행사
1996년 3월	서울 교동 초등학교로 이름을 바꿈.
2017년 11월	역사관 나이테 1894 재개관
2023년 3월	12학급 편성(재학생 161명)

➕ **기록**

• 과거에 있었던 일을 글이나 사진, 영상 등으로 남긴 것을 기록이라고 합니다.

• 기록이 있으면 과거의 모습을 잘 알 수 있고, 과거에 어떤 일이 있었는지 알 수 있어서 좋습니다.

• 기록이 없으면 과거에 있었던 일과 과거의 모습을 정확하게 알기 어렵습니다.

➕ **학교 연혁**

학교 연혁은 학교의 발전 과정을 과거부터 중요한 사건별로 정리한 표입니다.

용어 사전

★ **역사관** 역사를 전시하기 위한 건물.

★ **연혁** 변화해 온 과정.

핵심만 한번 더 쓰면서 **정리 !**

| 가족의 과거 모습을 살펴보는 방법 | - 우리 가족 **면 담** 하기
- 일기 살펴보기 | - **사 진** 이나 영상 살펴보기
-기억에 남는 일 떠올려 보기 |
| 학교의 과거 모습을 살펴보는 방법 | - 학교 사진이나 영상 살펴보기
- 학교에 있는 오래된 물건 살펴보기
- 학교의 **누 리 집** 이나 **역 사 관** 살펴보기 | |

핵심 체크

1 역사는 (과거 , 미래)에 있었던 일이나 사람들이 살아온 이야기입니다.

2 가족의 (   )을/를 알아보면 우리 가족의 현재 모습이 어떠한 과정으로 만들어졌는지 이해할 수 있습니다.

3 과거에 있었던 일을 글이나 사진, 영상 등으로 남긴 것을 (   )(이)라고 합니다.

4 학교의 누리집이나 (   )을/를 살펴보면 우리 학교에 있었던 중요한 일과, 학교의 변화 과정을 알 수 있습니다.

■ 8종 공통

5 가족의 과거 모습을 조사하는 방법으로 알맞지 <u>않은</u> 것을 〈보기〉에서 골라 기호를 쓰시오.

> 〈보기〉
> ㉠ 일기 살펴보기
> ㉡ 우리 가족 면담하기
> ㉢ 사진이나 영상 살펴보기
> ㉣ 공공 기관 누리집에 검색하기

(   )

■ 8종 공통

6 다음 중 가족의 역사를 면담을 통해 조사하는 모습을 골라 ○표 하시오.

(   )   (   )

서술형 **■ 8종 공통**

7 가족의 역사를 살펴보면 알 수 있는 점을 한 가지만 쓰시오.

____

____

도움말 역사는 과거에 있었던 일이나 사람들이 살아온 이야기를 말해요.

■ 8종 공통

8 다음을 읽고, (   ) 안에 공통으로 들어갈 말을 쓰시오.

> **우리 가족에게 있었던 중요한 일을 기억하는 것이 중요한 까닭**
> • (   )의 일이 오늘날 우리 가족의 생활에 영향을 줄 수 있기 때문입니다.
> • (   )의 일을 기억해야 미래 우리 가족의 모습을 짐작할 수 있기 때문입니다.

(   )

동아출판, 비상교육 외

9 우리 가족의 역사를 알아볼 때 아버지가 기억하는 일로 알맞은 것을 골라 ○표 하시오.

(1) 
▲ 나의 초등학교 입학식 날, 긴장했었습니다.

(   )

(2)
▲ 2014년 4월 6일에 아내와 결혼식을 올렸습니다.

(   )

8종 공통

10 다음 친구가 설명하는 것은 무엇인지 쓰시오.

(   )

8종 공통

11 다음을 읽고, 빈칸에 들어갈 알맞은 말에 ○표 하시오.

(1) 기록이 (있으면 , 없으면) 과거에 어떤 일이 있었는지 알 수 있어서 좋습니다.

(2) 기록이 (있으면 , 없으면) 과거에 있었던 일과 과거의 모습을 정확하게 알기 어렵습니다.

| 12~13 | 다음 자료를 보고, 물음에 답하시오.

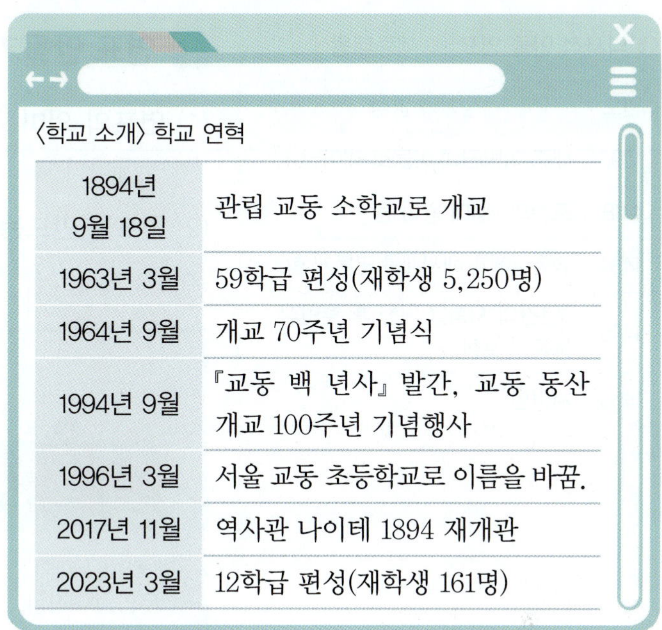

〈학교 소개〉 학교 연혁

1894년 9월 18일	관립 교동 소학교로 개교
1963년 3월	59학급 편성(재학생 5,250명)
1964년 9월	개교 70주년 기념식
1994년 9월	『교동 백 년사』 발간, 교동 동산 개교 100주년 기념행사
1996년 3월	서울 교동 초등학교로 이름을 바꿈.
2017년 11월	역사관 나이테 1894 재개관
2023년 3월	12학급 편성(재학생 161명)

아이스크림, 천재교과서(김) 외

12 위와 같이 우리 학교의 역사를 알아볼 수 있는 조사 방법은 어느 것입니까? (   )

① 학교의 교실을 둘러본다.
② 학교의 누리집을 살펴본다.
③ 학교에 있는 오래된 물건을 살펴본다.
④ 학교를 찍은 사진이나 영상을 살펴본다.
⑤ 옛날에 학교에 다녔던 사람들의 이야기를 들어 본다.

아이스크림, 천재교과서(김) 외

13 위의 자료를 보고, 알 수 있는 사실을 잘못 말한 친구를 골라 ○표 하시오.

(1) (   )   (2) (   )

학습 결과에 색칠하세요.   

개념 학습

4회

연표를 만들고 소개하기

➕ **역사적 인물 연표 ㉖ 세종대왕**

연도	생애와 업적
1397	태종 이방원의 아들로 태어남.
1418	조선의 제4대 왕이 됨.
1434	장영실에게 해시계를 만들게 함.
1446	3년간의 시험을 거친 후 훈민정음을 반포함.
1450	사망함.

➕ **연표를 사용하면 좋은 점**

- 언제, 무엇을 하였는지 기억하기 쉽습니다.
- 시간의 흐름을 한눈에 볼 수 있어서 편리합니다.
- 시간 순서대로 어떤 일이 있었는지 파악하기 좋습니다.

용어 사전

- ★ **국민학교** 초등학교의 전 이름.
- ★ **배열** 비슷한 여럿을 일정한 차례나 간격으로 벌여 놓는 것.
- ★ **지점** 어떤 일정한 곳.
- ★ **간격** (멀지 않게 서로 떨어져 있는) 사람이나 사물 사이의 거리.

---

1 연표 만들기 ➕

(1) 연표의 의미: 일이 일어난 순서대로 ＊배열하여 알아보기 쉽게 나타낸 표를 말합니다.

(2) 연표를 만드는 과정 ➕ → 연표에 들어갈 요소와 사건의 순서를 고려하여 만들어요.

㉖

❶ 연표에 표시할 일들을 시간 순서대로 ＊배열하기

연표에 표시하고 싶은 일을 정하고, 오래된 순서대로 배열합니다.

↓

❷ 연표에 가장 먼저 일어난 일과 마지막에 일어난 일 표시하기

가장 먼저 일어난 일과 마지막에 일어난 일을 연표의 양 끝 지점에 적습니다.

↓

❸ 중간에 일어난 일들 표시하기

① 2단계에서 표시한 첫 ＊지점과 마지막 지점을 기준으로 나머지 일들을 연표에 표시합니다.
② 시간의 거리감을 알 수 있도록 일과 일 사이의 시간이 짧으면 가깝게, 시간이 길면 멀게 ＊간격을 표시합니다.

↓

❹ 글, 그림, 사진 등으로 연표 꾸미기

자세히 설명하고 싶은 중요한 일은 글, 그림, 사진 등을 활용하여 꾸밉니다.

(3) 연표를 보고 알 수 있는 점 ┌→ 연표에 표시된 일들의 간격을 보면 그 사이에 시간이 얼마나 흘렀는지 알 수 있어요

① 과거에 있었던 일들이 언제 일어났는지 알 수 있습니다.
② 연표를 살펴보면 일이 일어난 순서를 쉽게 알 수 있습니다.

2 내가 만든 연표 소개하기

(1) 연표를 소개할 때 주의할 점

① 시간을 나타내는 표현을 활용하여 일이 일어난 순서가 잘 드러나도록 이야기해야 합니다. ➕

② 중요한 일을 중심으로 시간 순서에 따라 소개합니다.

③ 시간을 나타내는 말을 사용하고, 이 *주제를 선택한 까닭을 말합니다.

교과서 대표 자료　우리 가족의 연표

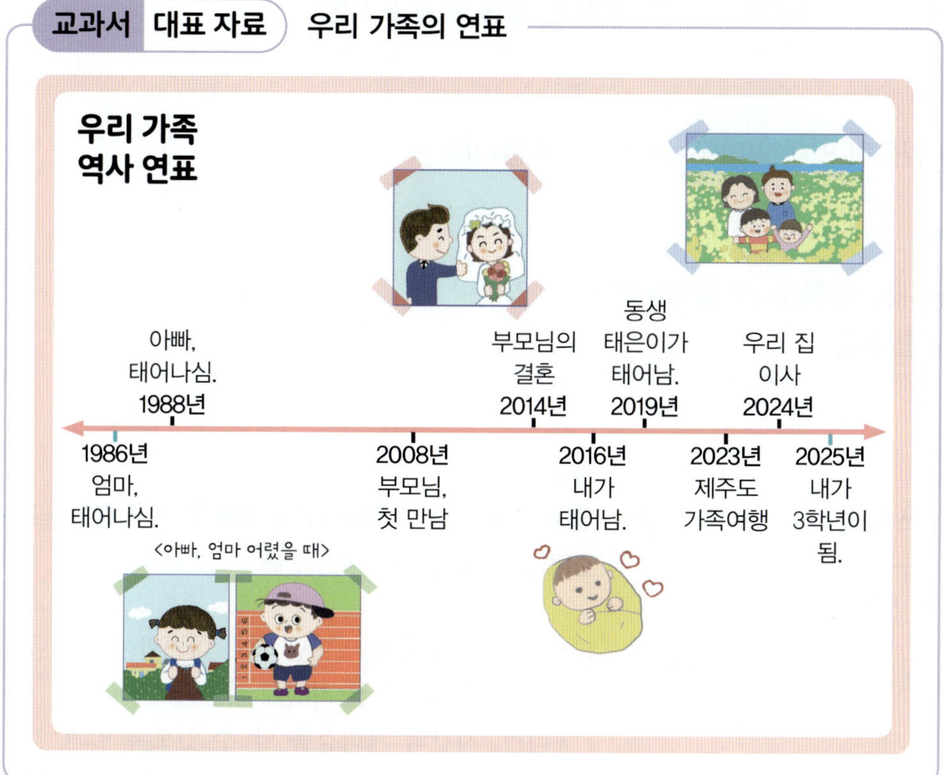

(2) 친구의 소개를 들을 때 생각해야 할 점

① 연표의 *특성이 잘 드러나도록 만들었는지 확인합니다.

② 친구가 선택한 주제와 관련 있는 일의 변화 과정이 잘 드러나는지 생각합니다.

➕ **가족 연표의 내용이 서로 다른 까닭**

· 가족마다 중요하게 생각하는 일이 다르기 때문입니다.

· 우리 가족에게는 큰 영향을 미친 일이 다른 가족에게는 작은 일일 수 있기 때문입니다.

· 같은 주제로 연표를 만들어도 만드는 사람에 따라 연표의 형태와 내용이 다르기 때문입니다.

2 단원 / 4회

용어 사전

★ **주제** 생각이나 활동을 이끌어가는 중심이 되는 문제나 내용.

★ **특성** 어떤 사물에만 있거나 또는 그것의 특징을 나타내는 성질.

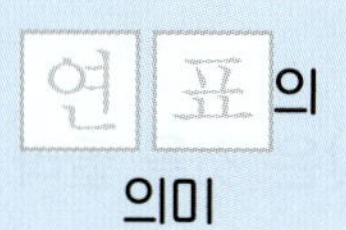 **핵심만** 한번 더 쓰면서 정리 !

연 표의 의미	일이 일어난 **순 서** 대로 **배 열** 하여 알아보기 쉽게 나타낸 표
연표를 소개할 때 주의할 점	- 일이 일어난 **순 서** 가 잘 드러나야 함.　　- 주제를 선택한 까닭을 말해야 함. - 중요한 일을 중심으로 **시 간** 순서에 따라 소개함.

핵심 체크

1 (   )을/를 사용하면 시간 순서대로 어떤 일이 있었는지 파악하기 좋습니다.

2 연표를 만들 때는 일과 일 사이의 (   )이/가 짧으면 가깝게, 길면 멀게 표시합니다.

3 연표를 보면 (   )에 있었던 일들이 언제 일어났는지 알 수 있습니다.

4 연표를 소개할 때는 시간을 나타내는 표현을 잘 활용하여 일이 일어난 (   )이/가 잘 드러나도록 이야기해야 합니다.

📖 8종 공통

5 다음에서 설명하는 것은 무엇인지 쓰시오.

> 일이 일어난 순서대로 배열하여 알아보기 쉽게 나타낸 표를 말합니다.

(   )

📖 8종 공통

6 다음 ㉠~㉢을 연표를 만드는 과정의 순서대로 기호를 쓰시오.

> ㉠ 중간에 일어난 일들 표시하기
> ㉡ 글, 그림, 사진 등으로 연표 꾸미기
> ㉢ 연표에 표시할 일들을 시간 순서대로 배열하기
> ㉣ 연표에 가장 먼저 일어난 일과 마지막에 일어난 일 표시하기

(   )→(   )→(   )→(   )

📖 8종 공통

7 연표를 만드는 과정에 대해 <u>잘못</u> 말한 사람을 골라 이름을 쓰시오.

> • 아영: 가장 먼저 일어난 일과 마지막에 일어난 일을 연표의 양 끝 지점에 적습니다.
> • 리안: 시간의 거리감을 알 수 있도록 일과 일 사이의 시간이 짧으면 멀게, 시간이 길면 가깝게 간격을 표시합니다.

(   )

📖 8종 공통

8 연표에 대한 설명으로 알맞은 것을 골라 ○표 하시오.

⑴ 과거에 있었던 일이 언제 일어났는지 알 수 있습니다. (   )

⑵ 연표를 보면 일이 일어난 순서를 알 수 없습니다. (   )

9 다음 초등학교 누리집의 연표를 보고 알 수 있는 내용으로 알맞지 <u>않은</u> 것은 어느 것입니까? (   )

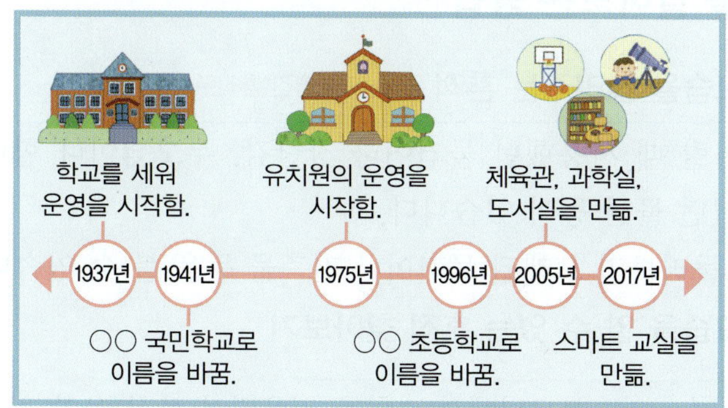

① 1937년에 운영을 시작하였습니다.
② 도서실은 2005년에 만들어졌습니다.
③ 지금까지 이름을 한 번 바꾸었습니다.
④ 체육관은 스마트 교실보다 먼저 생겼습니다.
⑤ 유치원은 학교가 세워진 뒤에 만들어졌습니다.

10 다음 태오가 만든 가족 연표의 일부를 보고, (   ) 안에 들어갈 알맞은 말을 쓰시오.

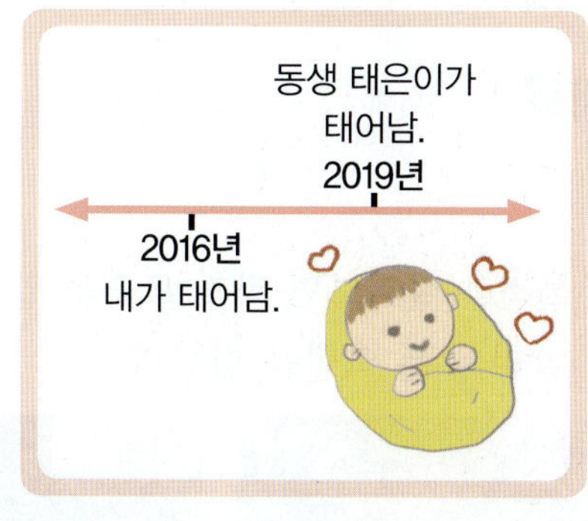

> 태오와 동생은 (   ) 살 차이가 납니다.

(   )

11 가족 연표의 내용이 서로 다른 까닭을 쓰시오.

 가족 연표를 만들 때는 연표에 표시하고 싶은 일을 정하고, 시간 순서대로 배열해요.

12 내가 만든 연표를 소개할 때 주의할 점을 알맞게 말한 친구를 골라 이름을 쓰시오.

> • 희주: 내가 좋아하는 일의 순서대로 이야기해.
> • 연준: 시간을 나타내는 표현을 활용하여 일이 일어난 순서대로 이야기 해.

(   )

13 다음 유진이네 가족 연표를 소개하는 블로그 글을 읽고, 알 수 있는 사실로 알맞지 <u>않은</u> 것은 어느 것입니까? (   )

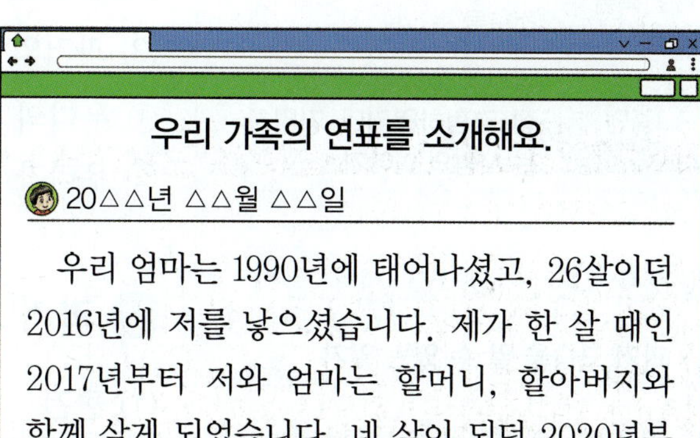

우리 가족의 연표를 소개해요.

20△△년 △△월 △△일

우리 엄마는 1990년에 태어나셨고, 26살이던 2016년에 저를 낳으셨습니다. 제가 한 살 때인 2017년부터 저와 엄마는 할머니, 할아버지와 함께 살게 되었습니다. 네 살이 되던 2020년부터는 제가 어린이집에 다니기 시작했습니다. 제가 일곱 살이 되던 2023년에는 초등학교에 입학하였습니다.

① 유진이는 2016년에 태어났습니다.
② 유진이네 어머니는 1990년에 태어나셨습니다.
③ 유진이는 태어나자마자 할머니, 할아버지와 함께 살았습니다.
④ 유진이는 2020년부터 어린이집에 다니기 시작했습니다.
⑤ 유진이는 일곱 살이 되던 2023년에 초등학교에 입학하였습니다.

학습 결과에 색칠하세요.   

개념 학습

5회

과거 모습을 알아보는 방법

➕ **나와 가족의 과거 모습을 알 수 있는 흔적**

- 일상을 기록한 사진, 영상
- 과거에 사용했던 물건 중 소중하게 간직하고 있는 물건
- 어린이집 졸업 앨범과 유치원 졸업 앨범
- 어릴 때부터 찍은 네 컷 사진

➕ **과거 모습을 알려 주는 자료의 종류**

물건	과거 사람들이 만들고 사용한 것
기록	편지, 일기, 그림, 노랫말, 신문 기사, 사진 등
건축물	과거의 흔적이 남아 있는 건축물
증언	과거에 있었던 사실을 직접 경험하였거나 기억하는 사람의 이야기

➕ **과거 모습을 알 수 있는 일기**

> 학교 끝나고 운동장에서 야구를 했다. 친구들이 제기차기를 하고 싶다고 해서 야구는 2회까지만 했다.

- 옛날 학생들도 일기를 썼다는 사실을 알 수 있습니다.
- 오늘날 방과 후에 친구들과 노는 것처럼 옛날 학생들도 야구와 제기차기를 하고 놀았음을 알 수 있습니다.

용어 사전

- ★ **구성원** 어떤 조직이나 단체를 이루고 있는 개인.
- ★ **짐작** 사정이나 형편 등을 대강 알아차리는 것.
- ★ **당시** 일이 있었던 바로 그때. 또는 이야기하고 있는 그 시기.

---

1 나의 과거 모습을 알아보는 방법

(1) 우리 주변의 과거 모습을 알려주는 흔적 → 과거에 남긴 흔적은 과거 모습을 알려주는 증거가 돼요.

① 집 안을 살펴보면 어릴 때 사용했던 물건이나 장난감, 부모님이나 할머니, 할아버지가 사용하셨던 물건 등이 있습니다. ➕

② 우리가 사는 지역을 둘러보면 오래된 물건이나 건축물 등을 볼 수 있습니다.

(2) 집에서 나의 과거 모습을 알 수 있는 흔적 찾아보기

부모님이 쓰신 육아 일기 살펴보기	부모님께서 자녀를 키우면서 쓰신 육아 일기를 살펴봄.
집에 남아 있는 물건 살펴보기	내가 예전부터 간직하고 있던 물건을 살펴봄.
예전에 찍은 사진이나 영상 살펴보기	사진첩을 보면서 옛날에 무슨 일이 있었는지 떠올려봄.
과거 모습을 기억하는 사람에게 물어보기	가족★구성원에게 나의 어린 시절 모습을 물어봄.

(3) 과거의 흔적을 살펴보면 알 수 있는 점

① 우리의 과거 모습을 ★짐작할 수 있습니다.

② 우리가 과거에 남긴 흔적들은 우리의 과거 모습을 알려주는 증거가 됩니다.

2 과거 모습을 알려주는 자료 ➕ → 형태가 있는 물건뿐만 아니라 글이나 영상, 이야기 등도 자료가 될 수 있어요.

(1) 물건

① 과거 사람들이 만들고 사용한 물건을 살펴보면 과거 모습을 알 수 있습니다.

② 오래된 물건은 과거의 모습을 알려 주는 역할을 합니다.

옛날에 사람들은 고무로 만든 신발을 신고 다녔음.

학교에 점심 식사를 싸서 다녔음을 짐작할 수 있음.

아궁이에 불을 피워 가마솥에 음식을 만들어 먹었음.

(2) 기록

① 편지, 일기, 노랫말, 신문 기사 등과 같은 기록을 살펴보면 과거 모습을 알 수 있습니다. ➕

② 기록을 살펴보면 ★당시의 사회 모습, 옛날 사람들의 생활 모습 등을 알 수 있습니다.

(3) *건축물 ➕

① 과거 사람들이 남긴 건축물을 살펴보면 과거 사람들의 생활 모습을 알 수 있습니다.

② 과거 사람들이 남긴 건축물의 모습을 보면 당시 사람들이 어떤 아름다움을 추구했는지 알 수 있습니다.

(4) *증언

① 과거를 직접 경험하였거나 기억하는 사람들의 이야기를 통해서도 과거 모습을 알 수 있습니다.

② 어른들이 들려주는 이야기는 기록으로 남아 있지 않지만, 과거의 모습을 알려주는 기록과 같은 역할을 합니다.

➕ 초가집

- 초가집은 옛날 사람들이 살던 건축물입니다.
- 주변에서 쉽게 구할 수 있었던 볏짚 등으로 지붕을 얹은 집입니다.

교과서　대표 자료　다양한 자료로 살펴보는 옛날의 학교 모습

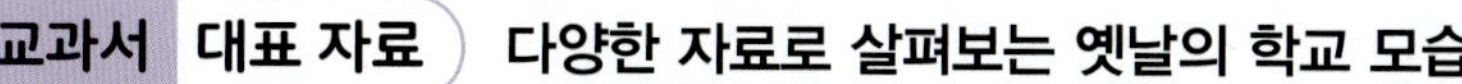

- 전시실의 고무신, 책가방, 라디오 등은 물건입니다.
- 옛날에 학생이 쓴 일기는 기록입니다.
- 옛날 학교 건물은 건축물입니다.
- 전시 해설사 할아버지의 이야기는 증언입니다.

용어 사전

★ **건축물**　땅 위에 지은 구조물 중에서 지붕, 기둥, 벽이 있는 건물을 통틀어 이르는 말.

★ **증언**　어떤 주장이나 짐작이 사실인지 아닌지를 가리는 데 도움이 되는 말.

★ **전시 해설사**　전시의 내용을 알기 쉽게 풀어 설명하는 사람.

핵심만　한번 더 쓰면서 정리 !

과거 사람들이 사용한 **물건**

과거에 쓰여진 **기록**

과거 사람들이 남긴 **건축물**

과거를 경험한 사람들의 **증언**

과거 모습을 알려주는 자료

핵심 체크

1 우리가 과거에 남긴 (　　　)들은 우리의 과거 모습을 알려주는 증거가 됩니다.

2 예전에 찍은 (　　　)이나 영상을 살펴보면 나의 과거 모습을 알아볼 수 있습니다.

3 과거 사람들이 만들고 사용한 (　　　)을/를 살펴보면 과거 모습을 알 수 있습니다.

4 과거를 직접 경험하였거나 기억하는 사람들의 (　　　)을/를 통해서도 과거 모습을 알 수 있습니다.

📖 8종 공통

5 다음 (　　) 안에 공통으로 들어갈 말을 쓰시오.

> 　우리 주변의 과거 모습을 알려주는 흔적을 찾기 위해 집 안을 살펴보면 어릴 때 사용했던 (　　　)이나, 부모님이나 할머니, 할아버지가 사용하셨던 (　　　) 등이 있습니다.

(　　　　　　　　　　)

📖 8종 공통

6 나와 가족의 과거 모습을 알 수 있는 흔적을 (보기)에서 모두 골라 기호를 쓰시오.

> (보기)
> ㉠ 유치원 졸업 앨범
> ㉡ 일상을 기록한 사진, 영상
> ㉢ 어릴 때부터 찍은 네 컷 사진
> ㉣ 가장 친한 친구가 과거에 사용했던 물건

(　　　　　　　　　　)

📖 8종 공통

7 다음 집에서 나의 과거 모습을 알아보는 모습을 보고 빈칸에 들어갈 알맞은 말을 쓰시오.

> 부모님께서 자녀를 키우면서 쓰신 (　　　) 을/를 살펴봅니다.

(　　　　　　　　　　)

서술형 📖 8종 공통

8 과거의 흔적을 살펴보면 알 수 있는 점을 쓰시오.

____

도움말 집에서 나의 과거 모습을 알 수 있는 흔적을 찾아보고 무엇을 알 수 있었는지 떠올려 보세요.

📖 8종 공통

9 다음 중 과거 모습을 알려주는 자료로 알맞지 <u>않은</u> 것은 어느 것입니까? (   )

① 할머니가 신으셨던 고무신
② 과거 사람들이 남긴 건축물
③ 옛날 사람이 쓴 편지와 일기
④ 미래에 나올 하늘을 나는 자동차
⑤ 과거를 기억하는 사람들의 이야기

디지털 문해력   아이스크림, 천재교과서(김) 외

10 다음 누리집에서 찾은 과거의 일기를 읽고 알 수 있는 사실을 알맞게 말한 친구를 골라 ○표 하시오.

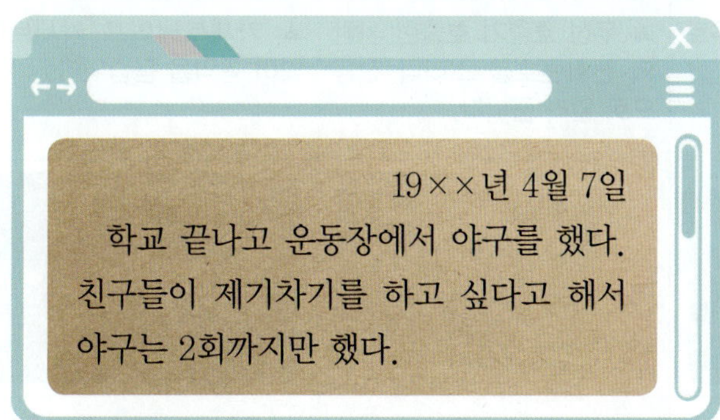

(   )   (   )

아이스크림, 천재교과서(김) 외

11 다음 (   ) 안에 공통으로 들어갈 과거 모습을 알려주는 자료의 이름을 쓰시오.

> • 과거 사람들이 남긴 (   )을 살펴보면 과거 사람들의 생활 모습을 알 수 있습니다.
> • 초가집은 주변에서 쉽게 구할 수 있는 볏짚 등으로 지붕을 얹은 집으로, 옛날 사람들이 살던 (   )입니다.

(   )

| **12~13** | 다음 (보기)를 보고, 물음에 답하시오.

> (보기)
> ㉠ 물건   ㉡ 기록
> ㉢ 건축물   ㉣ 증언

📖 8종 공통

12 다음과 같은 자료는 무엇인지 위의 (보기)에서 골라 기호를 쓰시오.

▲ 고무신

▲ 도시락

(   )

📖 8종 공통

13 전시 해설사 할아버지가 들려주는 이야기는 어떤 자료에 해당하는지 위의 (보기)에서 골라 기호를 쓰시오.

(   )

학습 결과에 색칠하세요.     

2
단원
5회

개념 학습

6회

오래된 물건과 기록으로 알아보는 과거

➕ 오래된 물건으로 과거 모습을 살펴볼 때 필요한 질문

- 물건의 이름은 무엇일까요?
- 무엇으로 만들었을까요?
- 어떻게 사용했을까요?
- 무엇을 할 때 사용했던 물건일까요?

1 오래된 물건

(1) 우리 주변의 오래된 물건 살펴보기: 물건의 이름, 쓰임새, 재료, 사용 방법 등을 질문하며 살펴봅니다. ➕

교과서 대표 자료 우리 주변의 오래된 물건 살펴보기

▲ **맷돌** 곡식을 넣어 가루로 만드는 도구입니다.

▲ **무선 호출기** 호출한 사람의 전화번호를 소리나 진동으로 알려 줍니다.

▲ **카세트테이프** 카세트에 넣어 음악을 듣습니다.

▲ **재봉틀** 옷을 직접 만들거나 고칠 때 사용하는 도구입니다.

▲ **라디오** 방송국에서 보낸 소리를 받아 재생할 수 있는 기계입니다.

▲ **요강** 방 안에 두고 오줌을 누는 그릇입니다.

▲ **타자기** 종이를 넣고 타자를 쳐서 글이나 편지를 쓰는 도구입니다.

▲ **물레** 솜이나 털 등에서 실을 뽑아내는 도구입니다.

▲ **풍금** 페달을 밟아서 바람을 넣어 소리를 내는 건반 악기입니다.

(2) 오래된 물건을 살펴볼 때 주의할 점

① 오래된 물건의 주인이 있을 때 물건을 가져가거나 사진을 찍어도 되는지 허락을 받아야 합니다.

② 오래된 물건이 훼손되지 않도록 조심히 다루어야 합니다.

(3) 오래된 물건을 살펴보면 알 수 있는 점

① 주로 누가 쓰던 것인지 알 수 있습니다.

② 옛날 사람들의 생활 모습을 짐작할 수 있습니다.

③ 옛날과 오늘날 생활 모습의 차이점을 알 수 있습니다.

④ 생활 방식의 변화로 지금은 사라진 것들에 대해 알 수 있습니다.

용어 사전

★ **호출** 연락하여 불러내는 것.

★ **카세트** 카세트테이프를 사용하여 소리를 녹음하거나 재생할 수 있도록 만든 장치.

2 사진

(1) 사진으로 살펴보는 옛날의 사회 모습

┌ 옛날 사진을 살펴보면 과거에 있었던 일이나 당시
└ 상황을 알 수 있어요.

▲ 옛날의 교실 모습

▲ 옛날의 한강 모습

(2) 사진을 살펴보면 알 수 있는 점

① 한 반에 많은 수의 학생들이 있었다는 것을 알 수 있습니다
② 옛날에는 겨울에 한강에서 아이들이 썰매를 탔다는 것을 알 수 있습니다.

3 그림 → 사진기가 없었던 먼 옛날의 생활 모습은 그림으로 알 수 있어요.

(1) 김홍도의 「서당」으로 살펴보는 과거 모습

(2) 그림을 살펴보면 알 수 있는 점

① 옛날 사람들의 생활 모습을 알 수 있습니다. ➕
② 옛날 사람들이 입었던 옷과 신발, 사용했던 도구 등을 알 수 있습니다.

➕ 쥐잡기 캠페인 포스터

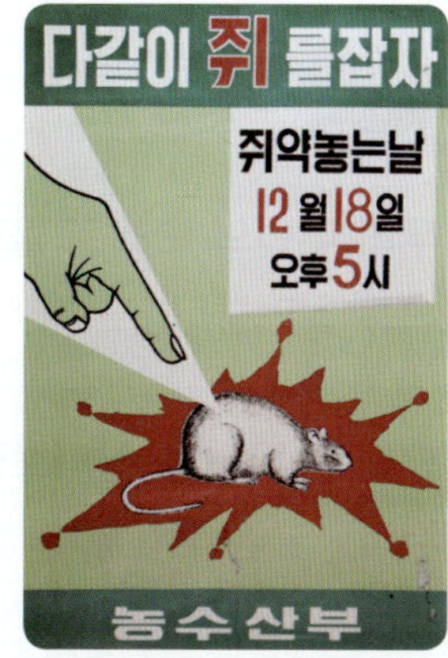

- 옛날에는 식량이 부족해 사람들이 식량을 아끼면서 살았는데, 쥐가 사람이 먹을 곡식을 훔쳐먹는 것이 문제였습니다.
- 나라에서 부족한 식량을 아끼기 위해 전국적으로 쥐잡기 캠페인을 실시하였다는 것을 알 수 있습니다.

2 단원
6회

용어 사전

★ **서당** (옛날에) 아이들이 글을 배우던 집
★ **훈장님** 서당에서 글을 가르치는 사람.

핵심만 **한번 더 쓰면서 정리 !**

오래된 물건, 사진, 그림을 살펴보면 알 수 있는 점

- 옛날 사람들의 生 活 모 습
- 옛날과 오늘날 생활 모습의 차 이 점
- 생활 방식의 변화로 지금은 사라진 것들

문제 학습

1 우리 주변의 오래된 물건인 (　　　)은/는 호출한 사람의 전화번호를 소리나 진동으로 알려줍니다.

2 오래된 물건을 살펴보면 옛날과 오늘날 생활 모습의 (　　　)을/를 알 수 있습니다.

3 옛날 사진을 살펴보면 과거에 있었던 일이나 당시 (　　　)을/를 알 수 있습니다.

4 김홍도의 「서당」과 같은 (　　　)을/를 살펴보면 옛날 사람들의 생활 모습을 알 수 있습니다.

디지털 문해력

| 5~6 | 다음 대화를 읽고, 물음에 답하시오.

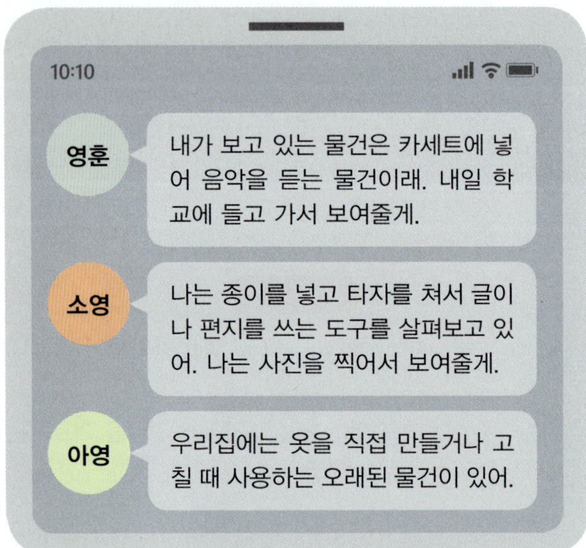

8종 공통

5 위의 대화에서 영훈이가 살펴보고 있는 물건의 모습으로 알맞은 것을 골라 ○표 하시오.

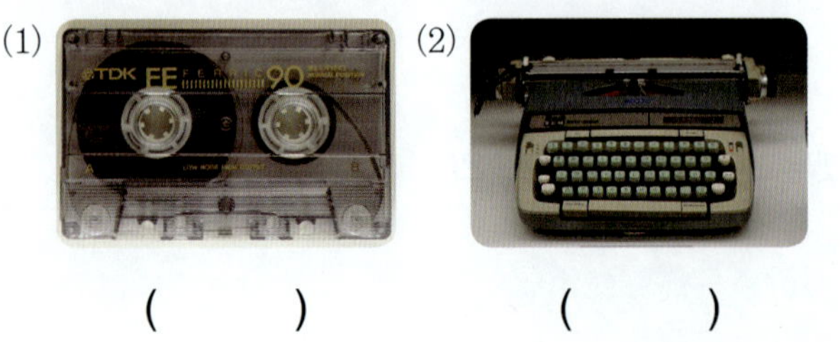

(1) (　　　)　　　(2) (　　　)

8종 공통

6 위의 대화에서 친구의 이름과 친구가 살펴보고 있는 물건이 알맞게 짝지어진 것을 고르시오. (　　　)

① 영훈 – 호롱　　　② 영훈 – 타자기

③ 소영 – 라디오　　④ 아영 – 재봉틀

⑤ 아영 – 무선 호출기

8종 공통

7 오래된 물건으로 과거의 모습을 탐구할 때 필요한 질문으로 알맞지 <u>않은</u> 것은 어느 것입니까?

(　　　)

① 물건의 이름은 무엇일까?

② 얼마나 값비싼 물건일까?

③ 어디서 이 물건을 사용하였을까?

④ 옛날 사람들이 무엇을 할 때 썼을까?

⑤ 이 물건을 사람들이 어떻게 사용하였을까?

📖 8종 공통

8 오래된 물건을 살펴보면 알 수 있는 점으로 알맞지 <u>않은</u> 것은 어느 것입니까? (   )

① 주로 누가 쓰던 물건인지 알 수 있다.
② 옛날 사람들의 생활 모습을 짐작할 수 있다.
③ 앞으로 나오게 될 물건의 특징을 알 수 있다.
④ 옛날과 오늘날 생활 모습의 차이점을 알 수 있다.
⑤ 생활 방식의 변화로 지금은 사라진 것들에 대해 알 수 있다.

미래엔, 비상교육 외

9 다음 사진을 보고 알 수 있는 옛날의 사회 모습을 골라 ○표 하시오.

(1) 한 학급의 학생 수가 오늘날보다 많았습니다.
(   )

(2) 급식실에서 밥을 먹고, 정수기가 있습니다.
(   )

동아출판, 천재교과서(김) 외

10 다음 사진을 보고, (   ) 안에 들어갈 알맞은 말을 쓰시오.

옛날에는 겨울에 한강에서 아이들이 (   )을/를 탔다는 것을 알 수 있습니다.

서술형 아이스크림, 천재교과서(김) 외

11 오른쪽의 사진을 보고 알 수 있는 사실을 한 가지만 쓰시오.

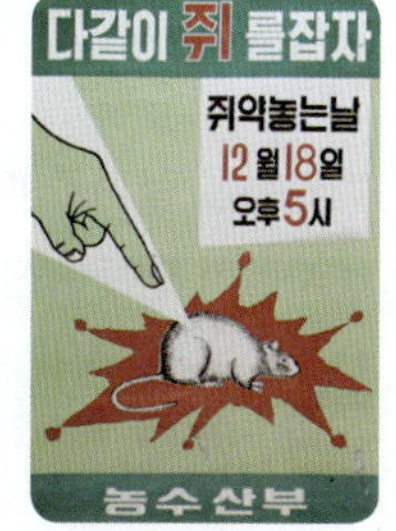

▲ 쥐잡기 포스터

____

____

____

도움말 오래된 그림이나 포스터 등을 살펴보면 옛날과 오늘날 생활 모습의 차이점을 알 수 있어요.

| 12~13 | 다음 그림을 보고, 물음에 답하시오.

미래엔, 천재교과서(김) 외

12 위의 그림에 나타난 오늘날 학교의 역할을 했던 장소의 이름은 무엇인지 쓰시오.

(   )

미래엔, 천재교과서(김) 외

13 위의 그림에 나타난 과거 모습에 대한 설명의 (   ) 안에 들어갈 알맞은 말을 쓰시오.

• 옛날 사람들은 (㉠   )을/를 입었습니다.
• 갓을 쓴 (㉡   )이/가 학생들을 가르쳤습니다.

학습 결과에 색칠하세요.     

개념 학습 **7회**

기록으로 알아보는 과거

➕ 기록을 살펴볼 때 확인해야 할 점

➕ 기록을 살펴볼 때 확인해야 할 점

- 자료가 만들어진 때를 확인합니다.
- 자료의 내용이 과거의 생활 모습을 잘 나타내고 있는지 확인합니다.

1 일기로 알아보는 과거 모습 ➕

(1) 이순신 장군의 『난중일기』 → 난중일기는 이순신 장군이 임진왜란이 시작된 1592년부터 1598년까지 쓴 일기예요.

> 1593년 6월 12일
>
> 아침에 흰 머리카락을 뽑았다. 흰머리를 꺼리는 것은 늙은 어머님이 계시기 때문이다.

> 1597년 9월 16일
>
> 적선 133척이 우리의 배를 에워쌌다. 지휘선이 홀로 적선 가운데로 들어가 탄환과 화살을 비바람같이 발사했지만, 여러 척의 배들은 바라만 보고서 진격하지 않아 앞일을 헤아릴 수 없었다.

① 이순신 장군이 어머님을 생각하는 마음을 알 수 있습니다.
② 1597년 9월 16일의 전투 상황을 알 수 있습니다.

(2) 아버지가 쓰신 일기

> 1995.10.5.
>
> 오늘은 학교에서 운동회를 했다. 작년에 달리기 시합에서 꼴등을 했는데 이번에는 꼭 1등을 하려고 열심히 연습을 했다. 그런데 어제 연습을 많이 해서 그런지 오늘 달리기를 하다가 다리에 힘이 풀려서 넘어졌다. 내가 속상해서 울고 있으니, 선생님께서 내 팔에 1등 도장을 찍어주셨다.

① 아버지가 1994년 운동회 달리기 시합에서 꼴등을 했었습니다.
② 아버지는 달리기에서 꼴등을 하였으나, 실망해서 우는 모습을 보신 선생님께서 1등 도장을 찍어주었습니다.

(3) **일기를 통해 알 수 있는 점**: 일기를 쓴 사람의 생각과 일기를 쓴 당시의 상황과 생활 모습을 알 수 있습니다.

➕ 역사적 사실을 선택할 때 가져야 할 자세

- 과거 모습을 찾아볼 때는 다양한 자료를 찾아보고, 더 설득력 있으며 근거가 명확한 사실을 선택해야 합니다.
- 남겨진 자료를 통해서 과거의 모습을 짐작할 수 있지만, 과거에 있었던 사실을 모두 정확하게 알 수 없습니다.

2 편지로 알아보는 과거 모습 ➕

(1) 1960년대에 쓰인 편지

> 현중이에게
>
> 우리 학교에서는 10월 18일에 소풍을 다녀왔다. 전학 간 국민학교에서도 소풍을 갔다 왔느냐? 아직은 낯설겠지만 하루 빨리 새 학교에 정을 들여 열심히 공부하여라.
>
> 1967년 10월 28일 영현이가

① 옛날에는 초등학교를 국민학교라고 불렀다는 것을 알 수 있습니다.
② 오늘날 가을에 현장 체험 학습을 가는 것처럼 1960년대에도 가을에 소풍을 갔다는 사실을 알 수 있습니다.

용어 사전

★ **적선** 적이나 적국의 배.
★ **국민학교** '초등학교'의 이전 말.

(2) **편지를 통해 알 수 있는 점**: 옛날 사람들이 어떤 생각을 하였고, 어떤 생활을 했는지 알 수 있습니다.

3 신문 기사로 알아보는 과거 모습 ➕

(1) **오래된 신문 기사**: 신문은 많은 사람에게 알릴 만한 내용이 실리기 때문에 당시의 중요한 사건이나 정보를 알 수 있습니다. → 과거의 일을 기억하기 위해서 기록을 남겨요.

> **교과서 대표 자료** 옛날 신문 기사 살펴보기
>
> **❶**
> ○○신문   19△△년 △△월 △△일
> **한 학급에 90명, 책상 하나에 3명씩 앉기도**
> 한 학급에 학생이 70명이 넘으면 사실상 어린이를 위한 개별 지도란 거의 *불가능한 일이다.
>
> **❷**
> □□신문   2012년 3월 24일
> **주5일 수업 전면 시행**
> **○○ 초등학교, 학부모와 학생 대다수가 만족**
> ○○ 초등학교 5학년에 재학 중인 김동아 군은 토요일에 학교에 가지 않고, 가족들과 나들이를 떠날 수 있어서 신난다고 답하였다.
>
> **❶** 옛날에는 한 학급에 학생 수가 90명인 경우가 있었고, 학생 수가 많아 한 책상에 3명씩 앉기도 했다는 것을 알 수 있습니다.
> **❷** 옛날에는 토요일에도 학교에 갔었다가 토요일에 학교에 가지 않게 되면서 여가 시간이 늘어났다는 것을 알 수 있습니다.

(2) **신문 기사를 통해 알 수 있는 점**: 신문이 만들어진 당시의 사회 모습과 생활 모습을 알 수 있습니다. ➕

➕ **어린이 잡지를 통해 알 수 있는 과거 모습**

- 옛날에도 어린이를 대상으로 한 잡지가 있다는 것을 알 수 있습니다.
- 당시 어린이의 *관심사를 알 수 있습니다.

➕ **노랫말**
노랫말에는 노래가 만들어진 당시에 사용하던 물건이나 생활 모습이 담기기도 합니다.

용어 사전
* **불가능** 가능하지 않음.
* **관심사** 관심을 끄는 일.

핵심만 한번 더 쓰면서 **정리 !**

여러 가지 기록의 종류	일 기, 편 지, 신문 기사, 잡지, 노랫말 등
기록을 살펴보면 알 수 있는 점	- 과 거 에 있었던 일 - 기록을 한 사람의 생각 - 기록이 만들어진 시기의 사회 모습과 사람들의 생 활 모 습

핵심 체크

1 일기에 쓰인 내용을 통해 당시의 상황과 일기를 쓴 사람의 (　　　)을/를 알 수 있습니다.

2 과거 모습을 찾아볼 때는 다양한 자료를 찾아보고, (　　　)이/가 명확한 사실을 선택해야 합니다.

3 일기, 편지, 신문 기사와 같은 오래된 (　　　)을/를 살펴보면 당시의 사회 모습을 알 수 있습니다.

4 (　　　)에는 노래가 만들어진 당시에 사용하던 물건이나 생활 모습이 담기기도 합니다.

미래엔, 비상교육 외

5 다음 일기를 읽고, 알 수 있는 사실에 ○표 하시오.

> 1597년 9월 16일
> 적선 133척이 우리의 배를 에워쌌다. 지휘선이 홀로 적선 가운데로 들어가 탄환과 화살을 비바람같이 발사했지만, 여러 척의 배들은 바라만 보고서 진격하지 않아 앞일을 헤아릴 수 없었다.

(1) 일기를 쓴 사람의 생각　　　(　　　)

(2) 오늘날 사람들의 생활 모습　　　(　　　)

■ 8종 공통

6 역사적 사실을 선택할 때 가져야 할 자세로 알맞은 것을 (보기)에서 골라 기호를 쓰시오.

(보기)
㉠ 역사적 사실은 단 한 가지이므로, 하나의 자료만 찾아보면 됩니다.
㉡ 역사적 사실을 찾아볼 때는 다양한 자료를 찾아보고, 근거가 명확한 사실을 선택해야 합니다.

(　　　)

| 7~8 | 다음 자료를 보고, 물음에 답하시오.

> 1995.10.5.
> 오늘은 학교에서 운동회를 했다. 작년에 달리기 시합에서 꼴등을 했는데 이번에는 꼭 1등을 하려고 열심히 연습을 했다. 그런데 어제 연습을 많이 해서 그런지 오늘 달리기를 하다가 다리에 힘이 풀려서 넘어졌다.
> 내가 속상해서 울고 있으니, 선생님께서 내 팔에 1등 도장을 찍어주셨다.

■ 8종 공통

7 위와 같은 자료의 이름은 무엇인지 쓰시오.

(　　　)

■ 8종 공통

8 윗글의 내용에 대한 설명으로 알맞은 것에 ○표, 알맞지 **않은** 것에 ×표 하시오.

(1) 아버지는 1995년 운동회의 달리기 시합에서 1등을 하셨다.　　　(　　　)

(2) 아버지는 1994년 운동회의 달리기 시합에서 1등을 하지 못하셨다.　　　(　　　)

서술형 동아출판, 아이스크림 외

9 다음 편지를 읽고, 알 수 있는 1960년대의 생활 모습을 쓰시오.

> 현중이에게
>
> 　우리 학교에서는 10월 18일에 소풍을 다녀왔다. 전학 간 국민학교에서도 소풍을 갔다 왔느냐? … 낯설겠지만 하루빨리 새 학교에 정을 들여 열심히 공부하여라.
>
> 1967년 10월 28일
> 영현이가

도움말 편지를 읽어보면 편지가 쓰인 시기의 사람들이 어떤 생활을 했는지 알 수 있어요.

8종 공통

10 다음 신문 기사를 읽고, 알 수 있는 내용을 알맞게 말한 친구를 골라 이름을 쓰시오.

> ○○신문　　　　19△△년 △△월 △△일
>
> **한 학급에 90명, 책상 하나에 3명씩 앉기도**
>
> 　한 학급에 학생이 70명이 넘으면 사실상 어린이를 위한 개별 지도란 거의 불가능한 일이다.

- 혜인: 옛날에는 한 학급에 학생 수가 80명을 넘은 적이 없었어.
- 유하: 옛날에는 책상 하나에 3명씩 앉기도 했어.

(　　　　　　　　　)

8종 공통

11 신문 기사와 같은 기록을 남기는 까닭으로 알맞은 것에 ○표 하시오.

(1) 과거의 일을 기억하기 위해서　　　(　　　)

(2) 현재의 일을 꾸며 내기 위해서　　　(　　　)

디지털 문해력　**8종 공통**

12 다음 누리집의 신문 기사를 읽고 알 수 있는 내용을 (보기)에서 골라 기호를 쓰시오.

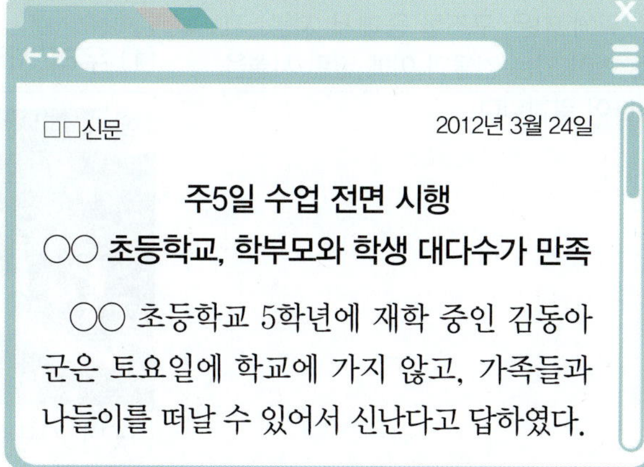

> □□신문　　　　　　　2012년 3월 24일
>
> **주5일 수업 전면 시행**
> **○○ 초등학교, 학부모와 학생 대다수가 만족**
>
> 　○○ 초등학교 5학년에 재학 중인 김동아 군은 토요일에 학교에 가지 않고, 가족들과 나들이를 떠날 수 있어서 신난다고 답하였다.

(보기)

ㄱ 옛날에는 학생 수가 많아서 토요일에도 학교에 갔습니다.

ㄴ 토요일에 아이들이 학교에 가지 않자, 학부모 대다수는 불만족스러워 하였습니다.

ㄷ 기사 속 학생은 토요일에 가족들과 시간을 보낼 수 있어서 신이 난다고 말했습니다.

(　　　　　　　　　)

8종 공통

13 오래된 기록을 살펴보면 알 수 있는 점으로 알맞지 <u>않은</u> 것은 어느 것입니까? (　　　)

① 과거의 사회 모습
② 과거 사람들의 관심사
③ 오늘날 사람들의 생각
④ 과거 사람들의 생활 모습
⑤ 기록을 남긴 사람의 생각

학습 결과에 색칠하세요.　

개념 학습

건축물과 증언으로 알아보는 과거

➕ **건축물**

땅 위에 지은 구조물 중에서 지붕, 기둥, 벽이 있는 건물과 이에 딸린 시설을 통틀어 말합니다.

---

1 건축물로 알아보는 과거 모습

(1) 우리 지역의 오래된 건축물 살펴보기 ➕ → 우리 지역에는 성, 다리, 옛날 사람들이 살던 집과 같은 여러 가지 건축물이 남아 있습니다.

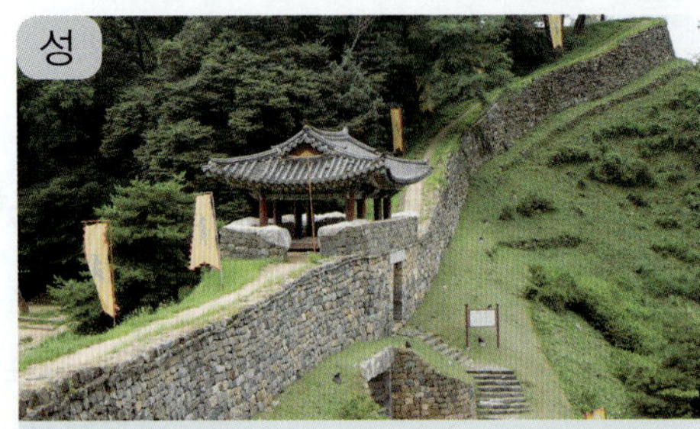
성

옛날 사람들은 성을 쌓아 적의 침입을 막았음.

물레 방앗간*

물의 힘을 이용해 곡식을 찧거나 빻았음.

다리

옛날 사람들은 돌, 나무, 짚 등 자연에서 얻을 수 있는 재료를 이용해 다리를 만들었음.

초가집과 기와집

옛날 사람들은 기와*나 짚으로 지붕을 얹었으며, 주로 초가집이나 기와집에 살았었음.

기차역

철도가 놓이면서 기차를 타고 다른 곳으로 이동하였음.

향교

옛날 학생들은 향교에서 공부하였음.

➕ **서대문 형무소**

- 일본이 우리나라를 강제로 빼앗았을 때 저항하던 사람들이 갇혀 있던 공간입니다.
- 우리나라를 되찾으려 했던 사람들이 마음을 알 수 있습니다.
- 오래된 건축물은 과거 사람들이 남긴 생각과 정신을 담은 공간입니다.

---

(2) 오래된 건축물을 살펴보면 알 수 있는 점 ➕

① 우리 지역이 어떤 곳이었는지와 ==옛날 사람들의 생활== 모습을 알 수 있습니다.

② 오래된 건축물을 살펴보면 ==옛날 사람들의 생각과 지혜==를 알 수 있습니다.

③ 과거 사람들이 남긴 건축물의 모습을 보면 당시 사람들이 어떤 아름다움을 추구하였는지 알 수 있습니다.

용어 사전

⭐ **방앗간** 물레방아를 설치해놓고 곡식을 찧거나 빻는 곳.

⭐ **기와** 지붕을 이는 데에 쓰기 위하여 흙을 굽거나 시멘트 따위를 굳혀서 만든 건축 자재.

2 증언으로 알아보는 과거 모습

(1) 증언 ➕→ 사람에게 직접 말로 듣는 것이기 때문에 과거를 생생하게 이해할 수 있어요.

① 증언은 과거를 경험한 사람이 자기의 과거 경험을 직접 말로 들려주는 것을 말합니다.

② 증언은 옛날 사람들의 생활 모습을 알 수 있는 자료 중 하나입니다.

> **교과서 대표 자료** 주변 어른들의 증언으로 알아보는 과거 모습
>
> 옛날에는 세탁기가 없었어. 대신 빨랫감을 물에 적시고, 나무로 만든 빨랫방망이를 이용하여 빨랫감을 두드려서 때를 뺐단다. 나는 마을 사람들과 우물가에 모여서 주로 빨래를 했었는데, 다 같이 모여서 이야기를 하며 빨래를 하는 것이 참 재미있었어.
>
> 
>
> 1970년대에 서울에 지하철이 처음 생겼단다. 그때는 지하철역이 많지 않아서 편하게 이동할 수가 없었어. 게다가 버스 없이는 멀리 있는 지하철역까지 가기도 힘들었지. 그래서 당시 사람들은 지하철보다는 버스를 많이 이용했어.
>
> 

(2) 증언을 들어보면 알 수 있는 점

① 과거의 상황을 생생하게 알 수 있습니다.

② 과거 사람들의 생활 모습을 알 수 있습니다.

③ 오늘날과는 달랐던 과거 사람들의 생각을 알 수 있습니다.

④ 이야기를 들려주는 사람의 특별한 경험을 알 수 있습니다.

➕ 우리 주변의 과거의 모습을 증언해 줄 수 있는 사람

- 부모님이나 이모와 삼촌, 할아버지, 할머니, 선생님과 같은 나이가 많은 사람
- 과거를 직접 경험한 사람

어른들이 들려주는 이야기에는 자신의 특별한 경험이나 기억이 담겨 있어요.

용어 사전

★ **빨랫방망이** 빨랫감을 두드려서 빠는 데 쓰는 방망이.

★ **우물가** 우물의 주변.

핵심만 한번 더 쓰면서 **정리 !**

오래된 건축물을 살펴보면 알 수 있는 점	- 옛날 사람들의 생활 모습 - 옛날 사람들의 생각	- 옛날 사람들의 지혜 -당시 사람들이 추구하던 아름다움
증언을 들어보면 알 수 있는 점	- 이야기를 들려주는 사람의 특별한 경험 - 오늘날과는 달랐던 과거 사람들의 생각	

핵심 체크

1 (　　　)은/는 땅 위에 지은 구조물 중에서 지붕, 기둥, 벽이 있는 건물과 이에 딸린 시설을 통틀어 말합니다.

2 오래된 건축물을 살펴보면 우리 지역이 어떤 곳이었는지와 옛날 사람들의 (　　　)을/를 알 수 있습니다

3 (　　　)은/는 과거를 경험한 사람이 자기의 과거 경험을 직접 말로 들려주는 것을 말합니다.

4 증언을 들어보면 이야기를 들려주는 사람의 특별한 (　　　)을/를 알 수 있습니다.

■ 8종 공통

5 다음 중 건축물의 모습으로 알맞은 것을 골라 ○표 하시오.

(1) 
▲ 다리
(　　　　)

(2)
▲ 라디오
(　　　　)

■ 8종 공통

6 다음에서 설명하는 우리 지역의 오래된 건축물은 어느 것입니까? (　　　)

옛날 학생들이 모여서 공부하던 곳입니다.

① 성　　　② 다리　　　③ 향교
④ 기차역　　　⑤ 물레 방앗간

■ 8종 공통

7 다음과 같은 건축물을 보고 알 수 있는 점으로 알맞은 것에 ○표, 알맞지 <u>않은</u> 것에 ×표 하시오.

(1) 옛날 사람들은 주로 기와나 짚으로 지붕을 얹었습니다.　　　(　　　)
(2) 옛날 사람들은 모두 초가집에 살았습니다.　　　(　　　)

■ 8종 공통

8 오래된 건축물을 살펴보면 알 수 있는 점을 <u>잘못</u> 말한 친구의 이름을 골라 쓰시오.

- 미현: 오래된 건축물을 살펴보면 옛날 사람들의 생각과 지혜를 알 수 있어.
- 인아: 오래된 건축물로는 당시 사람들이 어떤 아름다움을 추구했는지는 알 수 없어.

(　　　　　　)

9 디지털 문해력 📖 8종 공통

다음 지식 백과의 설명을 읽고, (　　) 안에 공통으로 들어갈 말을 쓰시오.

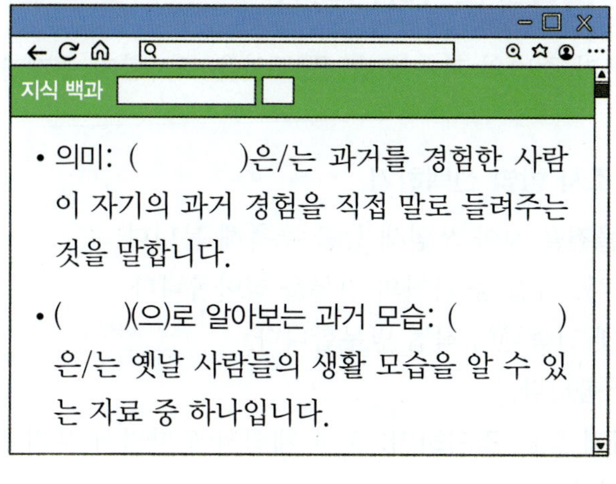

(　　　　　　　　　　)

📖 8종 공통

10 다음 대화를 읽고, 빈칸에 들어갈 알맞은 말에 ○표 하시오.

• 희진: 과거 사람의 이야기도 자료가 될 수 있을까?
• 영수: 과거에 있었던 일을 직접 경험했거나, 기억하는 사람이 들려주는 이야기는 과거 모습을 알려주는 자료가 될 수 (있어 , 없어).

11 우리 주변의 과거 모습을 증언해 줄 수 있는 사람은 누가 있는지 쓰시오.

____

도움말 증언은 과거를 경험한 사람이 자기의 경험을 직접 말로 들려주는 것을 말해요.

비상교육, 아이스크림 외

12 다음 ㉠, ㉡에 들어갈 알맞은 말을 각각 쓰시오.

　옛날에는 (　㉠　)이/가 없었어. 대신 빨랫감을 물에 적시고, 나무로 만든 (　㉡　)을/를 이용하여 빨랫감을 두드려서 때를 뺐단다.

㉠ (　　　　　　　　), ㉡ (　　　　　　　　)

아이스크림 외

13 다음 할아버지의 증언에 대한 설명으로 알맞지 <u>않은</u> 것은 어느 것입니까? (　　　　)

① 서울에 처음 지하철이 생긴 시기는 1970년대이다.
② 처음 지하철 생겼을 때는 지하철역이 많지 않았다.
③ 1970년대 서울에 사는 사람들은 버스를 이용했었다.
④ 1970년대의 지하철역은 버스 없이도 쉽게 갈 수 있었다.
⑤ 1970년대의 사람들은 버스를 지하철보다 많이 이용했었다.

학습 결과에 색칠하세요.   

개념 학습 9회

주변의 과거 모습 조사 및 소개하기

➕ **조사 계획서**

조사 주제	시디 플레이어
조사 방법	• 물건을 찾아 쓰임새 추측하기 • 주변의 어른께 여쭈어 보기
준비물	수첩, 필기도구, 카메라, 녹음기
주의할 점	• 질문할 내용을 미리 적어 둡니다. • 물건이 훼손되지 않도록 조심히 다루어야 합니다.

❶ 우리 주변의 과거 모습을 조사하는 과정

(1) 조사 계획 세우기: 우리 주변의 과거 모습 중 무엇을 조사할지 주제를 정합니다. ➕

(2) 조사할 주제에 맞는 조사 방법 선택하기

① 우리 주변의 오래된 물건을 찾아 쓰임새 등을 *추측해 봅니다. → 오래된 물건을 찾아 사진을 찍어요.

② 일기와 편지, 신문 기사, 사진 등 과거의 기록을 찾아봅니다. → 인터넷을 활용하여 과거의 기록을 찾아볼 수 있어요.

③ 박물관이나 *민속촌, 옛 건축물에 직접 방문합니다.

④ 주변의 어른께 여쭈어봅니다.

(3) 조사 계획에 따라 과거 모습 조사하기: 조사 계획서에 따라서 우리 주변의 과거 모습을 조사합니다. ➕

(4) 조사 보고서 작성하기: 조사 주제, 조사 방법, 조사한 자료, 알게 된 과거 모습을 담아서 보고서를 작성합니다.

➕ **과거 모습을 조사할 때 주의할 점**

• 과거 모습을 짐작할 때에는 여러 가지 자료를 살펴보아야 합니다.
• 과거 사람들이 남긴 자료가 진실을 담고 있지 않을 수도 있습니다.
• 과거 모습을 알아볼 때는 다양한 자료를 살펴보고, 최대한 사실에 가깝게 다가가기 위해 노력해야 합니다.

교과서 대표 자료 과거 모습 조사 보고서

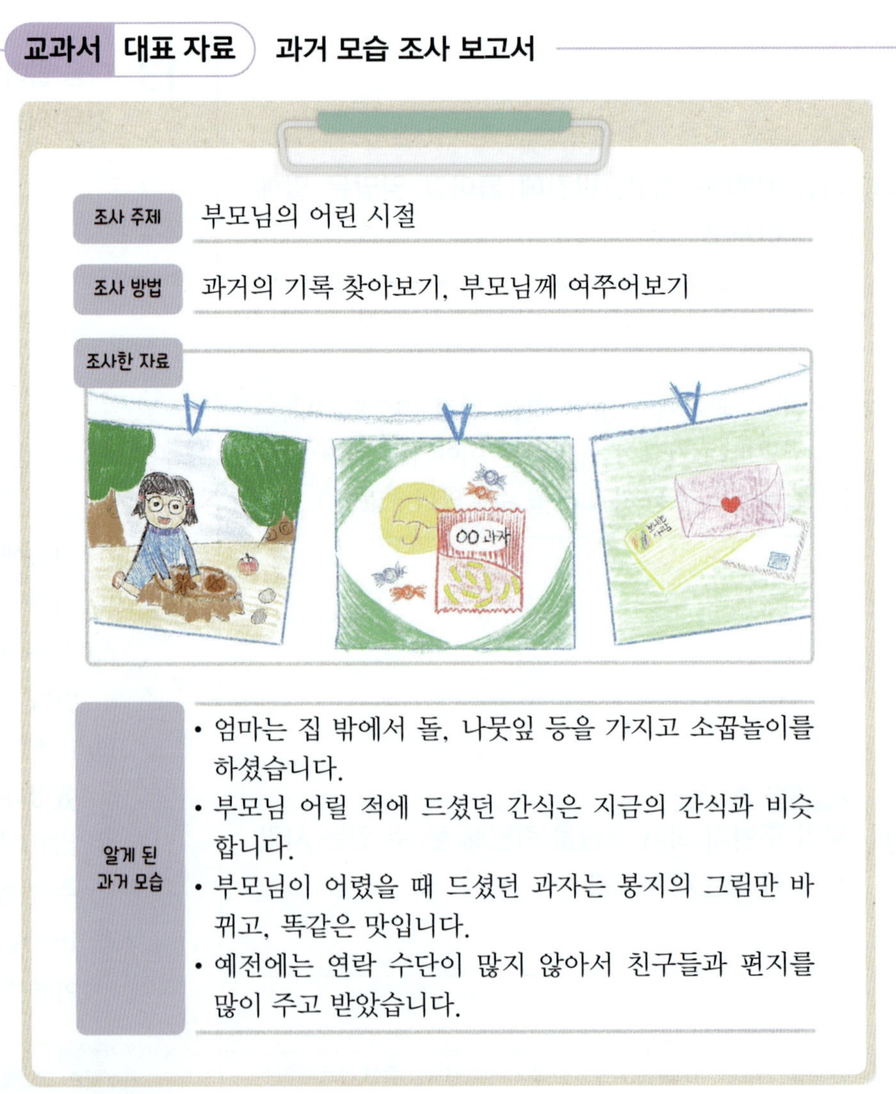

조사 주제	부모님의 어린 시절
조사 방법	과거의 기록 찾아보기, 부모님께 여쭈어보기
조사한 자료	
알게 된 과거 모습	• 엄마는 집 밖에서 돌, 나뭇잎 등을 가지고 소꿉놀이를 하셨습니다. • 부모님 어릴 적에 드셨던 간식은 지금의 간식과 비슷합니다. • 부모님이 어렸을 때 드셨던 과자는 봉지의 그림만 바뀌고, 똑같은 맛입니다. • 예전에는 연락 수단이 많지 않아서 친구들과 편지를 많이 주고 받았습니다.

용어 사전

⭐ **추측** 미래의 일에 대한 상상이나, 과거나 현재의 일에 대한 불확실한 판단을 표현하는 일.

⭐ **민속촌** 옛 민속을 보존하고 재현하여 보여 주기 위해 꾸며놓은 마을.

2 조사한 우리 주변의 과거 모습 소개하기

(1) 우리 주변의 과거 모습을 소개하는 방법 →전시관을 꾸며서 친구들에게
소개할 수도 있어요.

조사한 내용을 친구들에게 발표하기	자료를 가져와서 친구들에게 보여주기

(2) 친구들의 소개를 들을 때 가져야 하는 자세

① 친구들이 소개하는 물건이나 자료를 자세히 관찰하며, 친구들의 발표를 귀
기울여 듣습니다. →발표를 듣고 궁금한 점이 있으면 질문을 해요.

② 내가 찾은 물건이나 자료와 비교해 보면서 듣습니다. ⊕

(3) 발표를 듣고 새롭게 알게 된 내용 정리하기

모둠원	소개한 자료	새롭게 알게 된 내용
승연	*주판	승연이네 할아버지, 할머니께서는 주판이라는 도구로 덧셈, 뺄셈 등을 하셨음.
민준	우리 학교의 과거 모습 전시	• 학교 체육관은 최근에 새로 지었음. • 우리 학교 담장의 그림은 대학생 언니, 오빠들이 와서 그렸음.
난희	*비디오테이프	1990~2000년대에는 비디오테이프로 방송을 *녹화하여 보았음.
도영	맷돌	• 맷돌은 오늘날의 믹서와 비슷한 물건임. • 옛날에는 사람의 힘을 이용하여 곡식을 갈았음.

⊕ **과거의 물건이나 자료를 통해 과거 모습을 살펴볼 때 설명이 서로 다른 까닭**

• 과거의 모습을 살펴볼 때 각자의 흥미에 따라 서로 다른 물건이나 자료를 선택하기 때문입니다.
• 같은 물건이나 자료를 선택하였더라도 생각에 따라 과거에 대한 설명이 달라질 수도 있기 때문입니다.

2
단원
9회

용어 사전

★ **주판** 셈을 놓는 데 쓰는 기구.

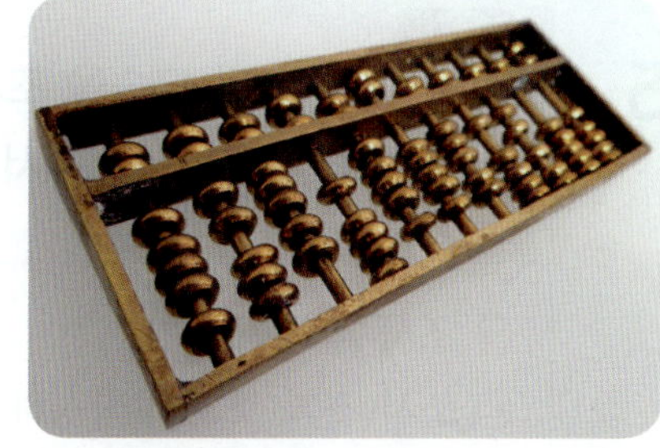

★ **비디오테이프** 영상을 기록하는 데 쓰이는 테이프.

★ **녹화** 실제의 장면이나 모양을 나중에 그대로 다시 볼 수 있도록 옮겨 놓은 것.

핵심만 **한번 더 쓰면서 정리 !**

우리 주변의 과거 모습을 조사하는 과정	❶ 조사 계 획 세우기 ❷ 조사할 주제에 맞는 조사방법 선택하기 ❸ 과거 모습 조사하기 ❹ 조사 보 고 서 작성하기
우리 주변의 과거 모습을 소개하는 방법	- 조사한 내용을 발표하기 - 물건이나 기 록 물 을 가져와서 보여주기 - 전 시 관 을 꾸며서 소개하기

핵심 체크

1 우리 주변의 과거 모습을 조사하기 전에 조사 (　　　　)을/를 세웁니다.

2 과거 모습을 조사한 뒤에는 글, 그림, 사진 등을 활용해서 조사 (　　　　)을/를 작성합니다.

3 친구들의 소개를 들으며 물건이나 자료를 자세히 (　　　　)합니다.

4 친구들의 소개를 들을 때는 내가 찾은 물건이나 자료와 (비교해 , 비난해) 보면서 듣습니다.

📖 8종 공통

5 우리 주변의 과거 모습을 조사하는 과정 중 가장 먼저 해야 할 일을 (보기)에서 골라 기호를 쓰시오.

(보기)
㉠ 조사 계획 세우기
㉡ 조사 결과 보고서 작성하기
㉢ 조사 계획에 따라 과거 모습 조사하기
㉣ 조사할 주제에 맞는 조사 방법 선택하기

(　　　　　　　)

📖 8종 공통

6 다음 중 조사 계획서에 들어갈 내용으로 알맞지 <u>않은</u> 것은 어느 것입니까? (　　　)

① 준비물　　　② 조사 방법
③ 조사 주제　　④ 주의할 점
⑤ 알게 된 점

📖 8종 공통

7 우리 주변의 과거 모습을 조사하는 방법으로 알맞지 <u>않은</u> 것은 어느 것입니까? (　　　)

① 과거의 기록 찾아보기
② 주변 어른께 여쭈어보기
③ 오래된 물건을 찾아 사진 찍기
④ 과거 모습을 주제로 전시관 꾸미기
⑤ 박물관이나 민속촌, 옛 건축물에 직접 방문하기

📖 8종 공통

8 우리 주변의 과거 모습을 조사할 때 주의할 점을 알맞게 말한 친구를 골라 ◯표 하시오.

(1) 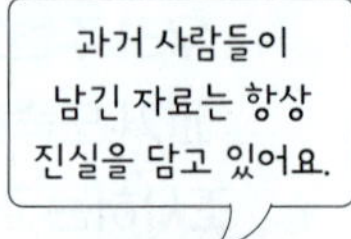

(2) 

(　　　　)　　　　(　　　　)

서술형 📗 8종 공통

9 다음 밑줄 친 부분에 들어갈 알맞은 내용을 쓰시오.

> 과거 모습을 알아볼 때는 다양한 자료를 살펴
> 보고, ________________________________
> ________________ 노력해야 합니다.

____

____

도움말 과거 모습을 조사할 때는 과거 사람들이 남긴 자료가 진실을 담고 있지 않을 수도 있다는 것을 주의해야 해요.

동아출판, 미래엔 외

10 다음과 같이 우리 주변의 과거 모습을 조사하고 난 뒤 작성하는 것은 무엇인지 쓰시오.

(   )

📗 8종 공통

11 친구들의 소개를 들을 때 가져야 하는 자세로 알맞은 것을 골라 ○표 하시오.

⑴ 친구들이 소개하는 물건이나 자료를 자세히 관찰해야 합니다.   (   )

⑵ 내가 찾은 자료와 친구의 자료를 비교하지 않습니다.   (   )

디지털 문해력

| 12~13 | 다음은 블로그 글을 읽고, 물음에 답하시오.

우리 주변의 과거 모습을 소개하는
친구들의 발표를 듣고 새롭게 알게 된 사실

🧑 20△△년 △△월 △△일

발표자: 승연

승연이네 할아버지, 할머니께서는 주판이라는 도구로 덧셈, 뺄셈 등을 하셨습니다.

발표자: 도영

• 맷돌은 오늘날의 믹서와 비슷한 물건입니다.
• 옛날에는 사람의 힘을 이용하여 곡식을 갈았습니다.

발표자: 난희

1990~2000년대에는 비디오테이프로 방송을 녹화하여 보았습니다.

📗 8종 공통

12 위의 글을 읽고 알 수 있는 발표 주제에 따라 소개할 수 있는 자료로 적절하지 <u>않은</u> 것은 어느 것입니까? (   )

① 쟁기
② 재봉틀
③ 60년 전의 사진
④ 미래의 통신수단
⑤ 아버지가 썼던 일기

📗 8종 공통

13 위의 글을 읽고, 도영이네 모둠에서 소개한 자료의 모습으로 알맞은 것을 골라 ○표 하시오.

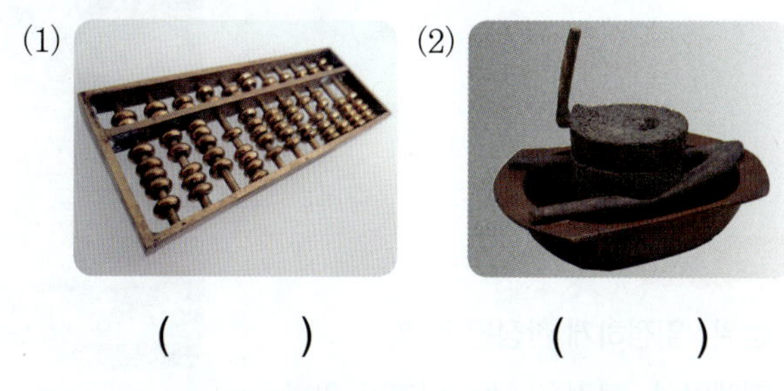

⑴   ⑵

(   )   (   )

학습 결과에 색칠하세요.

개념 학습

10회

지역의 변화 살펴보기

➕ **인천광역시 중구의 옛이야기를 듣고 알 수 있는 점**

100년 전에도 인천항을 통해 다른 나라의 배들이 인천광역시 중구를 오갔다는 것을 알 수 있습니다.

1 지역의 의미와 변화

(1) **지역의 의미:** 어떤 특징이나 기준에 따라 *범위를 나눈 땅을 말합니다.

(2) 어른들께 우리 지역의 변화 여쭈어보기 ㉖ 인천광역시 중구 ➕

➕ **사진과 영상으로 옛날과 오늘날의 우리 지역을 살펴보면 알 수 있는 점**

- 옛날 모습과 달라져서 이어져 내려오거나 그대로 이어져 내려온 모습이 있습니다.
- 옛날에는 없었는데 새롭게 생겨난 모습이 있습니다.
- 오늘날에는 사라진 모습도 있습니다.

(3) 사진과 영상으로 우리 지역의 변화 살펴보기 ㉖ 서울특별시 영등포구 ➕

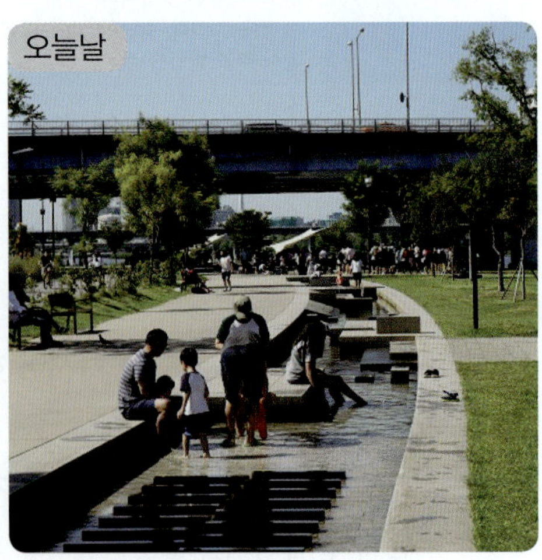

① 옛날에는 한강의 모래밭에서 사람들이 놀거나 물놀이를 즐겼습니다.
② 오늘날에는 한강 주변 공원에서 사람들이 쉬거나 놀이를 즐깁니다.

② 우리 지역의 옛날과 오늘날의 모습

(1) 내가 사는 지역의 옛날 모습을 인터넷 검색으로 살펴보기 ➕
┗→ 과거 모습을 인터넷에서 검색할 때는 "○○ 시의 옛날 모습", "50년 전 ○○ 시의 모습", "○○시의 과거 사진" 등의 검색어를 사용해요.

> **교과서 대표 자료** 지역의 모습 찾아보기
>
> ㉡ 인천광역시 중구
>
>  약 100년 전 모습
>
>  오늘날 모습
>
> - 돛을 단 배들이 인천항을 오가는 모습을 볼 수 있습니다.
> - 옛날에는 건물의 높이가 대부분 낮았지만, 당시에도 2~3층 높이의 건물이 있었습니다.
>
> 오늘날 인천광역시 중구에는 100년 전보다 높은 건물이 빽빽하게 들어섰으며, 인천항의 규모가 커졌습니다.

(2) 우리 지역의 옛날과 오늘날 모습을 살펴보면 알 수 있는 점

① 옛날 우리 지역의 모습이 오늘날과는 달라진 점이 많다는 것을 알 수 있습니다.

② 지역의 변화 과정에서 과거의 모습 중 일부는 사라지기도 합니다.

③ 시간이 흐르면서 지역은 계속 변화하고, 지역의 변화에 따라 그곳에 사는 사람들의 생활 모습도 달라집니다.

➕ **서울역의 옛날과 오늘날 모습**

- 옛날에 기차역으로 쓰였던 건물이 오늘날에도 그대로 남아 있습니다.
- 오늘날에는 옛 서울역 건물의 주변에 차가 다니는 길과 횡단보도, 건물 등이 생겼습니다.

2 단원 10회

용어 사전

★ **돛** 바람의 힘으로 배를 움직이기 위하여, 배 위에 세운 기둥에 높게 매달아 펼친 천.

> **핵심만** 한번 더 쓰면서 정리 !
>
> | 지 역 의 의미 | 어떤 특징이나 기준에 따라 범 위 를 나눈 땅 |
> | --- | --- |
> | 지역의 옛날 모습을 보고 알 수 있는 점 | 과 거 와 달라진 오 늘 날 의 모습 |

핵심 체크

1 (지도 , 지역)은/는 어떤 특징이나 기준에 따라 범위를 나눈 땅을 말합니다.

2 옛날 이야기를 통해서 100년 전에도 (   )을/를 통해 다른 나라의 배들이 인천광역시를 오갔다는 것을 알 수 있습니다.

3 (   )에서 우리 지역을 검색해보니, 우리 지역의 모습이 오늘날과는 달라진 점이 많다는 것을 알 수 있습니다.

4 시간이 흐르면서 지역은 계속 변화하고, 지역의 변화에 따라 그곳에 사는 사람들의 (   )도 달라집니다.

▌ 8종 공통

5 다음에서 설명하는 것은 무엇인지 쓰시오.

> 어떤 특징이나 기준에 따라 범위를 나눈 땅을 말합니다.

(   )

▌ 8종 공통

6 다음 우리 지역에 관한 이야기 내용과, 알맞은 모습을 위의 (보기)에서 골라 기호를 쓰시오.

(보기)

(1) 100년 전에도 인천항을 통해 다른 나라의 배들이 우리 지역을 오갔습니다. (   )

(2) 오늘날 인천항은 컨테이너를 가득 실은 배들이 여러 나라에서 오가기도 합니다. (   )

▌ 8종 공통

7 사진과 영상으로 옛날과 오늘날의 우리 지역을 살펴보면 알 수 있는 점으로 알맞은 것에 ○표 하시오.

(1) 지역의 옛날 모습은 모두 오늘날까지 이어져 내려온다는 것을 알 수 있습니다. (   )

(2) 옛날에는 있었는데 오늘날에는 사라진 모습을 알 수 있습니다. (   )

미래엔, 비상교육 외

8 다음 사진을 보고 빈칸에 들어갈 알맞은 말을 골라 각각 ○표 하시오.

㉠(옛날 , 오늘날)에는 한강의 모래밭에서 사람들이 놀거나 물놀이를 즐겼습니다.
㉡(옛날 , 오늘날)에는 한강 주변 공원에서 사람들이 쉬거나 놀이를 즐깁니다.

| 9~10 | 다음 인천광역시 중구의 사진을 보고, 물음에 답하시오.

㉠

㉡

📘 8종 공통

9 다음 설명을 읽고, 위 그림 중 어떤 사진에 대한 설명인지 기호를 쓰시오.

> 오늘날 인천광역시 중구의 모습을 잘 보여주는 사진이야.

( )

📘 8종 공통

10 위의 ㉠을 보고 알 수 있는 사실을 알맞게 말한 친구를 골라 이름을 쓰시오.

( )

📘 8종 공통

11 부산광역시의 과거 모습을 인터넷에서 검색하려고 할 때 검색어로 알맞지 <u>않은</u> 것을 (보기)에서 골라 기호를 쓰시오.

> (보기)
> ㉠ 부산광역시의 옛날 모습
> ㉡ 부산광역시의 과거 사진
> ㉢ 50년 후 부산광역시의 모습
> ㉣ 1920년대 부산광역시의 모습

( )

디지털 문해력 **📘 8종 공통**

12 다음 대화를 읽고, 우리 지역의 옛날과 오늘날 모습을 살펴보면 알 수 있는 점을 <u>잘못</u> 말한 친구의 이름을 쓰시오.

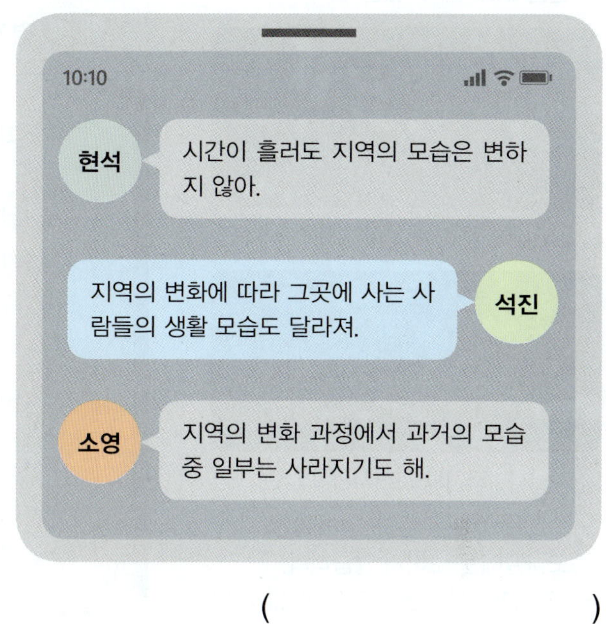

( )

서술형 **비상교육, 아이스크림 외**

13 다음 서울역 주변의 옛날과 오늘날 모습을 보고 알 수 있는 점을 한 가지만 쓰시오.

____

____

도움말 옛날과 오늘날의 지역 사진을 살펴보면 같은 점과 달라진 모습을 비교할 수 있어요.

학습 결과에 색칠하세요.   

2단원 10회

개념 학습 · 11회

자료로 살펴보는 지역의 변화

🔵 강원특별자치도 춘천시의 시기별 사진을 보고 알 수 있는 점

▲ 강원특별자치도 춘천시의 1970년대 모습

▲ 강원특별자치도 춘천시의 오늘날 모습

- 1970년대에는 논과 밭이 많았지만, 오늘날에는 보이지 않습니다.
- 1970년대에는 높은 건물이 많지 않았지만, 오늘날에는 높은 건물이 많습니다.
- 1970년대에는 큰 도로가 없었지만, 오늘날에는 큰 도로가 있습니다.
- 1970년대에 자리 잡고 있던 건물들이 사라졌고, 오늘날에는 그 자리에 새로운 건물들이 들어서 있습니다.

🔵 옛이야기가 중요한 까닭

- 고장에서 있었던 일이나 고장 사람들이 중요하게 생각한 내용 등이 담겨있기 때문입니다.
- 옛날의 자연환경과 당시 사람들의 생활 모습을 알 수 있기 때문입니다.

용어 사전

- ⭐ **나루터** 배가 출발하고 도착하는 곳 또는 자리.
- ⭐ **유래** 어떤 것이 생겨난 까닭이나 과정.
- ⭐ **지명** 지역이나 산, 강 등의 이름.

1 지역의 변화를 보여주는 자료

(1) 책 예 경기도 파주시

파주의 옛 뱃길과 나루터

옛날 경기도 파주시에는 임진강 뱃길을 오가는 크고 작은 *나루터가 많았습니다. 옛날 사람들은 주로 배를 타고 임진강을 건너거나 물건을 옮겼습니다. 그래서 나루터 주변에는 항상 많은 사람과 물건이 모여들었습니다.

도로가 발달하고 사람들이 자동차를 이용하게 되면서, 배를 타고 이동하거나 물건을 옮기는 일이 점점 줄어들게 되었습니다. 오늘날 임진강의 나루터는 주로 강에서 물고기를 잡는 어부들만 이용하는 곳이 되었습니다.

① 지역의 *유래나 역사를 기록한 책을 찾아보면, 지역이 어떻게 변화해 왔는지 확인할 수 있습니다.

② 옛날에는 많은 사람이 나루터를 이용했었지만, 오늘날에는 주로 어부들만 이용한다는 것을 알 수 있습니다. → 옛날에는 임진강 뱃길을 오가는 사람들이 많았다는 사실을 알 수 있어요.

(2) 영상

① 지역의 시기별 모습을 설명한 영상을 통해 지역 변화를 살펴볼 수 있습니다.

② 자막이나 음성 설명과 함께 영상을 시청하면 쉽게 지역 변화를 이해할 수 있어서 좋습니다.

(3) 사진

① 다른 시기에 찍은 사진을 비교해 보면 지역이 어떻게 변화했는지 쉽게 확인할 수 있습니다.

② 사진을 보고 알 수 있는 점 🔵

이어져 내려온 모습	우리 지역에 옛날부터 오늘날까지 그대로 이어져 내려온 모습을 알 수 있음.
사라진 모습	옛날에는 있었지만, 오늘날에는 사라진 모습을 찾을 수 있음.
변화된 모습	옛날에는 없었지만, 오늘날 새롭게 생겨난 모습을 알 수 있음.

(4) 옛이야기 🔵

① 지역마다 전해 내려오는 옛이야기에는 지역의 유래와 특징이 담겨 있습니다.

② 지명과 관련된 옛이야기를 읽으면 옛날 사람들의 생활 모습과 지역의 변화를 알 수 있습니다.

교과서 대표 자료 **지명과 관련된 옛이야기** ✚

잠실 이야기(서울특별시 송파구)

송파구 잠실동은 옛날에 *누에를 기르던 곳으로, 이 지역에는 누에를 기르는 방인 잠실과 누에의 먹이인 뽕나무를 기르는 밭이 많았습니다. 누에를 기르던 '잠실'이 많아서 이러한 지명이 붙게 되었습니다.

➡ 잠실 이야기를 통해 옛날 사람들이 이 지역에서 뽕나무를 심어 누에를 많이 길렀다는 것을 알 수 있습니다.

말죽거리 이야기(서울특별시 서초구)

이 지역은 옛날부터 서울을 오가던 사람들이 들르던 *길목이었습니다. 옛날 사람들은 이곳에서 쉬며, 먼 길을 타고 온 말에게 죽을 끓여 먹였습니다. 그 후 사람들은 이곳을 '말죽거리'라고 불렀습니다. 교통이 발달하면서 예전 모습은 사라졌지만, 말죽거리라는 이름은 오늘날까지 이어져 오고 있습니다.

➡ 말죽거리 이야기를 통해 서울을 오가던 옛날 사람들이 이 지역에서 쉬며 말에게 죽을 끓여 먹였다는 것을 알 수 있습니다.

③ 옛이야기를 읽고 알 수 있는 점

지역의 고유한 특징	오늘날 건물, 도로, 마을, 행사 등의 이름으로 사용하기도 함.
지역의 유래	당시 자연환경이나 오늘날 우리 지역의 유래를 알 수 있음.
지역의 역사	우리 지역에 살았던 사람들의 생활 모습과 여러 지명이 생겨난 까닭 등이 담겨 있음.

✚ **병점 이야기(경기도 화성시)**

이 지역은 서울에서 충청도, 경상도, 전라도로 통하는 길목에 있습니다. 옛날에 이곳을 거쳐 가는 사람들이 늘어나자, 이들에게 떡을 파는 가게들이 점점 생겨났습니다. 사람들은 이곳을 '떡전 거리', '병점'이라고 불렀습니다.

떡 가게가 모여있던 옛 모습은 사라졌지만 '병점'이라는 지명은 오늘날까지 이어져 오고 있습니다.

'떡을 파는 가게'는 한자로 '병점'이라고 합니다. 옛이야기를 통해서 이 지역에 떡을 파는 가게가 많았다는 것을 알 수 있습니다.

2 단원 11회

용어 사전

★ **누에** 누에나방의 애벌레.
★ **길목** 길에서 거쳐서 지나가기로 되어 있는 일정한 곳.

핵심만 **한번 더 쓰면서 정리 !**

지역 변화를 보여주는 자료	- 책　　- 영상　　- 사진　　- 옛이야기
자료를 통해 알 수 있는 점	- 지역의 고유한 특징　- 지역의 유래　- 지역의 역사

핵심 체크

1 지역의 변화를 보여주는 (　　　)은/는 책, 영상, 사진, 옛이야기 등이 있습니다.

2 자막이나 음성 설명과 함께 (　　　)을/를 시청하면 쉽게 지역 변화를 이해할 수 있습니다.

3 다른 시기에 찍은 (　　　)을/를 비교해 보면, 지역이 어떻게 변화했는지 쉽게 확인할 수 있습니다.

4 지역마다 전해 내려오는 (　　　)에는 지역의 유래와 특징이 담겨 있습니다.

📖 8종 공통

5 다음 중 지역의 변화를 보여주는 자료로 알맞지 <u>않은</u> 것은 어느 것입니까? (　　　)

① 책　　　② 영상　　　③ 사진
④ 달력　　　⑤ 옛이야기

서술형 📖 8종 공통

6 다음 책을 읽고 알 수 있는 점을 한 가지만 쓰시오.

> 　경기도 파주시에는 옛날에 임진강 뱃길을 오가는 크고 작은 나루터가 많았습니다. 옛날 사람들은 주로 배를 타고 임진강을 건너거나 물건을 옮겼습니다. 그래서 나루터 주변에는 항상 많은 사람과 물건이 모여들었습니다.
> 　도로가 발달하고 사람들이 자동차를 이용하게 되면서, 배를 타고 이동하거나 물건을 옮기는 일이 점점 줄어들게 되었습니다. 오늘날 임진강의 나루터는 주로 강에서 물고기를 잡는 어부들만 이용하는 곳이 되었습니다

도움말 책에 나타난 옛날과 오늘날 경기도 파주시 나루터의 모습을 비교해 보세요.

📖 8종 공통

7 다음 빈칸에 들어갈 알맞은 말을 쓰시오.

> 　지역의 유래나 역사를 기록한 (　　　)을/를 찾아보면, 지역이 어떻게 변화해 왔는지 확인할 수 있습니다.

(　　　　　　　　　)

📖 8종 공통

8 다른 시기에 찍은 지역의 사진을 비교해 보고 알 수 있는 점으로 알맞지 <u>않은</u> 것은 어느 것입니까? (　　　)

① 과거부터 현재까지 지역의 변화 모습
② 옛날부터 오늘날까지 이어져 내려온 모습
③ 옛날에는 있었지만, 오늘날에는 사라진 모습
④ 옛날에는 없었지만, 오늘날 새롭게 생겨난 모습
⑤ 옛날에는 없었지만, 50년 뒤 새롭게 생겨날 모습

9

다음은 춘천 시청 누리집에 지역의 사진을 검색한 모습입니다. 사진을 보고 알 수 있는 점을 <u>잘못</u> 말한 댓글은 어느 것입니까? (   )

10

다음 (   ) 안에 공통으로 들어갈 말을 쓰시오.

(   ) 이야기(서울특별시 송파구)

송파구 (   )동은 옛날에 누에를 기르던 곳으로, 이 지역에는 누에를 기르는 방인 (   )과/와 누에의 먹이인 뽕나무를 기르는 밭이 많았습니다. 누에를 기르던 '(   )' 이 많아서 이러한 지명이 붙게 되었습니다.

(   )

11

다음 그림과 같이 서울을 오가는 사람들이 말에게 죽을 끓여 먹인 곳이라 해서 붙은 지명은 무엇인지 쓰시오.

(   )

12

지역의 옛이야기가 중요한 까닭으로 알맞지 <u>않은</u> 것은 어느 것입니까? (   )

① 고장의 특징을 알 수 있어서
② 당시의 자연환경을 알 수 있어서
③ 고장의 정확한 위치를 알 수 있어서
④ 오늘날 고장의 유래를 알 수 있어서
⑤ 옛날 사람들의 생활 모습을 알 수 있어서

13

옛이야기를 통해 알 수 있는 점이 <u>아닌</u> 것은 어느 것입니까? (   )

① 지역의 특징
② 지역의 자연환경
③ 미래의 우리 지역 모습
④ 옛날 사람들의 생활 모습
⑤ 옛날에 우리 지역에서 있었던 일

학습 결과에 색칠하세요. 

개념 학습

지역의 변화 조사 과정

➕ 지역의 변화를 조사하는 과정

❶ 지역의 변화 조사 계획 세우기
❷ 지역의 변화 조사하기
❸ 지역의 변화와 생활 모습 정리하기

1 지역의 변화 조사 계획 세우기 ➕

① 모둠별로 조사할 계획을 세웁니다.
② 조사 주제, 조사 방법, 조사할 내용, 주의할 점 등을 담아 조사 계획서를 작성합니다.

조사계획서

조사 주제	우리 지역의 달라진 모습	조사 방법	• 도서관에서 지역과 관련된 책 찾아보기 • 문화 관광 해설사의 설명 듣기
조사할 내용	• 우리 지역의 옛날 모습 • 우리 지역에서 옛날부터 오늘날까지 그대로 이어져 내려온 것		
주의할 점	• 문화 관광 해설사께 예의를 갖추어 질문합니다. • 사진, 수첩, 연필 등을 준비합니다.		

➕ 지역의 변화를 조사할 때 주의할 점

• 믿을 수 있는 자료를 찾아봐야 합니다.
• 질문할 내용을 미리 써 둡니다.
• 사진기, 수첩, 연필 등을 준비해야 합니다.

2 우리 지역의 변화 조사하는 방법 ➕

도서관에서 지역과 관련된 책 찾아보기

우리 지역의 옛이야기, 지역의 유래, 사람들의 생활 모습을 담은 책을 찾아서 읽어 봄.

지역의 시·군·구청 누리집 검색하기

시·군·구청 누리집에서 우리 지역의 옛날 모습을 보여주는 사진이나 영상 등을 찾아봄.

➕ 지역 주민에게 직접 이야기를 들으면 좋은 점

• 지금과는 다른 생활 모습을 알 수 있습니다.
• 당시의 생활 모습이나 지역의 옛 모습을 자세하고 생생하게 알 수 있습니다.
• 누리집에서는 찾기 힘든 이야기나 사실을 알아낼 수 있습니다.

★문화 관광 해설사의 설명 듣기

지역의 역사에 대해 문화 관광 해설사의 설명을 듣고, 궁금한 점을 질문함.

지역 주민에게 이야기 듣기 ➕

지역에 오래 사셨거나 지역에 대해서 잘 아시는 어른의 이야기를 통해서도 지역의 변화를 알 수 있음.

용어 사전

★ **문화 관광 해설사** 전문적인 지식을 갖추고 지역의 역사, 문화를 알리는 일을 하는 사람.

3 지역의 변화와 생활 모습 정리하기

① 조사한 내용을 바탕으로 옛날과 오늘날 우리 지역 사람들의 생활 모습이 어떻게 달라졌는지 비교해 봅니다. ✚

② 우리 지역 사람들의 달라진 생활 모습을 조사하여 새롭게 알게 된 점, 느낀 점 등을 조사 보고서에 정리해 봅니다.

교과서 대표 자료　지역의 변화 조사 보고서 작성하기

㉖ 인천광역시 신포동

조사 목적	우리 지역 사람들의 달라진 생활 모습 살펴보기
조사 날짜	20△△년 ○○월 □□일
조사 방법	• 지역과 관련된 책 찾아보기 • 지역의 구청 누리집 검색하기 • 문화 관광 해설사의 설명 듣기
조사한 사람	민주, 새롬, 영훈, 민재
조사 내용	• '신창동'은 원래 새로 이루어진 마을이라는 뜻이었는데, 이후 새로운 항구가 있는 마을이라는 뜻인 '신포동'으로 지명이 바뀌었음. • 옛날에는 작은 어촌 마을이었지만, 1890년대에 인천항이 개항한 뒤 중국인들이 우리 지역에 모여 살게 되면서*차이나타운이 처음 생겼음. • 신포 국제 시장은 인천항이 *개항한 뒤 자연스럽게 생겼음.
알게 된 점	• 우리 지역의 지명 유래를 알게 되었음. • 우리 지역에 옛날부터 오늘날까지 그대로 이어져 내려온 모습을 알게 되었음. • 우리 지역이 많은 변화를 겪으면서 옛날과 달라졌다는 것을 알게 되었음.

보고서를 작성하여 지역의 변화 조사 내용을 정리합니다.

✚ **옛날과 오늘날 사람들의 생활 모습**

• 옛날에는 마을 사람들이 대부분 같은 일을 했고, 이웃끼리 서로 힘을 합쳐서 농사를 지었습니다.

• 오늘날에는 직업의 종류가 다양해졌고, 같은 지역에 살아도 서로 다른 일을 하는 경우가 많습니다.

• 옛날에는 이웃과 함께 하는 시간이 많았지만, 오늘날에는 이웃보다는 친구나 가족과 함께하는 시간이 많아졌습니다.

2 단원 / 12회

용어 사전

★ **차이나타운** 중국이 아닌 나라에서 중국 사람들이 많이 모여 살며 마을을 이룬 곳.

★ **개항** 항구를 열어 다른 나라의 배가 드나들 수 있게 허락하는 것.

핵심만 **한번 더 쓰면서 정리 !**

지역의 변화를 조사하는 방법	- 도서관에서 지역과 관련된 책 찾아보기
	- 지역의 시·군·구청 누리집 검색하기
	- 문화 관광 해설사의 설명 듣기
	- 지역 주민에게 이야기 듣기

핵심 체크

1 조사 주제, 조사 방법, 조사할 내용, 주의할 점 등을 담아 (　　　)을/를 작성합니다.

2 우리 지역의 변화를 조사하기 위해 도서관에서 지역과 관련된 (　　　)을/를 찾아봅니다.

3 우리 지역의 변화를 조사하기 위해 지역의 역사에 대해 (　　　)의 설명을 듣습니다.

4 지역의 변화를 조사할 때는 (　　　)할 내용을 미리 써둡니다.

📖 8종 공통

5 다음 ㉠~㉢을 지역의 변화를 조사하는 과정의 순서에 맞게 기호를 쓰시오.

> ㉠ 지역의 변화 조사하기
> ㉡ 지역의 변화 조사 계획 세우기
> ㉢ 지역의 변화와 생활 모습 정리하기

(　　　) → (　　　) → (　　　)

📖 8종 공통

6 다음 (　　　) 안에 들어갈 알맞은 말을 쓰시오.

> 지역의 변화를 조사하기 전에 모둠별로 조사 계획을 세우고, (　　　)을/를 작성합니다.

(　　　　　　　　)

📖 8종 공통

7 지역의 변화 조사 계획서에 들어갈 내용으로 알맞지 <u>않은</u> 것은 어느 것입니까? (　　　)

① 느낀 점　　　　　② 조사 주제
③ 조사 방법　　　　④ 주의할 점
⑤ 조사할 내용

📖 8종 공통

8 지역의 변화를 조사하는 방법으로 알맞지 <u>않은</u> 것은 어느 것입니까? (　　　)

① 책 찾아보기
② 책자 만들기
③ 지역 구청 누리집 검색하기
④ 지역 주민에게 이야기 듣기
⑤ 문화 관광 해설사의 설명 듣기

| 9~10 | 다음 (보기)를 보고, 물음에 답하시오.

(보기)
ㄱ 지역 주민에게 이야기 듣기
ㄴ 문화 관광 해설사의 설명 듣기
ㄷ 지역의 시·군·구청 누리집 검색하기
ㄹ 도서관에서 지역과 관련된 책 찾아보기

📖 8종 공통

9 인터넷을 이용하여 지역의 변화를 조사하는 방법을 위의 (보기)에서 골라 기호를 쓰시오.

(   )

📖 8종 공통

10 다음 그림에 나타난 지역의 변화를 조사하는 방법을 위의 (보기)에서 골라 기호를 쓰시오.

(   )

서술형 📖 8종 공통

11 다음 지역과 관련된 책을 읽고, 지역에 대해 알 수 있는 점을 한 가지만 쓰시오.

> 신포동은 인천항 개항 이후에 많은 사람이 모여 살게 되면서 마을을 이루었습니다. 그래서 새로 이루어진 마을이라는 뜻으로 사람들은 이 지역을 '신창동'이라고 불렀습니다. 그러다 새로운 항구가 있는 마을이라는 뜻인 '신포동'으로 이름이 바뀌어 오늘날까지 이어져 오고 있습니다.

도움말 책을 읽고 알 수 있는 지역의 모습과 사람들의 생활 모습을 떠올려 보세요.

📘 8종 공통

12 지역의 변화를 조사할 때 주의할 점으로 알맞은 것은 어느 것입니까? (   )

① 질문할 내용을 미리 써 둔다.
② 부모님께 알리지 않고 외출한다.
③ 조사 방법은 한 가지만 활용한다.
④ 조사 결과의 소개 방법을 미리 결정해 둔다.
⑤ 조사 계획서는 조사를 하고 난 뒤에 작성한다.

디지털 문해력 아이스크림, 천재교과서(김) 외

13 다음 영상에서 옛날과 오늘날 사람들이 생활 모습에 대해 잘못 말한 친구의 이름을 쓰시오.

(   )

학습 결과에 색칠하세요.   

우리 지역의 변화 표현하기

➕ 여러 가지 표현 방법

- 그림 그리기: 옛날과 오늘날의 생활 모습을 함께 그려서 비교합니다.
- 영상 만들기: 프로그램을 활용하여 장면에 자막, 음악 등을 넣어 영상을 완성합니다.

1 우리 지역의 변화와 달라진 생활 모습 표현 방법 ➕

(1) **신문 만들기**: 지역의 변화에 대한 기사, 사진, 설명, 인터뷰 등을 넣은 신문을 만들어 소개합니다.

(2) **책자 만들기**

① 지역의 옛날과 오늘날 모습을 표현한 책자를 만들어 소개합니다.
② 옛날과 오늘날 지역 모습, 사람들의 생활 모습을 비교하여 책자로 소개합니다.

(3) **사진 전시하기**

① 다른 *시기에 찍은 지역의 사진을 전시하고, 각 시기의 모습을 소개합니다.
② 사진을 설명할 때는 사진이 어떤 모습을 나타내고 있는지, 오늘날과 비교해 달라진 점은 무엇인지 적습니다.

(4) **노랫말 바꿔 부르기**

예

> 우리 지역은 옛날엔 작은 어촌 마을
> 개항되면서 새로운 항구가 생겼네
> 외국 사람들 우리 지역에 모여서 살았네
> 옛날 그 모습 오늘도 남았네 참 좋은 우리 지역

① 노랫말을 지역 변화와 달라진 생활 모습에 대한 내용으로 바꾸어 불러 소개합니다.
② 오늘날 생활 모습과 비교하여 이어져 내려오는 것, 달라진 것을 노랫말로 만듭니다.

(5) **지역의 변화를 소개하는 자료를 만들 때 주의할 점**

① 소개 자료에 지역 변화와 달라진 생활 모습이 잘 드러나야 합니다.
② 소개 자료를 꾸미는 데 너무 많은 시간이 들지 않도록 주의합니다.
③ 소개 자료를 만들 때 각자 맡은 역할을 *착실히 해내고, *협동하여 완성합니다.

➕ 여러 가지 표현 방법의 좋은 점

신문 만들기	지역의 변화와 달라진 사람들의 생활 모습을 신문 기사를 통해 자세히 살펴볼 수 있음.
책자 만들기	책자를 만들어보면 옛날과 오늘날의 지역 모습을 쉽게 비교해 볼 수 있음.
사진 전시하기	사진 전시를 하면 지역의 변화를 생생하게 이해할 수 있음.
노랫말 바꿔 부르기	노랫말을 바꿔 부르면 지역의 변화를 쉽고 재미있게 이해할 수 있음.

용어 사전

- ⭐ **시기** 어느 한 때로부터 다른 때까지의 동안.
- ⭐ **착실히** (자기가 하는 일을) 한결같이 성실하게.
- ⭐ **협동** 어떤 일에 여러 사람이 서로 뜻과 힘을 합쳐 함께하는 것.

2 우리 지역의 변화와 달라진 생활 모습 소개하기

(1) 모둠별로 완성한 작품을 소개하기: 우리 지역의 달라진 모습을 설명하고, 지역 사람들의 생활 모습이 어떻게 달라졌는지 *구체적으로 설명합니다. ➕

└➤ 소개 자료를 교실에 전시하기도 해요.

➕ 우리 지역의 변화 소개 내용
- 옛날 우리 지역 사람들의 생활 모습
- 옛날과는 달라진 오늘날의 생활 모습
- 과거의 생활 모습 중 오늘날까지 이어져 내려오고 있는 모습

교과서 대표 자료 우리 지역의 변화를 소개하는 모습

▲ 신문

▲ 노랫말 바꿔 부르기

▲ 책자

▲ 사진 전시하기

➕ 소개 자료를 감상할 때 주의할 점
- 다른 모둠이 만든 자료를 감상할 때, 바른 자세로 주의 깊게 감상합니다.
- 새롭게 알게 된 점, 느낀 점 등을 쓰면서 소개 자료를 감상합니다.

2단원
13회

---

(2) 친구들의 작품을 살펴보고 느낀 점 말해 보기 ➕

① 예전에 있던 것들이 사라지고, 오늘날 새로 생긴 것들이 많이 있습니다.
② 우리 지역 사람들의 생활 모습이 많이 바뀌었다는 것을 알 수 있었습니다.
③ 옛날과 달라진 모습도 있지만, 그대로 이어져 내려오는 모습도 있다는 사실을 알게 되었습니다.

용어 사전

★ **구체적** 실제적이고 세밀한 부분까지 담고 있는.

핵심만 한번 더 쓰면서 정리 !

우리 지역의 변화와 달라진 생활 모습 표현 방법	- 신 문 만들기 - 사진 전시하기	- 책자 만들기 - 노 랫 말 바꿔 부르기
우리 지역의 변화 소개 내용	- 옛날 우리 지역 사람들의 생활 모습 - 옛날과는 달라진 오늘날의 생 활 모 습 - 과거의 생활 모습 중 오 늘 날 까지 이어져 내려오고 있는 모습	

핵심 체크

1 지역의 변화에 대한 기사, 사진, 설명 등을 넣은 (　　　　)을/를 만들어 소개합니다.

2 옛날과 오늘날 지역 모습, 사람들의 생활 모습을 비교하여 (　　　　)(으)로 소개합니다.

3 다른 시기에 찍은 지역의 (　　　　)을/를 전시하고, 각 시기의 모습을 소개합니다.

4 (　　　　) 바꿔 부르기로 지역의 변화를 소개하면, 지역의 변화를 쉽고 재미있게 이해할 수 있습니다.

📖 8종 공통

5 우리 지역의 변화와 달라진 생활 모습 표현 방법으로 알맞지 <u>않은</u> 것은 어느 것입니까? (　　　　)

① 신문 만들기
② 책자 만들기
③ 사진 전시하기
④ 노랫말 바꿔 부르기
⑤ 지역 주민의 이야기 듣기

📖 8종 공통

6 다음과 같이 지역의 변화에 대한 기사, 사진, 설명 등을 넣어 달라진 생활 모습을 표현하는 방법은 무엇입니까?

(　　　　　　　　)

📖 8종 공통

7 오른쪽 그림에 나타난 우리 지역의 변화와 달라진 모습 표현 방법은 무엇인지 쓰시오.

(　　　　　　　　)

📖 8종 공통

8 다음 지역의 변화를 표현하는 방법의 좋은 점을 특징과 장점을 정리한 표에 들어갈 알맞은 자료를 쓰시오.

사진 전시하기	지역의 변화를 쉽고 재미있게 이해할 수 있음.
책자 만들기	옛날과 오늘날의 지역 모습을 쉽게 비교해 볼 수 있음.
(　　　　) 만들기	지역의 변화와 달라진 사람들의 생활 모습을 기사를 통해 자세히 살펴볼 수 있음.

(　　　　　　　　)

디지털 문해력 📖 8종 공통

9 지역의 변화를 소개하는 자료를 만들 때 주의할 점을 잘못 말한 친구를 골라 이름을 쓰시오.

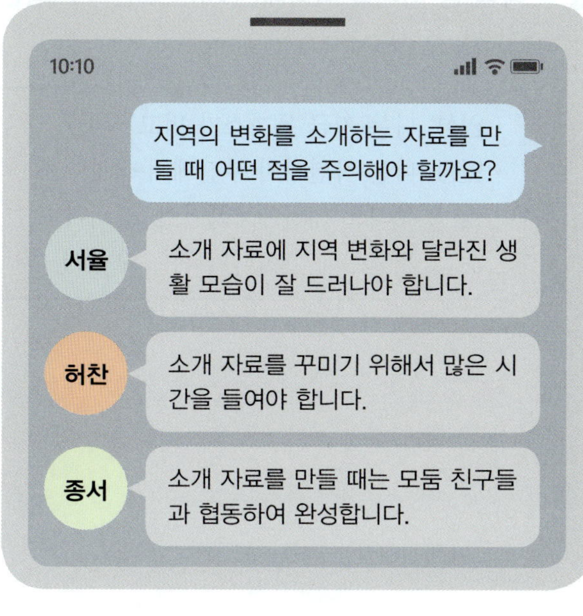

(   )

📖 8종 공통

10 다음은 유진이네 모둠이 우리 지역의 변화를 소개하는 모습입니다. 빈칸에 들어갈 알맞은 말을 골라 ○표 하시오.

(같은 , 다른) 시기에 찍은 지역의 사진을 전시하고, 사진이 어떤 모습을 나타내고 있는지 소개합니다.

📖 8종 공통

11 다음과 우리 지역의 변화를 소개하는 방법의 특징으로 알맞은 것은 어느 것입니까? (   )

① 지역의 변화에 대한 인터뷰를 담아서 소개한다.
② 다른 시기에 찍은 우리 지역의 사진을 전시한다.
③ 신문 기사를 통해 지역의 변화를 자세히 살펴볼 수 있다.
④ 지역의 옛날과 오늘날 모습을 표현한 책자를 만들어 소개한다.
⑤ 우리 지역의 달라진 것이나, 사라진 것 등을 노랫말로 만들어 소개한다.

서술형 📖 8종 공통

12 우리 지역의 변화 소개 자료를 감상할 때 주의할 점을 한 가지 쓰시오.

____

도움말 교실에서 친구들이 작품 발표를 할 때 지켜야 할 예절을 생각해 보세요.

📖 8종 공통

13 친구들의 작품을 살펴보고 느낀 점을 알맞게 말한 친구를 골라 ○표 하시오.

⑴ 옛날이나 오늘날이나 우리 지역은 변함이 없구나.　　　　　　　　　(   )
⑵ 예전에 있던 것이 사라지고, 오늘날 새로 생긴 것들이 많이 있네.　　　(   )

학습 결과에 색칠하세요.　  

8종 공통

1 일상에서 시간의 흐름을 느낄 수 있는 사례로 알맞지 <u>않은</u> 것은 어느 것입니까 (   )

① 늘 같은 모습의 학교 놀이터를 볼 때
② 엄마의 머리카락이 자랐음을 느낄 때
③ 방학이 끝나고 개학하는 날이 되었을 때
④ 해가 뜨고 지는 것을 느끼며 하루를 보낼 때
⑤ 주변에 개나리꽃이 핀 모습을 보고 봄이 왔음을 느낄 때

| 2~3 | 다음 자료를 보고, 물음에 답하시오.

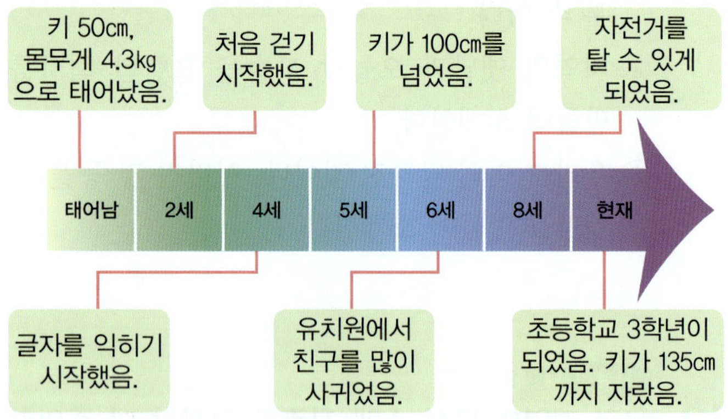

8종 공통

2 다음에서 설명하는 위의 자료의 이름을 쓰시오.

> 내가 성장해 온 모습과 겪었던 일들을 시간의 흐름대로 정리한 표를 말합니다.

(   )

8종 공통

3 다음 ㉠~㉣을 2번 답과 같은 자료에 들어갈 순서대로 기호를 쓰시오.

> ㉠ 유치원에 입학했습니다.
> ㉡ 처음으로 걷기 시작했습니다.
> ㉢ 초등학교 3학년이 되었습니다.
> ㉣ 몸무게 4kg으로 내가 태어났습니다.

(   ) → (   ) → (   ) → (   )

8종 공통

4 다음 중 미래를 나타내는 시간 표현을 사용한 친구의 이름을 쓰시오.

> • 인성: 나는 지금 돈까스가 먹고 싶어.
> • 민정: 나는 작년까지 부산에서 살았어.
> • 한별: 우리는 내년에 4학년이 될 거야.
> • 준희: 지난주에 할머니가 집에 오셨어.

(   )

8종 공통

5 다음 빈칸에 공통으로 들어갈 시간 표현으로 알맞은 것은 어느 것입니까?

> • (   )은/는 일정한 기준에 따라 구분한 일정한 기간을 말합니다.
> • 고려 (   ), 조선 (   ), 정보화 (   ) 등과 같은 표현으로 사용합니다.

(   )

서술형 아이스크림, 천재교과서(김) 외

6 학교의 과거 모습을 조사하는 방법을 두 가지 쓰시오.

____

____

■ 8종 공통

7 연표를 보고 알 수 있는 점으로 알맞지 <u>않은</u> 것은 어느 것입니까? (　　　)

① 시간의 흐름을 한눈에 볼 수 있다.

② 앞으로 일어날 일을 예측할 수 있다.

③ 일이 일어난 순서를 쉽게 알 수 있다.

④ 과거에 있었던 일이 언제 일어났는지 알 수 있다.

⑤ 연표에 표시된 일들의 간격을 보면 그 사이에 시간이 얼마나 흘렀는지 알 수 있다.

■ 8종 공통

8 과거 모습을 알려주는 자료에 대해 <u>잘못</u> 말한 친구를 (보기)에서 골라 이름을 쓰시오.

(보기)
- 지호: 사진, 영상 등에서 과거 모습을 알 수 있어.
- 유진: 내가 쓴 일기로는 과거 모습을 알 수 없어.
- 현진: 오래된 물건이나 건축물을 살펴보면 과거 사람들의 생활 모습을 짐작할 수 있어.

(　　　　　　　　　)

■ 8종 공통

9 우리 주변의 오래된 물건과 물건을 살펴보면 알 수 있는 점을 선으로 알맞게 연결하시오.

(1)　　　　　　　　　　(2)

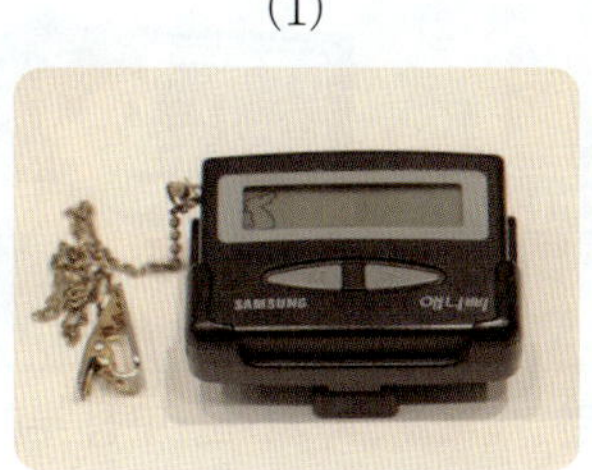　　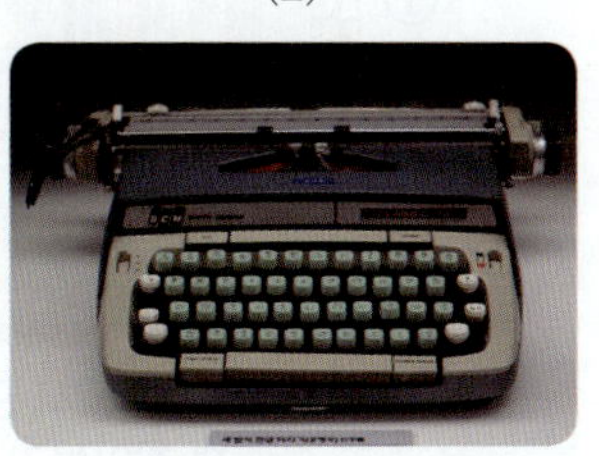

·　　　　　　　　　·

·　　　　　　　　　·

㉠　　　　　　　　　㉡

종이를 넣고 타자를 쳐서 글이나 편지를 썼음.　　호출한 사람의 전화 번호를 소리나 진동으로 알려줌.

■ 8종 공통

10 다음 편지를 읽고 알 수 있는 사실로 알맞은 것을 (보기)에서 골라 기호를 쓰시오.

현중이에게

　우리 학교에서는 10월 18일에 소풍을 다녀왔다. 전학 간 국민학교에서도 소풍을 갔다 왔느냐? 아직은 낯설겠지만 하루 빨리 새 학교에 정을 들여 열심히 공부하여라.

1967년 10월 28일

영현이가

(보기)
- ㉠ 편지를 쓴 사람은 전학을 갔다.
- ㉡ 옛날에는 초등학교를 국민학교라고 불렀다.
- ㉢ 편지를 쓴 사람은 10월 18일에 방학을 했다.

(　　　　　　　　　)

서술형　■ 8종 공통

11 증언의 의미와 증언을 살펴보면 알 수 있는 점을 쓰시오.

____

____

____

2 단원 **14**회

12 다음 ㉠~㉣를 우리 주변의 과거 모습을 조사하는 과정의 순서에 맞게 기호를 쓰시오.

> ㉠ 조사 계획 세우기
> ㉡ 조사 결과 보고서 작성하기
> ㉢ 조사 계획에 따라 과거 모습 조사하기
> ㉣ 조사할 주제에 맞는 조사 방법 선택하기

(   ) → (   ) → (   ) → (   )

13 다음 지명과 관련된 옛이야기의 (   ) 안에 공통으로 들어갈 지역은 어느 것입니까?

> 서울특별시 송파구 (   )동은 옛날에 누에를 기르던 곳으로, 이 지역에는 누에를 기르는 방인 (   )와/과 누에의 먹이인 뽕나무를 기르는 밭이 많았습니다. 누에를 기르던 '(   )'이/가 많아서 이러한 지명이 붙게 되었습니다.

(   )

14 다음 중 우리 지역의 옛이야기를 통해 알 수 있는 점이 아닌 것은 어느 것입니까? (   )

① 지역의 유래
② 지역의 고유한 특징
③ 우리 지역의 100년 후 모습
④ 우리 지역의 여러 지명이 생겨난 까닭
⑤ 우리 지역에 살았던 사람들의 생활 모습

15 다음은 지역의 변화 모습을 알아보는 방법 중 무엇인지 (보기)에서 골라 기호를 쓰시오.

(보기)
> ㉠ 옛 건축물에 직접 방문하기
> ㉡ 주변 어른께 여쭈어보기
> ㉢ 과거의 기록 찾아보기

(   )

16 다음 중 지역의 변화를 조사하는 모습으로 알맞지 않은 것은 어느 것입니까? (   )

① 
▲ 도서관에서 관련 책 찾아보기

② 
▲ 시·군·구청 누리집 검색하기

③ 
▲ 문화 관광 해설사의 설명 듣기

④ 
▲ 사진 전시하기

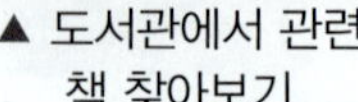

17 다음은 지역의 변화 모습 조사 보고서의 일부입니다. (   ) 안에 들어갈 항목은 무엇입니까?

(   )

( )	• 우리 지역의 지명 유래와 우리 지역에 옛날부터 오늘날까지 그대로 이어져 내려온 모습을 알게 되었음. • 우리 지역이 많은 변화를 겪으면서 옛날과 달라졌다는 것을 알게 되었음.

① 조사 날짜 ② 조사 방법
③ 조사 목적 ④ 알게 된 점
⑤ 조사한 사람

18 다음과 같이 우리 지역의 변화를 표현하는 방법은 무엇인지 쓰시오.

(   )

| 19~20 | 다음 일기를 읽고, 물음에 답하시오.

오늘은 학교에서 운동회를 했다. 작년에 달리기 시합에서 꼴등을 했는데 이번에는 꼭 1등을 하려고 열심히 연습을 했다. 그런데 어제 연습을 많이 해서 그런지 오늘 달리기를 하다가 다리에 힘이 풀려서 넘어졌다.
내가 속상해서 울고 있으니, 선생님께서 내 팔에 1등 도장을 찍어주셨다.
내년에는 진짜로 달리기 시합에서 1등 하고 말거야!

19 위의 일기에서 과거를 나타내는 표현을 두 가지 찾아쓰시오.

(   )

서술형

20 위의 일기와 같이 시간을 표현하는 단어를 두 가지 사용하여 오늘 있었던 일을 쓰시오.

____

____

____

학습 결과에 색칠하세요.   

📖 8종 공통

1 다음 중 일상생활에서 시간의 흐름을 느낄 수 있는 사례로 알맞지 <u>않은</u> 것은 어느 것입니까?
(   )

① 계절이 바뀌는 것을 볼 때
② 해가 뜨고 지는 것을 볼 때
③ 엄마의 머리카락이 자란 것을 볼 때
④ 변함없는 모습의 동네 놀이터를 볼 때
⑤ 기어 다녔던 동생이 걸어 다니는 것을 볼 때

📖 8종 공통

2 다음 (   ) 안에 들어갈 알맞은 말을 골라 ○표 하시오.

⑴ 오늘은 (20세기 , 21세기)에 해당합니다.
⑵ 1789년은 (17세기 , 18세기)에 해당합니다.

📖 8종 공통

3 학교의 연혁 중에서 가장 최근에 일어난 일은 어느 것입니까? (   )

1894년 9월 18일	관립 교동 소학교로 개교
1963년 3월	59학급 편성(재학생 5,250명)
1964년 9월	개교 70주년 기념식
1994년 9월	『교동 백 년사』 발간, 교동 동산 개교 100주년 기념행사
1996년 3월	서울 교동 초등학교로 이름을 바꿈.
2017년 11월	역사관 나이테 1894 재개관
2023년 3월	12학급 편성(재학생 161명)

① 개교 70주년 기념식
② 관립 교동 소학교로 개교
③ 역사관 나이테 1894 재개관
④ 서울 교동 초등학교로 이름 변경
⑤ 재학생 161명을 12학급으로 편성

📖 8종 공통

4 연표에 대한 설명으로 알맞은 것을 (보기)에서 골라 기호를 쓰시오.

(보기)
㉠ 어떤 일이 언제 일어났는지 알 수 없습니다.
㉡ 어떤 일이 일어난 순서를 정확하게 알 수 없습니다.
㉢ 과거에 있었던 일을 내가 좋아하는 순서대로 나열한 것입니다.
㉣ 현재로부터 어떤 사건이 얼마나 멀리 떨어져 있는지 알 수 있습니다.

(   )

📖 8종 공통

5 다음 표의 빈칸에 들어갈 알맞은 시간 표현을 각각 쓰시오.

㉠	어떤 기준에 따라 구분한 일정한 기간
㉡	100년 동안을 세는 단위
㉢	10년, 100년, 1000년 단위의 해를 뜻하는 말 뒤에 쓰임.

㉠ (   )
㉡ (   )
㉢ (   )

서술형 비상교육, 아이스크림 외

6 내가 만든 역사 연표를 소개할 때 주의할 점을 한 가지만 쓰시오.

____

____

8종 공통

7 과거 모습을 알려주는 자료에 대해 잘못 말한 친구의 이름을 쓰시오.

> - 현규: 과거 모습을 알려주는 자료에는 물건, 기록, 건축물, 증언 등이 있어.
> - 민아: 기록으로 남아 있지 않은 자료도 과거의 모습을 알려주는 자료가 될 수 있어.
> - 준수: 하나의 역사적 사건에 대해 다양한 자료는 모두 같은 내용을 담고 있어.

(　　　　　　　　　　　)

8종 공통

8 다음 중 과거의 생활 모습을 알 수 있는 물건이 아닌 것을 골라 기호를 쓰시오.

▲ 타자기

▲ 무선 호출기

▲ 가정용 AI 로봇

▲ 라디오

(　　　　　　　　　　　)

8종 공통

9 다음 자료를 통해 알 수 있는 사실로 알맞은 것은 어느 것입니까? (　　　　)

> ○○신문　　　　　　　19△△년 △△월 △△일
>
> **한 학급에 90명, 책상 하나에 3명씩 앉기도**
>
> 한 학급에 학생이 70명이 넘으면 사실상 어린이를 위한 개별 지도란 거의 불가능한 일이다.

① 오늘날 학생 수는 점점 늘어나고 있다.
② 과거에는 책상 하나에 3명이 앉기도 했다.
③ 과거에는 초등학교를 국민학교라고 불렀다.
④ 오늘날 한 학급의 학생 수는 70명이 넘는다.
⑤ 과거에는 한 학급에 90명의 학생이 있는 경우가 없었다.

미래엔. 천재교과서(김) 외

10 다음 사진과 같은 건축물을 살펴보면 알 수 있는 점으로 알맞은 것은 어느 것입니까? (　　　　)

▲ 향교

① 옛날 사람들은 주로 초가집에 살았다.
② 옛날 학생들이 공부하던 장소가 따로 있었다.
③ 옛날 사람들은 성을 쌓아 적의 침입을 막았다.
④ 철도가 놓이면서 기차를 타고 다른 곳으로 이동했다.
⑤ 옛날 사람들은 물의 힘을 이용해 곡식을 찧거나 빻았다.

8종 공통

11 다음 친구가 설명하는 과거 모습을 알 수 있는 자료는 어느 것입니까? (   )

① 일기　　　② 편지　　　③ 증언
④ 건축물　　⑤ 신문 기사

8종 공통

12 다음 중 우리 주변의 과거 모습을 조사하는 방법으로 알맞지 <u>않은</u> 것은 어느 것입니까? (   )

① 백과사전 찾아보기
② 과거의 기록 찾아보기
③ 주변의 어른께 여쭈어보기
④ 박물관이나 민속촌 방문하기
⑤ 오래된 물건을 찾아 쓰임새를 추측하기

8종 공통

13 다음 빈칸에 들어갈 알맞은 말을 쓰시오.

지역의 유래나 역사를 기록한 (　　　)을/를 살펴보면, 지역이 변화해 온 모습을 확인할 수 있습니다.

(　　　　　　　　　)

8종 공통

14 다음 글을 읽고 알 수 있는 내용으로 알맞지 <u>않은</u> 것은 어느 것입니까? (   )

옛날 사람들은 주로 배를 타고 임진강을 건너거나 물건을 옮겼습니다. 그래서 나루터 주변에는 항상 많은 사람과 물건이 모여들었습니다.
도로가 발달하고 사람들이 자동차를 이용하게 되면서, 오늘날 임진강의 나루터는 주로 강에서 물고기를 잡는 어부들만 이용하는 곳이 되었습니다.

① 옛날 사람들은 배를 타고 강을 건넜다.
② 옛날 사람들은 배를 사용하여 물건을 옮겼다.
③ 오늘날 임진강 나루터는 아무도 이용하지 않는다.
④ 시간이 흐르면서 사람들의 생활 모습이 바뀌었다.
⑤ 도로가 발달하면서 사람들이 배를 타는 일이 줄어들었다.

8종 공통

15 다음 지역의 변화에 대한 설명으로 읽고 알 수 있는 점과 관련 있는 사진을 골라 ○표 하시오.

우리 지역의 1970년대에는 논과 밭이 많았습니다.

(1) 　　(2) 

(　　　)　　　　（　　　）

미래엔, 비상교육 외

16 다음 (　　) 안에 들어갈 알맞은 지명을 쓰시오.

옛날 사람들은 이곳에서 쉬며, 먼 길을 타고 온 말에게 죽을 끓여 먹였습니다. 그 후 사람들은 이곳을 '(　　　)'(라)고 불렀습니다.

(　　　　　　　)

서술형　📖 8종 공통

17 지역의 옛이야기가 중요한 까닭을 한 가지 쓰시오.

____

____

📖 8종 공통

18 지역의 변화 조사 보고서는 지역의 변화를 조사하는 과정 중 언제 작성하는 것인지 (보기)에서 고르시오.

(보기)
ⓐ 지역의 변화 조사하기
ⓑ 지역의 변화 조사 계획 세우기
ⓒ 지역의 변화와 생활 모습 정리하기

(　　　　　　　)

| 19~20 | 다음 자료를 보고, 물음에 답하시오.

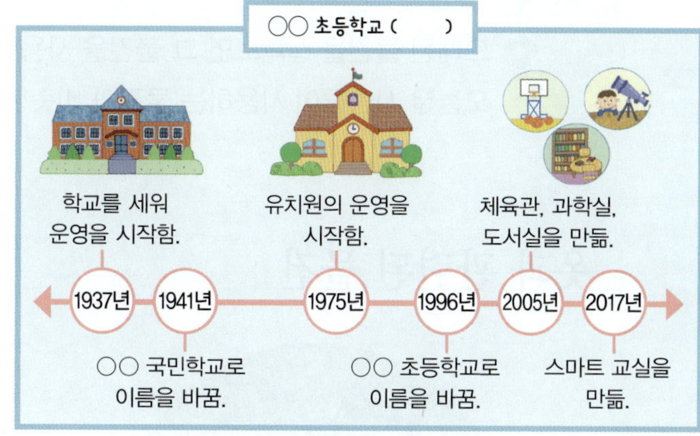

아이스크림, 천재교과서(김) 외

19 위의 (　　) 안에 들어갈 제목으로 알맞은 말을 쓰시오.

(　　　　　　　)

서술형　아이스크림, 천재교과서(김) 외

20 위의 자료를 보고 알 수 있는 사실을 시간 표현을 활용하여 한 가지 쓰시오.

____

____

학습 결과에 색칠하세요.   

오래된 물건 살펴보기

○ 오래된 물건을 살펴보면 그 물건을 사용했던 사람들의 생활 모습을 짐작해볼 수 있습니다. 오늘날 사람들이 사용하는 물건과 비슷한 물건도 있고, 처음보는 물건도 있습니다.

│ 옷과 관련된 물건 │

고무신

고무를 재료로 만든 신발입니다. 옛날에는 고무로 만든 신발을 신고 다녔습니다.

도롱이

옛날 사람들이 비가 올 때 입었던 비옷입니다. 짚을 엮어 허리나 어깨에 걸쳐서 둘렀습니다.

│ 음식과 관련된 물건 │

떡살

떡에 모양을 낼 때 사용한 물건입니다. 떡에 물기를 묻히고, 떡살로 눌러서 모양을 냈습니다.

키

곡식을 담고 흔들어서 곡식에 섞인 티끌을 골라낼 때 쓰던 물건입니다.

집과 관련된 물건

호롱

석유를 담아 불을 켜는 데에 쓰는 그릇입니다. 어두운 밤에 불을 켤 때 사용하였습니다.

아궁이

아궁이는 집을 불을 때서 따뜻하게 만들거나 솥으로 요리 할 때 사용하였습니다.

전자 기기와 관련된 물건

카세트

카세트테이프를 사용하여 소리를 녹음하거나 재생할 수 있도록 만든 장치입니다.

라디오

방송국에서 보낸 소리를 받아 재생할 수 있는 장치입니다. 옛날에는 라디오로 다양한 소식을 들을 수 있었습니다.

시디플레이어

'시디'라는 동그란 모양의 판의 소리를 재생할 수 있도록 만든 장치로, 노래를 들을 수 있는 도구입니다.

비디오테이프

영상을 기록하는 데 쓰이는 장치로, 방송을 녹화하여 볼 수 있는 도구입니다.

1학기 용어 되돌아 보기

● 가로 열쇠와 세로 열쇠를 읽고, 퍼즐을 풀어 보세요.　　● 정답 25쪽

가로 열쇠

1. 우리가 생활하는 모든 곳

3. 개인이 아닌 모든 사람을 위해 일하는 국가 기관

5. 항공 사진이나 인공위성 사진을 이용해서 만든 지도

8. 서울특별시 서초구에 있는 지명으로 옛날 사람들이 쉬면서 말에게 죽을 끓여 먹었던 곳

10. 10년, 100년, 1000년 단위의 해를 뜻하는 말 뒤에 쓰이는 시간 표현

세로 열쇠

2. 화재를 예방하거나 진압하고, 응급 환자를 구조하는 공공 기관

4. 편지, 일기, 노랫말, 신문 기사 등과 같은 자료

6. 어떤 특징이나 기준에 따라 범위를 나눈 땅

7. 책을 읽을 수 있고, 책과 영상 자료를 빌릴 수 있는 장소

9. 이미 지나간 시간

11. 어떤 기준에 따라 구분한 일정한 기간

동아출판 초등 무료 스마트러닝

동아출판 초등 **무료 스마트러닝**으로 쉽고 재미있게!

과목별·영역별 특화 강의

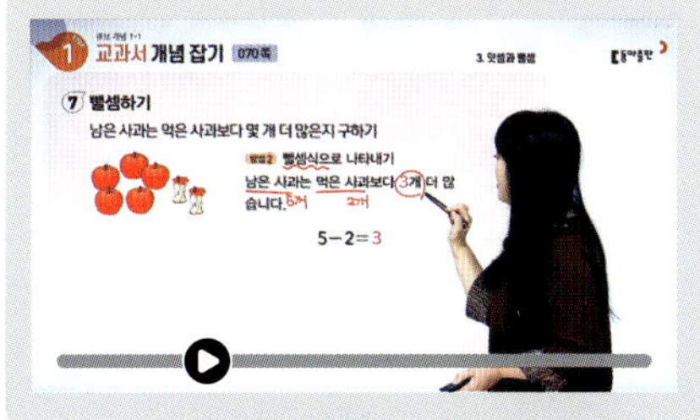
수학 개념 강의

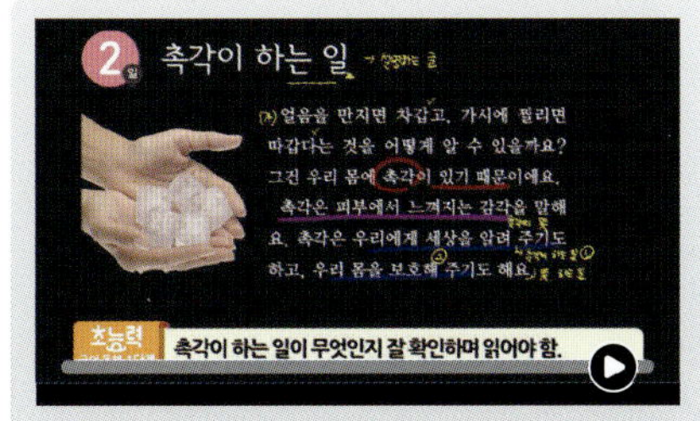
국어 독해 지문 분석 강의

구구단 송

그림으로 이해하는 비주얼씽킹 강의

과학 실험 동영상 강의

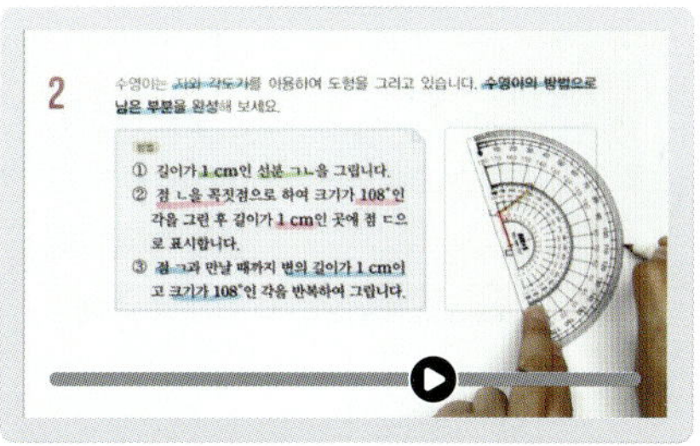
과목별 문제 풀이 강의

서비스 제공 교재   큐브 | 백점 과학 | 빠작 초등 국어 | 초능력 | 초고필 | 하이탑 초등 과학

2022 개정 교육과정

동아출판

백점

사회 3·1

평가북

- 빠르게 정리하는 **단원 핵심 개념**
- 학교 시험 대비 수준별 **단원 평가**

동아출판

백점

사회 3·1

평가북

① 우리가 경험한 장소들

(1) 우리 주변의 다양한 ❶ [　　　]

(2) 주변 장소에서의 경험

경험을 떠올리는 방법

일기장 살펴보기, 사진 살펴보기, 체험 학습 ❷ [　　　] 살펴보기

경험을 표현하는 방법

노랫말 바꾸기, 만화 그리기, 그림 그리기, 신문으로 표현하기, 글로 표현하기

(3) 주변 장소에 대한 생각 나누기

장소에 대한 생각이나 느낌이 서로 다른 까닭

- 사람마다 기억하는 것이 다르기 때입니다.
- 각자의 ❸ [　　　] 에 따라 장소에 대한 생각이나 느낌이 다르기 때문입니다.
- 사람마다 같은 장소에 대한 감정이나 태도가 다르기 때문입니다.

장소에 대한 서로 다른 생각과 느낌을 대하는 태도

장소에 대한 서로 다른 생각과 느낌을 이해하고 ❹ [　　　] 해야 합니다.

② 우리가 만들어 가는 살기 좋은 곳

(1) 생활에 도움을 주는 여러 장소

놀이 및 여가 생활을 돕는 장소	공원, 체육관
⑤ 과 관련된 장소	경찰서, 소방서
교육 및 문화와 관련된 장소	도서관, 박물관, 공연장, 미술관
건강 및 의료와 관련된 장소	약국, 보건소
이동할 때 도움을 주는 장소	버스 터미널, 공항, 기차역, 지하철역
생활에 필요한 물건을 살 수 있는 장소	시장, 백화점, 편의점, 대형 마트

(2) 디지털 영상 지도로 생활에 도움을 주는 장소 찾기

디지털 영상 지도의 의미

항공 사진이나 ⑥ 사진을 이용해서 만든 지도

디지털 영상 지도를 이용해 장소를 찾는 방법

❶ 찾고 싶은 우리 고장의 장소 정하기

⬇

❷ 장소를 디지털 영상 지도에서 찾아보기

⬇

❸ 찾아본 장소를 디지털 영상 지도에서 ⑦ 하여 살펴보기

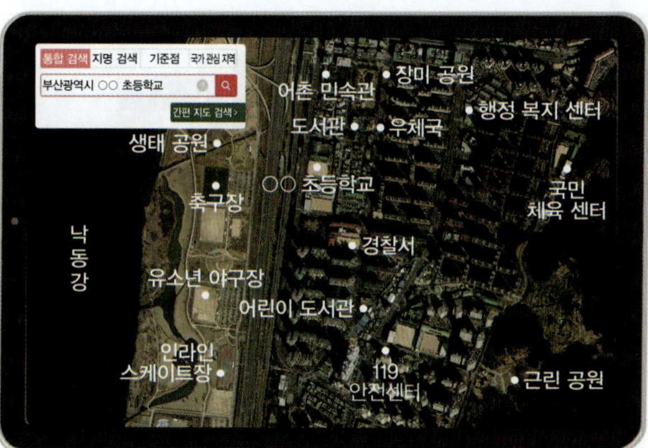

▲ 디지털 영상 지도

(3) 우리가 생각하는 살기 좋은 곳의 조건

• 안전하고 건강한 생활을 돕는 장소가 많아야 합니다.
• ⑧ 과 문화생활을 돕는 장소가 많아야 합니다.
• 편하게 쉬고, 즐겁게 놀 수 있는 장소가 많아야 합니다.

우리 주변에 있는 장소들

1 다음에서 설명하는 것은 무엇인지 쓰시오.

> • 우리가 생활하는 모든 곳을 말합니다.
> • 산, 학교, 문구점, 지하철역 등이 있습니다.

(　　　　　　)

2 우리 주변의 다양한 장소의 모습으로 알맞지 <u>않은</u> 것은 어느 것입니까? (　　)

① 
▲ 학교

② 
▲ 놀이터

③ 
▲ 자동차

④ 
▲ 버스 터미널

3 문구점에서 경험한 일을 말한 친구의 이름을 골라 쓰시오.

> • 현아: 엄마, 아빠와 오리 배를 탔어.
> • 채영: 수업 시간에 필요한 준비물을 샀었어.
> • 현준: 필요한 물건을 사고 맛있는 음식을 먹었어.

(　　　　　　)

4 다음 장소의 종류와 설명을 선으로 알맞게 연결하시오.

(1) 자연환경　•　　　•　㉠ 학교, 보건소, 도서관 등

(2) 건물이나 기관　•　　　•　㉡ 산, 강, 바다 등

5 다음 장소 카드의 (　　) 안에 들어갈 알맞은 말을 쓰시오.

(　　　　　　)

책을 읽거나 빌릴 수 있는 장소입니다. 주말에 친구들과 책을 읽었습니다.

(　　　　　　)

6 다음 표의 빈칸에 들어갈 알맞은 말을 (보기)에서 골라 기호를 쓰시오.

(보기)
㉠ 공부하는 장소
㉡ 아플 때 치료받는 장소
㉢ 물건이나 음식을 사고파는 장소

우리 주변의 다양한 장소 분류하기	
(1)	병원, 치과
(2)	학교, 학원, 도서관
(3)	시장, 편의점, 할인 매장, 백화점

주변 장소에서의 경험 표현하기

7 다음 (보기)에서 빈칸에 들어갈 알맞은 말을 골라 각각 쓰시오.

(보기)
• 사진   • 일기장   • 체험 학습 보고서

(1) (   )을/를 살펴보면 일상생활에서 경험한 일들을 중심으로 여러 장소를 떠올릴 수 있습니다.

(2) (   )을/를 살펴보면 체험 학습 장소에서 어떤 경험을 하였는지 떠올릴 수 있습니다.

(3) (   )을/를 살펴보면 (   )을/를 찍었던 장소에서의 경험을 중심으로 여러 장소를 떠올릴 수 있습니다.

|8~9| 다음 자료를 보고, 물음에 답하시오.

8 위와 같은 장소에서의 경험 표현 방법은 무엇인지 쓰시오.

(   )

9 위의 자료를 보고 알 수 있는 사실로 알맞은 것에 ○표 하시오.

(1) 편의점에서 친구들과 간식을 사서 나눠 먹었던 경험을 그렸습니다.   (   )

(2) 가족들과 공원에 나들이를 갔던 경험을 표현하였습니다.   (   )

10 다음 자료는 주변 장소에서의 경험을 어떤 방법으로 표현한 것인지 쓰시오.

즐거운 캠핑장
캠핑장에서 정말 즐거운 경험을 했다. 캠핑장 바로 앞에 계곡이 있어서 물놀이를 했다. 가족들과 맛있는 고기를 숯불에 구워 먹는 특별한 경험도 했다. 야외에서 잠을 자는 것이 처음에는 어색하고 불편했는데, 자주가 보니 익숙해졌다. 친구들이랑 함께 캠핑장에 가 보고 싶다.

(   )

11 우리 주변 장소의 모습을 그릴 때 주의할 점으로 알맞은 것을 골라 ○표 하시오.

⑴ 고장에 있는 장소를 모두 그려야 합니다.

( )

⑵ 상상 속의 장소가 아닌 주변에 실제로 있는 장소를 그려야 합니다. ( )

12 다음 그림을 살펴보고 알 수 있는 점으로 알맞은 것은 어느 것입니까? ( )

▲ 정화 – 잘 아는 장소

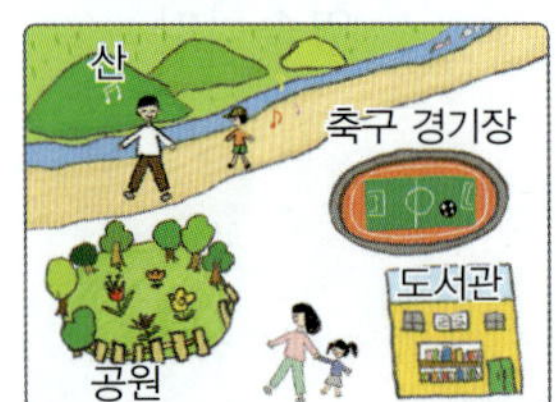

▲ 영훈 – 알리고 싶은 장소

① 영훈이는 큰 사거리와 도로를 중심으로 그림을 그렸다.

② 정화는 다른 사람들에게 알리고 싶은 장소를 그렸다.

③ 학교, 분식집, 공원은 정화가 가장 자주 가는 장소이다.

④ 영훈이는 산, 공원, 도서관 등을 사람들에게 알리고 싶어 한다.

⑤ 영훈이는 학교를 가장 좋아하고, 놀이터에 대해서 가장 잘 알고 있다.

13 다음은 친구와 내가 그린 우리가 사는 곳의 모습을 비교한 것입니다. 어떤 방법으로 비교한 것인지 (보기)에서 찾아 기호를 쓰시오.

나는 도서관과 시장을 그렸고, 친구는 내가 그리지 않은 기차역을 그렸습니다.

(보기)
㉠ 어느 한 곳에만 그려진 장소 찾아보기
㉡ 비교하는 그림에 모두 그려진 장소 찾아보기
㉢ 같은 장소를 어떻게 다르게 그렸는지 살펴보기

( )

|14~15| 다음은 이서와 재이가 그린 그림입니다. 물음에 답하시오.

▲ 이서의 그림

▲ 재이의 그림

14 위의 그림에서 재이가 그린 그림에만 있는 장소를 쓰시오.

( )

15 위의 그림을 보고 알 수 있는 점을 알맞게 말한 친구를 골라 이름을 쓰시오.

• 하린: 이서만 그림에 길을 그렸어.
• 범수: 이서는 분식집에 떡볶이를, 재이는 김밥을 그렸어.
• 정원: 재이는 학교에 운동장을 그렸지만, 이서는 그리지 않았어.

( )

주변 장소에 대한 생각 나누기

16 친구들의 주변 장소 소개를 듣고 알 수 있는 점으로 알맞은 것은 어느 것입니까? (   )

① 주변 장소의 모습은 변하지 않는다.
② 친구들은 모두 같은 장소를 좋아한다.
③ 주변에 있는지 몰랐던 장소를 알 수 있다.
④ 우리가 사는 곳에 대한 내 생각을 알 수 있다.
⑤ 친구들이 생각하는 우리 주변의 장소 모습은 모두 같다.

17 우리가 사는 곳에 대한 생각이나 느낌이 서로 다른 까닭으로 가장 알맞은 것은 어느 것입니까?

(   )

① 그림을 그린 날씨가 다르기 때문에
② 그린 사람의 성별이 다르기 때문에
③ 그린 사람의 얼굴 생김새가 다르기 때문에
④ 그림을 그릴 때 사용한 도구가 다르기 때문에
⑤ 그림을 그린 사람의 관심사가 서로 다르기 때문에

18 장소에 대한 생각과 느낌에 대한 설명으로 알맞지 <u>않은</u> 것은 어느 것입니까? (   )

① 장소에 대한 생각과 느낌은 서로 다를 수 있다.
② 사람들은 같은 장소에서 다른 경험을 하기도 한다.
③ 사람들은 같은 장소에 대한 감정이 모두 비슷하다.
④ 사람마다 같은 장소에 대해 기억하는 것이 다를 수 있다.
⑤ 장소에 대한 서로 다른 생각을 존중하는 자세가 필요하다.

19 놀이터에서의 경험을 이야기하는 모습을 보고, (   ) 안에 들어갈 알맞은 말에 ○표 하시오.

> 같은 장소에 대한 경험을 이야기하는 모습을 보면, 사람마다 장소에 대한 생각이나 느낌이 서로 (같습니다 , 다릅니다).

20 장소에 대한 서로 다른 생각과 느낌을 대하는 태도를 알맞게 이야기한 친구는 누구입니까? (   )

● 생활에 도움을 주는 여러 장소

1 다음과 같은 생활에 도움을 주는 장소로 알맞은 곳은 어디입니까? (　　　)

　책을 읽을 수 있고, 책과 영상 자료를 빌려주기도 합니다.

① 강　　　　② 서점　　　　③ 약국
④ 도서관　　⑤ 캠핑장

2 생활에 도움을 주는 여러 장소에서 할 수 있는 일이 알맞게 연결된 것은 어느 것입니까? (　　　)

① 산 – 가족과 함께 등산을 했다.
② 공원 – 몸이 아플 때 치료를 받았다.
③ 도서관 – 친구들과 산책을 하며 놀았다.
④ 편의점 – 좋아하는 책을 빌려서 읽었다.
⑤ 버스 터미널 – 생활에 필요한 물건을 샀다.

|3∼5| 다음 (보기)를 보고, 물음에 답하시오.

(보기)
㉠ 시장　　　㉡ 학교　　　㉢ 소방서
㉣ 도서관　　㉤ 보건소　　㉥ 행정 복지 센터

3 다음과 같은 모습을 볼 수 있는 건강 및 의료와 관련된 장소를 위의 (보기)에서 골라 기호를 쓰시오.

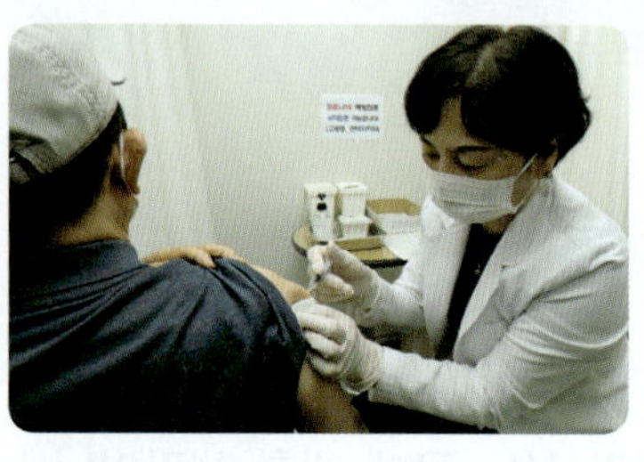

（　　　　　　　　　　）

4 다음에서 설명하는 장소를 위의 (보기)에서 골라 기호를 쓰시오.

　화재를 예방하고 응급 환자를 구조하는 곳입니다.

（　　　　　　　　　　）

5 위의 (보기)에서 공공 기관이 아닌 장소를 골라 기호를 쓰시오.

（　　　　　　　　　　）

생활에 도움을 주는 장소 살펴보기

6 다음과 같이 컴퓨터나 스마트폰 등 다양한 기기에서 이용할 수 있는 디지털 정보로 표현한 지도를 무엇이라고 하는지 쓰시오.

(   )

7 디지털 영상 지도에 대한 설명으로 알맞지 <u>않은</u> 것을 모두 고르시오. (   )

① 다양한 크기의 면적을 살펴볼 수 있다.
② 지역의 전체적인 모습만 살펴볼 수 있다.
③ 인공위성 사진은 우주에서 찍은 사진이다.
④ 항공 사진을 이용해서 지도를 만들기도 한다.
⑤ 컴퓨터를 이용해야만 디지털 영상 지도를 볼 수 있다.

8 디지털 영상 지도를 확대하여 주변을 자세히 보려고 할 때 이용하는 단추는 무엇입니까? (   )

①

②

③

④

9 디지털 영상 지도의 기능에 대해 <u>잘못</u> 말한 친구의 이름을 골라 쓰시오.

> • 영주: 지도를 확대하거나 축소할 수 있어.
> • 환희: 장소의 내부 모습까지 자세하게 볼 수 있어.
> • 지훈: 다양한 종류의 지도를 선택하여 볼 수 있어.

(   )

1 단원
A단계

10 다음 ㉠~㉢을 디지털 영상 지도를 이용해 주요 장소를 찾는 방법의 순서에 맞게 기호를 쓰시오.

> ㉠ 찾고 싶은 장소 정하기
> ㉡ 장소를 디지털 영상 지도에서 찾아보기
> ㉢ 찾아본 장소를 디지털 영상 지도에서 확대하여 살펴보기

(   ) → (   ) → (   )

11 디지털 영상 지도로 장소를 살펴보면 좋은 점으로 옳지 <u>않은</u> 것은 어느 것입니까? (   )

① 장소의 위치를 쉽게 알 수 있다.
② 장소의 모습을 정확하게 볼 수 있다.
③ 장소의 100년 전 모습을 살펴볼 수 있다.
④ 주변에 있는 여러 장소를 한눈에 볼 수 있다.
⑤ 지역의 전체적인 모습과 자세한 모습을 모두 볼 수 있다.

우리 주변의 장소 조사하기

12 우리 주변의 장소를 조사하는 방법으로 알맞지 <u>않은</u> 것은 어느 것입니까? (   )

① 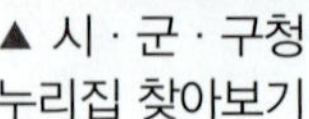
▲ 시·군·구청 누리집 찾아보기

② ▲ 우리 주변 장소 직접 방문하기

③ ▲ 친구들과 가고 싶은 다른 지역의 장소 말하기

④ ▲ 디지털 영상 지도 살펴보기

13 디지털 영상 지도로 장소를 살펴보는 것과 장소에 직접 방문하여 조사하는 것의 차이점으로 알맞은 것을 〈보기〉에서 골라 기호를 쓰시오.

〈보기〉
㉠ 장소에 직접 방문하면 장소 안의 모습까지 알기는 어렵습니다.
㉡ 장소에 직접 방문하면 그 장소를 이용하는 사람들의 모습을 직접 볼 수 있습니다.
㉢ 디지털 영상 지도를 활용하면 어디에 어떤 장소가 있는지 정확하게 알 수 없습니다.

(   )

14 우리 주변 장소의 좋은 점이나 불편한 점을 알아보는 까닭을 알맞게 말한 친구를 골라 ○표 하시오.

(   )   (   )

15 우리 주변의 장소와 장소의 좋은 점을 선으로 알맞게 연결하시오.

(1) 시장 •   • ㉠ 여러 시설이 모여 있어서 다양한 운동을 할 수 있음.

(2) 국민 체육 센터 •   • ㉡ 재료를 파는 구역, 옷이나 신발 등을 파는 구역으로 나눠져 있음.

(3) 어린이 도서관 •   • ㉢ 자유롭게 앉아서 책을 볼 수 있음.

16 우리가 사는 곳을 살펴보면 알 수 있는 점으로 알맞은 것에 ◯표 하시오.

(1) 여러 가지 장소와 시설의 이용 방법을 자세히 알 수 있습니다. ( )

(2) 장소와 시설을 직접 이용해 보면 불편한 점보다 장소의 좋은 점과 편리한 점만 자세히 파악할 수 있습니다. ( )

우리가 사는 곳을 더 살기 좋은 곳으로 만들기

17 다음 중 우리가 사는 곳의 좋은 점으로 알맞지 <u>않은</u> 것은 어느 것입니까? ( )

① 공기가 맑고, 물이 깨끗하다.
② 다양한 문화생활을 즐길 장소가 많다.
③ 집 주변에 큰 도로가 있어서 시끄럽다.
④ 공원에서 산책하며 휴식을 즐길 수 있다.
⑤ 어린이 도서관, 놀이터 등 어린이를 위한 장소가 많다.

18 우리가 사는 곳의 문제점을 해결하는 방법으로 알맞지 <u>않은</u> 것은 어느 것입니까? ( )

① 공공 기관에 편지 쓰기
② 우리가 사는 곳의 지도 살펴보기
③ 시청·군청·구청 누리집에 의견 올리기
④ 문제 해결 방안을 알리는 홍보 활동하기
⑤ 공공장소나 시설을 이용하는 올바른 방법을 알리는 알림판 쓰기

19 우리가 사는 곳의 문제점을 해결할 방안을 결정하는 방법으로 알맞지 <u>않은</u> 것은 어느 것입니까? ( )

① 대화와 타협으로 의견을 조정한다.
② 충분한 시간을 두고 의견을 주고받는다.
③ 다양한 의견에 대한 장점과 단점을 비교해 본다.
④ 지역에서 나이가 가장 많은 어른의 의견을 무조건 따른다.
⑤ 투표를 통해 가장 많은 사람이 원하는 의견을 따라 결정한다.

1
단원
A단계

20 우리가 사는 곳의 문제점을 해결할 방안을 결정한 뒤에 해야할 일로 알맞은 것은 어느 것입니까? ( )

① 문제 발생 원인을 파악한다.
② 문제 해결 방안을 탐색한다.
③ 결정된 해결 방안을 실천한다.
④ 주변 장소와 시설의 문제점을 찾는다.
⑤ 다양한 해결 방안의 장단점을 비교한다.

1 다음 (　　) 안에 공통으로 들어갈 말을 쓰시오.

> 우리 주변에는 여러 (　　　)이/가 있습니다. 산이나 강뿐만 아니라 우리가 자주가는 학교, 놀이터 등을 모두 (　　　)(이)라고 합니다.

(　　　　　　　　　)

2 공부할 때 필요한 학용품과 수업 준비물을 살 수 있는 장소를 골라 ◯표 하시오.

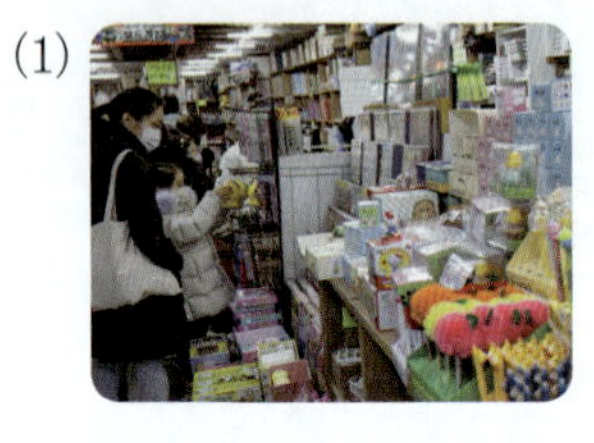

(1)　　　　　　　(2)

(　　　)　　　　(　　　)

3 우리 주변의 장소를 알맞게 분류한 것은 어느 것입니까? (　　　)

① 체육관 – 아플 때 치료받는 장소
② 병원 – 여가 활동을 즐기는 장소
③ 미술관 – 문화생활과 관련된 장소
④ 해수욕장 – 문화생활과 관련된 장소
⑤ 공연장 – 물건이나 음식을 사고파는 장소

4 우리 주변 장소의 모습을 그림으로 나타낼 때 그릴 장소로 알맞은 것을 모두 골라 ◯표 하시오.

⑴ 좋아하는 장소　　　　　　　　(　　　)
⑵ 상상 속의 장소　　　　　　　　(　　　)
⑶ 자주 찾는 장소　　　　　　　　(　　　)
⑷ 다른 사람들에게 알리고 싶은 장소　(　　　)

서술형

5 다음과 같이 우리 주변 장소의 모습을 그려보면 알 수 있는 점은 무엇인지 쓰시오.

____

____

| 6~7 | 다음 친구들이 그린 그림을 보고, 물음에 답하시오.

▲ 이서의 그림

▲ 재이의 그림

6 위의 그림을 보고, 이서의 그림에서만 볼 수 있는 장소의 모습을 모두 찾아 쓰시오.

(   )

서술형

7 위의 이서와 재이가 그린 그림의 차이점을 쓰시오.

____

____

8 우리 주변 장소를 그린 친구들의 그림을 비교할 때 주의할 점으로 알맞은 것에 ○, 알맞지 <u>않은</u> 것에 ×표 하시오.

⑴ 주변의 여러 장소 중 어떤 곳을 표현하였는지 비교합니다. (   )

⑵ 누가 우리 주변 장소의 그림을 가장 잘 그렸는지 평가합니다. (   )

⑶ 그림 속에 담겨 있는 친구들의 경험과 느낌을 살펴봅니다. (   )

9 다음 우리가 사는 곳을 그림으로 소개하는 모습을 보고, (   ) 안에 들어갈 알맞은 말에 ○표 하시오.

10 장소에 대한 생각이나 느낌이 서로 다른 까닭을 두 가지 고르시오. (   )

① 겪은 일이 서로 다르기 때문에

② 서로의 그림을 보고 그렸기 때문에

③ 그림을 그린 날짜가 다르기 때문에

④ 고장에 대한 생각이 서로 다르기 때문에

⑤ 사람들이 좋아하는 장소가 모두 같기 때문에

11 다음과 같은 생활에 도움을 주는 장소로 알맞은 곳은 어디입니까? (   )

> 비행기를 타고 다른 지역이나 해외로 여행을 떠날 수 있습니다.

① 공항   ② 병원
③ 시장   ④ 기차역
⑤ 버스 터미널

12 사람들이 보건소를 이용하는 모습으로 알맞은 것에 ○표 하시오.

(1) 

(2) 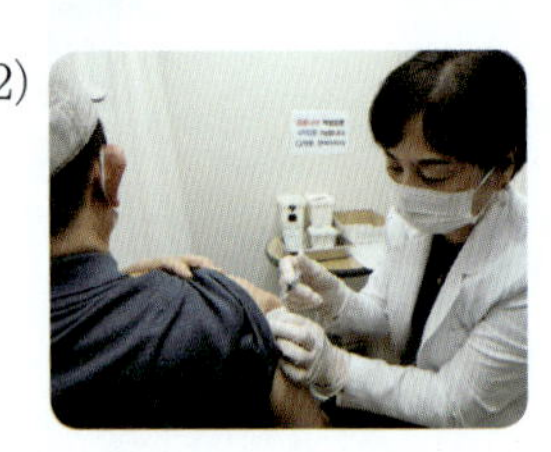

(   )   (   )

13 다음 중 공공 기관이 <u>아닌</u> 장소는 어디입니까?
(   )

① 
▲ 학교

② 
▲ 도서관

③ 
▲ 소방서

④ 
▲ 영화관

| 14~15 | 다음 디지털 영상 지도를 보고, 물음에 답하시오.

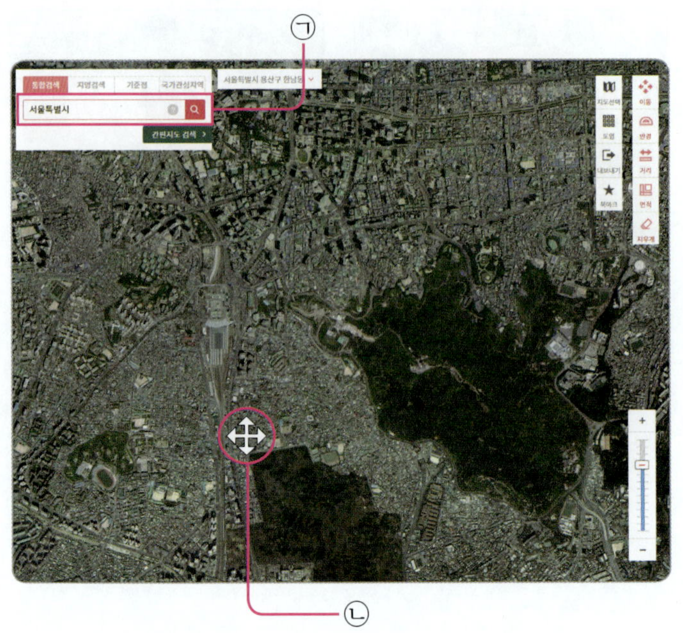

14 위 ㉠에 해당하는 디지털 영상 지도의 기능은 무엇입니까? (   )

① 지도를 인쇄할 수 있다.
② 지도를 저장할 수 있다.
③ 지도에서 위치를 찾을 수 있다.
④ 다른 종류의 지도로 바꿀 수 있다.
⑤ 지도를 확대하거나 축소할 수 있다.

15 다음은 위 ㉡ 기능에 대한 설명입니다. (   ) 안에 들어갈 알맞은 말을 쓰시오.

> 컴퓨터로 디지털 영상 지도를 볼 때 마우스 왼쪽 단추를 누른 채로 움직이면 지도 안에서 원하는 위치로 (   )할 수 있습니다.

(   )

16 디지털 영상 지도로 장소를 살펴볼 때의 좋은 점이 <u>아닌</u> 것은 어느 것입니까? (   )

① 장소의 위치를 쉽게 알 수 있다.
② 특정한 장소의 위치만 볼 수 있다.
③ 어떤 장소가 있는지 쉽게 알 수 있다.
④ 장소의 실제 모습을 정확하게 볼 수 있다.
⑤ 우리 고장의 전체적인 모습과 자세한 모습을 모두 볼 수 있다.

17 다음 디지털 영상 지도에 대해서 <u>잘못</u> 말한 친구를 골라 이름을 쓰시오.

• 상우: 왼쪽에는 산, 오른쪽에는 낙동강이 있어.
• 유주: 도서관, 우체국, 행정 복지 센터 등 여러 생활에 도움을 주는 장소가 있어.

(   )

| 18~19 | 다음은 우리 주변에 있는 장소들을 살펴보는 모습입니다. 물음에 답하시오.

18 위의 (   ) 안에 들어갈 알맞은 장소의 이름을 쓰시오.

(   )

서술형
19 위와 같이 우리 주변 장소의 좋은 점이나 불편한 점을 알아보는 까닭을 한 가지만 쓰시오.

____

____

20 우리가 사는 곳의 문제를 해결하기 위해 우리가 직접 참여할 수 있는 방법으로 알맞지 <u>않은</u> 것은 어느 것입니까? (   )

① 서명 운동 하기
② 캠페인 활동하기
③ 주변 장소의 문제 숨기기
④ 공공 기관에 도움 요청하기
⑤ 문제 해결 방안을 알리는 홍보 활동하기

단원 핵심 개념

1 우리가 경험하는 시간의 흐름

(1) ① [ ]을 나타내는 표현

과거	현재	미래
옛날, 어릴 적, 오래전, 작년 등	지금, 오늘, 오늘날 등	이후, 앞으로, 훗날, 내년, 2300년 등

(2) ② [ ]

의미

일이 일어난 순서대로 배열하여 알아보기 쉽게 나타낸 표

연표를 만드는 과정

❶ 연표에 표시할 일들을 시간 순서대로 배열하기 → ❷ 가장 먼저 일어난 일과 마지막에 일어난 일 표시하기 → ❸ 중간에 일어난 일들 표시하기 → ❹ 글, 그림, 사진 등으로 연표 꾸미기

2 우리 주변에 남아 있는 과거의 흔적들

(1) 과거 모습을 알 수 있는 ③ [ ]

- 물건
- 건축물
- 기록(일기, 사진, 그림 등)
- 이야기(증언)

(2) 과거 모습을 알려주는 자료를 통해 알 수 있는 점

- 과거에 있었던 일
- 옛날 사람들의 생각과 지혜
- 옛날 사람들의 ④ [ ]

(3) 주변의 과거 모습을 조사하는 방법

오래된 물건 찾아보기

과거의 기록 찾아보기

주변의 어른께 여쭈어 보기

박물관이나 민속촌, 옛 건축물에 직접 방문하기

③ 지역의 변화와 달라진 생활 모습

(1) 지역의 변화를 보여주는 자료

책, 영상, 사진, ⑤ [   ] 등을 통해 지역의 변화를 살펴볼 수 있습니다.

(2) 지역의 변화를 조사하는 방법

도서관에서 지역과 관련 된 책 찾아보기

지역의 시·군·구청 ⑥ [   ] 검색하기

문화 관광 해설사의 설명 듣기

지역 주민에게 이야기 듣기

(3) 우리 지역의 변화와 달라진 생활 모습 소개하는 방법

▲ 신문 만들기 　　▲ 사진 ⑦ [   ] 하기 　　▲ 책자 만들기 　　▲ ⑧ [   ] 바꿔 부르기

● **일상생활에서 경험하는 시간의 흐름**

1 다음 ( ) 안에 공통으로 들어갈 말을 쓰시오.

> • 변하는 것들을 보며 (　　　)의 흐름을 느낍니다.
> • 우리 주변에서 예전과 달라진 모습을 살펴보며 (　　　)의 흐름을 느낍니다.

(　　　　　　　)

2 다음 일상생활에서 시간의 흐름을 느낄 수 있는 모습과 설명을 선으로 알맞게 연결하시오.

(1)　　　　　　　　　　(2)

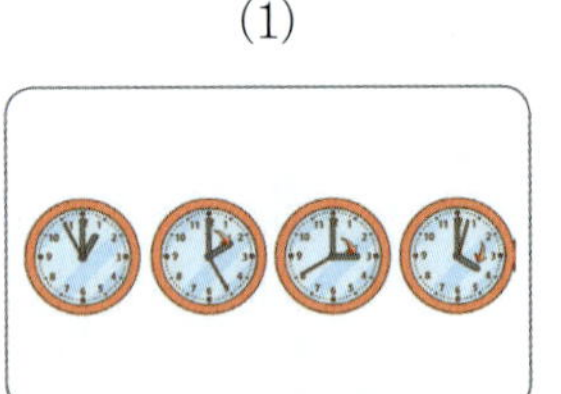

・　　　　　　　　　　・

・　　　　　　　　　　・

⑤　　　　　　　　　　ⓛ

> 계절이 바뀌는 것을 보며 시간의 흐름을 느낌.

> 시계를 보면서 시간이 흐르고 있다는 것을 알 수 있음.

3 다음은 시간의 흐름을 느껴 본 경험을 읽고, 빈칸에 들어갈 알맞은 말을 (보기)에서 골라 쓰시오.

> ┌(보기)─────────────
> • 키　　　• 방학　　　• 동생
> └─────────────────

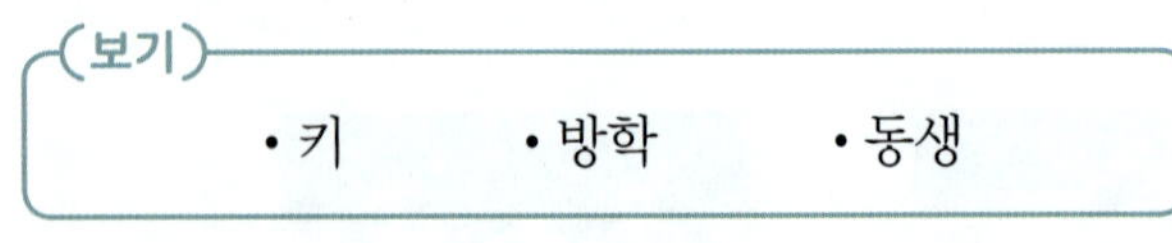

(1) 나의 (　　　　　　)이/가 커졌습니다.
(2) (　　　　　　)이/가 끝나고 새 학기가 시작되었습니다.
(3) 기어다녔던 (　　　　　　)이/가 걸어다닙니다.

| **4~5** | 다음 성장 흐름표를 보고, 물음에 답하시오.

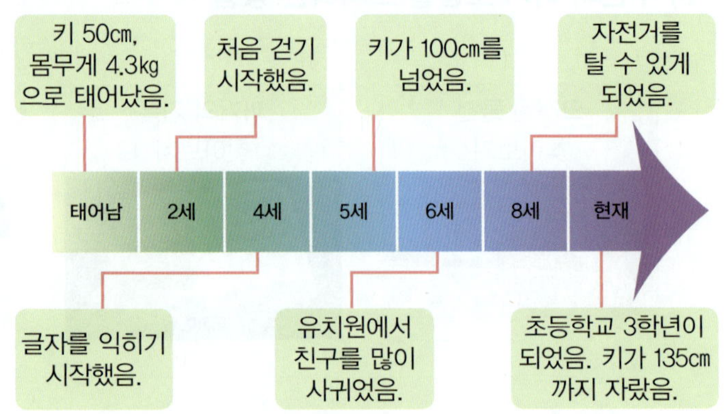

4 다음 성장 흐름표를 보고 알 수 있는 사실을 알맞게 말한 친구의 이름을 쓰시오.

(　　　　　　　)

5 위의 성장 흐름표에 대한 설명으로 알맞지 <u>않은</u> 것은 어느 것입니까? (　　　)

① 2세에 처음 걷기 시작했다.
② 5세에 키가 100㎝를 넘었다.
③ 현재는 초등학교 3학년이다.
④ 8세에 자전거를 타게 되었다.
⑤ 태어났을 때 몸무게가 3kg이었다.

시간을 나타내는 표현

6 시간을 나타내는 표현에 대한 설명으로 알맞은 것을 두 가지 고르시오. (   )

① 미래는 지금의 시간이다.
② 현재는 이미 지나간 시간이다.
③ 앞으로 다가올 시간은 과거를 의미한다.
④ 옛날, 오늘날 등은 그때가 언제인지 뚜렷하지 않은 표현이다.
⑤ 몇 년, 몇 월 며칠 등은 그때가 언제인지 분명하게 알 수 있는 표현이다.

7 시간을 나타내는 표현을 정리한 표를 보고, 알맞지 <u>않은</u> 것을 골라 기호를 쓰시오.

과거	옛날, 어릴 적, 10년 전, ㉠<u>지난주</u>
현재	오늘, 지금, ㉡<u>오늘날</u>
미래	내일, 앞으로, ㉢<u>작년</u>, 이후, 내년

(   )

8 다음 ㉠~㉤ 중에서 시간을 표현하는 것을 모두 골라 기호를 쓰시오.

유현이에게

유현아, 우리가 친구가 된 지 ㉠2년이나 지났네. ㉡작년에는 다른 반이 돼서 슬펐는데, 3학년 때는 ㉢같은 반이 돼서 기뻐. ㉣지난주 토요일에 문구점에서 가지고 싶다고 한 필통을 ㉤선물로 준비했어. 오늘 생일 정말 축하해!

너의 친구 유정이가

20△△년 3월 23일

(   )

---

9 다음 시간을 나타내는 표현과 그 의미를 선으로 알맞게 연결하시오.

(1) 세기 •

(2) 년대 •

(3) 시대 •

• ㉠ 어떤 기준에 따라 구분한 일정한 기간

• ㉡ 100년 동안을 세는 단위

• ㉢ 10년, 100년, 1000년 단위의 해를 뜻하는 말 뒤에 쓰임.

2
단원

A단계

10 다양한 시간 표현을 통해 알 수 있는 점으로 알맞은 것에 ○표 하시오.

(1) 어떤 일이 인상 깊었는지 알 수 있습니다.

(   )

(2) 여러 일이 일어난 순서는 알 수 없습니다.

(   )

(3) 일을 얼마 동안 지속했는지 알 수 있습니다.

(   )

우리 가족과 학교의 역사

| 11~12 | 다음은 은석이네 가족에게 있었던 중요한 일입니다. 물음에 답하시오.

▲ 2014년 4월 6일에 아내와 결혼식을 올렸습니다.

▲ 첫째 아들이 초등학교에 입학하던 날, 의젓한 모습이 자랑스러웠습니다.

▲ 동생이 태어났을 때 신기했습니다.

▲ 초등학교 입학식 날, 긴장했던 기억이 납니다.

11 위와 같이 가족에게 있었던 중요한 일을 조사하는 방법으로 알맞지 <u>않은</u> 것은 어느 것입니까?

( )

① 우리 가족 면담하기
② 사진이나 영상 살펴보기
③ 가족이 쓴 일기 살펴보기
④ 기억에 남는 일 떠올려 보기
⑤ 우리 가족의 내년 목표 계획하기

12 위의 ㉠~㉣을 가족 구성원 중 누가 떠올린 가족에게 있었던 중요한 일인지 골라 기호를 쓰시오.

⑴ 은석이가 생각하는 중요한 일: ( )
⑵ 부모님이 생각하는 중요한 일: ( )

13 다음 ( ) 안에 공통으로 들어갈 말을 쓰시오.

> • 과거에 있었던 일을 글이나 사진, 영상 등으로 남긴 것을 ( )(이)라고 합니다.
> • ( )이/가 있으면 과거의 모습을 잘 알 수 있고, ( )이/가 없으면 과거에 있었던 일과 과거의 모습을 정확하게 알기 어렵습니다.

( )

14 다음과 같이 학교의 발전 과정을 과거부터 중요한 사건별로 정리한 표를 무엇이라고 하는지 쓰시오.

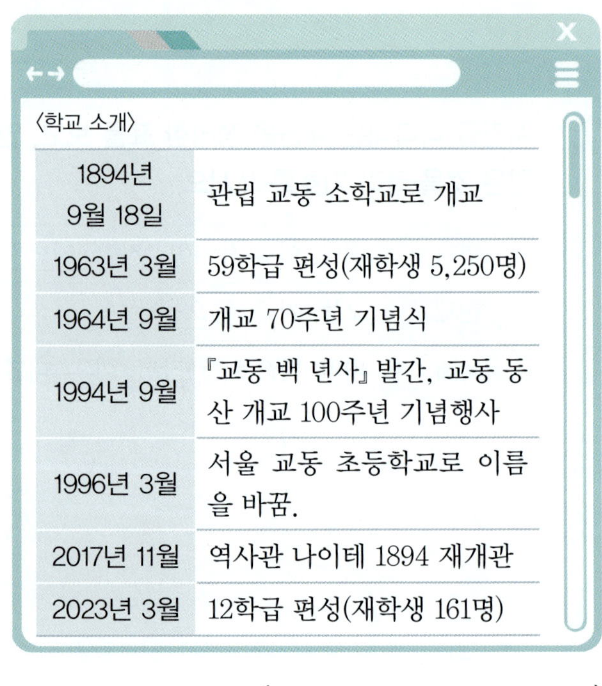

〈학교 소개〉

1894년 9월 18일	관립 교동 소학교로 개교
1963년 3월	59학급 편성(재학생 5,250명)
1964년 9월	개교 70주년 기념식
1994년 9월	『교동 백 년사』 발간, 교동 동산 개교 100주년 기념행사
1996년 3월	서울 교동 초등학교로 이름을 바꿈.
2017년 11월	역사관 나이테 1894 재개관
2023년 3월	12학급 편성(재학생 161명)

( )

15 학교 누리집이나 역사관에서 우리 학교의 역사를 살펴보면 알 수 있는 사실로 알맞지 <u>않은</u> 것은 어느 것입니까? ( )

① 우리 학교의 역사를 알 수 있다.
② 우리 학교의 변화 과정을 알 수 있다.
③ 우리 학교의 미래 발전 모습을 알 수 있다.
④ 우리 학교에 있었던 중요한 일을 알 수 있다.
⑤ 우리 학교의 발전 과정과 옛날 모습을 알 수 있다.

연표를 만들고 소개하기

16 연표에 대해 알맞게 설명한 것에 ◯표, 알맞지 <u>않은</u> 것에 ×표 하시오.

(1) 연표를 사용하면 시간의 흐름을 한눈에 볼 수 있어서 편리합니다. ( )

(2) 역사 연표를 살펴보면 미래의 일을 예측할 수 있습니다. ( )

(3) 연표에 표시된 일들의 간격을 보면 그 사이 에 시간이 얼마나 흘렀는지 알 수 있습니다. ( )

17 연표를 만들 때 가장 먼저 해야 할 일로 알맞은 것 은 어느 것입니까? ( )

① 가장 먼저 일어난 일 표시하기
② 가장 마지막에 일어난 일 표시하기
③ 글, 그림, 사진 등으로 연표 꾸미기
④ 연표에 중간에 일어난 일들 표시하기
⑤ 연표에 표시할 일들을 시간 순서대로 배열하기

18 다음을 읽고, ( ) 안에 들어갈 알맞은 말에 ◯표 하시오.

> 친구들이 만든 역사 연표의 내용이 (같은 , 다른) 까닭은 사람마다 중요하게 생각하는 내 용이 (같기 , 다르기) 때문입니다.

19 다음 초등학교 연표를 보고 알 수 있는 내용으로 알맞지 <u>않은</u> 것은 어느 것입니까? ( )

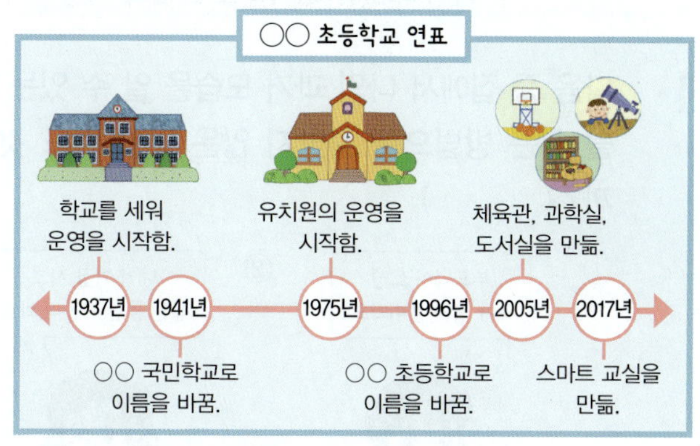

① 1937년에 운영을 시작하였습니다.
② 도서실은 2005년에 만들어졌습니다.
③ 오늘날까지 학교 이름을 한 번 바꿨습니다.
④ 과학실은 스마트 교실보다 먼저 생겼습니다.
⑤ 유치원은 학교가 세워진 뒤에 만들어졌습니다.

20 친구의 연표 소개를 들을 때 생각할 점을 잘못 말한 친구를 골라 이름을 쓰시오.

( )

과거 모습을 알아보는 방법

1 다음 중 집에서 나의 과거 모습을 알 수 있는 흔적을 찾는 방법으로 알맞지 <u>않은</u> 것은 어느 것입니까? (   )

① 

② 

③ 

④ 

2 다음 물건과 물건을 통해 알 수 있는 과거 모습을 선으로 알맞게 연결하시오.

(1) 고무신 •　　•㉠ 학교에 점심 식사를 싸서 다녔음.

(2) 도시락 •　　•㉡ 고무로 만든 신발을 신고 다녔음.

|3~4| 다음 (보기)를 보고, 물음에 답하시오.

(보기)
　㉠ 물건　　㉡ 기록　　㉢ 건축물　　㉣ 증언

3 다음 자료는 과거 모습을 알려주는 자료 중 무엇인지 위의 (보기)에서 찾아 기호를 쓰시오.

> 　　　　　　　　　19××년 4월 7일
> 　학교 수업이 끝나고 운동장에서 야구를 했다. 친구들이 제기차기를 하고 싶다고 해서 야구는 2회까지만 했다.

(　　　　　　　)

4 다음에서 설명하는 과거 모습을 알려주는 자료는 무엇인지 위의 (보기)에서 찾아 기호를 쓰시오.

> 　과거를 직접 경험하였거나 기억하는 사람들의 이야기를 통해서도 과거 모습을 알 수 있습니다.

(　　　　　　　)

오래된 물건과 기록으로 알아보는 과거

5 과거 모습을 알려주는 오래된 물건으로 알맞지 <u>않은</u> 것은 어느 것입니까? (   )

① 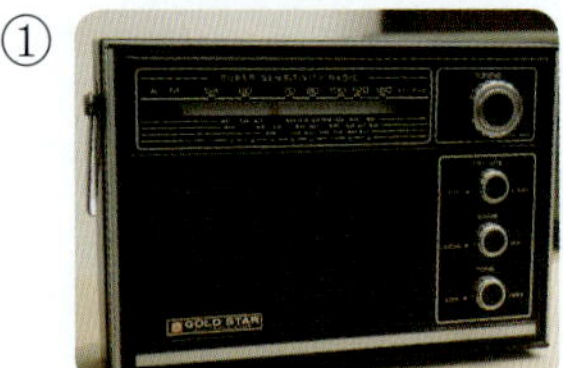
▲ 라디오

②  
▲ 도시락

③ 
▲ 고무신

④ 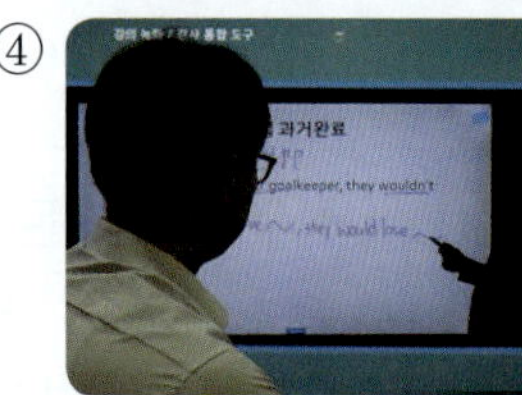
▲ 전자 칠판

6 다음 그림으로 살펴보는 과거 모습으로 알맞은 것을 〈보기〉에서 모두 골라 기호를 쓰시오.

〈보기〉
㉠ 옛날 사람들은 한복을 입었다.
㉡ 갓을 쓴 훈장님이 학생들을 가르쳤다.
㉢ 옛날 서당 학생들은 의자에 앉아서 공부했다.
㉣ 옛날 서당에서는 붓과 벼루, 먹 등을 사용했다.

( )

기록으로 알아보는 과거

7 다음 ( ) 안에 공통으로 들어갈 말을 쓰시오.

> 1597년 9월 16일
> 적선 133척이 우리의 배를 에워쌌다. 지휘선이 홀로 적선 가운데로 들어가 탄환과 화살을 비바람같이 발사했지만, 여러 척의 배들은 바라만 보고서 진격하지 않아 앞일을 헤아릴 수 없었다.
>
> ▲ 『난중( )』

위의 기록은 이순신 장군이 임진왜란 시기에 쓴 ( )입니다. ( )에 쓰인 내용을 통해 당시의 상황과 ( )을/를 쓴 사람의 생각을 알 수 있습니다.

( )

---

8 다음 일기를 읽고, 과거를 나타내는 시간 표현을 모두 골라 기호를 쓰시오.

	☀ ☁ ☂ ⛄

> ㉠ 오늘은 학교에서 운동회를 했다. ㉡ 작년에 달리기 시합에서 꼴등을 했는데 이번에는 꼭 ㉢ 1등을 하려고 열심히 연습을 했다. 그런데 ㉣ 어제 연습을 많이 해서 그런지 오늘 달리기를 하다가 다리에 힘이 풀려서 넘어졌다.
> 내가 속상해서 울고 있으니, 선생님께서 내 팔에 1등 도장을 찍어주셨다.

( )

9 다양한 자료에서 역사적 사실을 선택할 때 가져야 할 자세로 알맞은 것에 ○표 하시오.

⑴ 과거 모습을 찾아볼 때는 한 가지 자료만 찾아보면 됩니다. ( )

⑵ 역사적 사실을 선택할 때는 다양한 자료를 찾아보고, 근거가 더 명확한 사실을 선택해야 합니다. ( )

10 다음 편지를 읽고 알 수 있는 사실로 알맞은 것을 골라 ○표 하시오.

> 현중이에게
> 우리 학교에서는 10월 18일에 소풍을 다녀왔다. 전학 간 국민학교에서도 소풍을 갔다 왔느냐?
> 아직은 낯설겠지만 하루빨리 새 학교에 정을 들여 열심히 공부하여라.
> 1967년 10월 28일
> 영현이가

⑴ 우리가 현장 체험 학습을 가는 것처럼 옛날에도 소풍을 갔습니다. ( )

⑵ 옛날에도 초등학교라는 이름을 사용했습니다. ( )

11 다음과 같이 과거 모습을 알아볼 수 있는 기록은 무엇인지 쓰시오.

> ○○신문　　　　　2012년 3월 24일
>
> **주5일 수업 전면 시행**
> **○○ 초등학교, 학부모와 학생 대다수가 만족**
> 　○○ 초등학교 5학년에 재학 중인 김동아 군은 토요일에 학교에 가지 않고, 가족들과 나들이를 떠날 수 있어서 신난다고 답하였다.

（　　　　　　　　）

12 다음 (　　　) 안에 공통으로 들어갈 말을 쓰시오.

> 　오른쪽의 사진은 우리 지역에서 볼 수 있는 오래된 건축물의 모습입니다.
> 　옛날 사람들은 적의 침입을 막기 위해 (　　　)을/를 쌓았습니다.

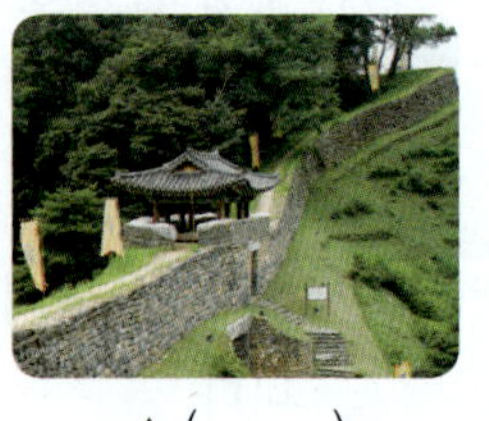
▲ (　　　)

（　　　　　　　　）

13 오른쪽 건축물에 대한 설명으로 알맞은 것은 어느 것입니까? (　　　)

▲ 물레 방앗간

① 곡식을 수확할 때 도움을 주는 곳이다.
② 물레방아는 바람의 힘을 이용했던 기구다.
③ 물고기를 잡기 위해 사용하는 도구가 있다.
④ 물의 힘을 이용해 곡식을 찧거나 빻는 곳이다.
⑤ 기차를 타고 다른 곳으로 이동할 때 가는 곳이다.

14 다음과 같이 우리 지역의 과거 모습을 알아볼 수 있는 자료는 무엇인지 쓰시오.

（　　　　　　　　）

15 다음 ㉠, ㉡에 들어갈 말이 알맞게 짝지어진 것은 어느 것입니까? (　　　)

> 　옛날에는 (　㉠　)이/가 없었어. 대신 빨랫감을 물에 적시고, (　㉡　)(으)로 만든 빨랫방망이를 이용하여 빨랫감을 두드려서 때를 뺐단다.

	㉠	㉡
①	건조기	나무
②	건조기	청동
③	다리미	청동
④	세탁기	나무
⑤	세탁기	청동

16 우리 주변의 과거 모습을 조사하는 과정 중 가장 마지막에 해야 할 일을 골라 기호를 쓰시오.

> ㉠ 조사 계획 세우기
> ㉡ 조사 보고서 작성하기
> ㉢ 조사 계획에 따라 과거 모습 조사하기
> ㉣ 조사할 주제에 맞는 조사 방법 선택하기

(   )

17 다음 중 인터넷을 활용하여 과거 모습을 알려주는 자료를 찾는 모습을 골라 ○표 하시오.

(1)  (2) 

(   )   (   )

18 다음 그림을 보고, 과거 모습을 알아보는 방법 중 무엇인지 (보기)에서 골라 기호를 쓰시오.

(보기)

> ㉠ 박물관에서 과거 모습을 알려주는 자료 사진 찍어오기
> ㉡ 과거 모습에 대해 잘 아는 주변 어른께 여쭤어보기

(   )

19 과거 모습을 조사할 때 주의할 점을 알맞게 말한 친구를 골라 이름을 쓰시오.

▲ 민서   ▲ 현진

(   )

20 다음 중 과거 모습 조사 보고서에 들어갈 내용으로 알맞지 <u>않은</u> 것은 어느 것입니까? (   )

① 주사 주제	부모님의 어린 시절
② 조사 방법	부모님께 여쭈어보기
③ 조사한 자료	
④ 알게 된 점	• 엄마는 집 밖에서 돌, 나뭇잎 등을 가지고 소꿉놀이를 하셨습니다. • 부모님 어릴 적에 드셨던 간식은 지금의 간식과 비슷합니다.
⑤ 주의할 점	• 질문할 내용을 미리 적어 둡니다. • 오래된 물건이 훼손되지 않도록 조심합니다.

1 다음 (　　) 안에 들어갈 알맞은 말을 쓰시오.

> (　　　)은/는 어떤 특징이나 기준에 따라 범위를 나눈 땅을 말합니다.

(　　　　　　　　)

2 사진으로 살펴본 우리 지역의 변화 모습과 설명을 선으로 알맞게 연결하시오.

(1)　　　　　　　　(2)

•　　　　　　　　•

•　　　　　　　　•

ⓐ　　　　　　　　ⓑ

> ⓐ 옛날에는 한강 모래밭에서 사람들이 놀거나 물놀이를 즐겼습니다.

> ⓑ 오늘날에는 한강 주변 공원에서 사람들이 쉬거나 놀이를 즐깁니다.

3 다음은 우리 지역의 옛날 모습 사진에 대한 설명으로 알맞은 것을 골라 ○표 하시오.

⑴ 항구를 통해서 외국 사람들과 물건들이 우리 지역에 들어왔습니다.　　　　(　　　)

⑵ 오늘날 우리 지역에는 높은 건물이 빽빽하게 들어섰습니다.　　　　　　(　　　)

4 지역의 변화 모습을 살펴보면 알 수 있는 점으로 알맞지 <u>않은</u> 것은 어느 것입니까? (　　　)

① 시간이 흐르면서 지역은 계속 변화한다.

② 지역의 변화 과정에서 새로운 모습이 생기기도 한다.

③ 지역의 변화 과정에서 과거의 모습 중 일부는 사라지기도 한다.

④ 지역의 변화에 따라 그곳에 사는 사람들의 생활 모습도 달라진다.

⑤ 지역의 변화 과정에서 오늘날까지 내려오는 과거의 모습은 찾아볼 수 없다.

자료로 살펴보는 지역의 변화

5 자료로 살펴보는 지역의 변화에 대해 알맞게 설명한 것에 ○표, 알맞지 <u>않은</u> 것에 ×표 하시오.

(1) 지역의 유래나 역사를 기록한 책을 찾아보면, 지역이 어떻게 변화해 왔는지 알 수 있습니다.

( )

(2) 같은 시기에 찍은 사진을 비교해 보면, 지역이 어떻게 변화하였는지 알 수 있습니다.

( )

6 우리 지역의 변화를 보여주는 자료로 알맞지 <u>않은</u> 것은 어느 것입니까? ( )

① 지역의 유래나 역사를 기록한 책
② 지역의 시기별 모습을 설명한 영상
③ 다른 시기에 찍은 우리 지역의 사진
④ 우리나라에서 가장 오래된 세계 지도
⑤ 우리 지역에 전해 내려오는 옛이야기

7 다음 옛이야기의 ( ) 안에 공통으로 들어갈 지명은 어느 것입니까? ( )

( ) 이야기

이 지역은 옛날부터 서울을 오가던 사람들이 들르던 길목이었습니다. 옛날 사람들은 이곳에서 쉬며, 먼 길을 타고 온 말에게 죽을 끓여 먹였습니다. 그 후 사람들은 이곳을 '( )'(이)라고 불렀습니다. 교통이 발달하면서 예전 모습은 사라졌지만, ( )(이)라는 이름은 오늘날까지 이어져 오고 있습니다.

① 종로　　② 잠실　　③ 병점
④ 얼음골　　⑤ 말죽거리

8 지역의 옛이야기를 읽고 알 수 있는 점을 (보기)에서 모두 골라 기호를 쓰시오.

(보기)
㉠ 우리 지역의 역사
㉡ 우리 지역의 유래
㉢ 오늘날 우리 지역의 인구수
㉣ 옛날 우리 지역의 자연환경

( )

지역의 변화 조사 과정

9 다음 ㉠~㉢을 지역의 변화를 조사하는 과정에 맞게 순서대로 기호를 쓰시오.

㉠ 지역의 변화 조사하기
㉡ 지역의 변화 조사 계획 세우기
㉢ 지역의 변화와 생활 모습 정리하기

( ) → ( ) → ( )

10 지역의 변화를 조사할 때 주의할 점을 알맞게 말한 친구를 골라 ○표 하시오.

(1)

(2)

( )　　　　( )

11 다음 (   ) 안에 공통으로 들어갈 말을 쓰시오.

(   )은/는 전문적인 지식을 갖추고 지역의 역사, 문화를 알리는 일을 하는 사람을 말합니다. 우리 지역의 변화를 조사하기 위해서 지역의 역사에 대해 (   )의 설명을 듣고, 궁금한 점을 질문할 수 있습니다.

(   )

12 지역의 변화 조사 보고서에 들어갈 내용으로 알맞지 <u>않은</u> 것은 어느 것입니까? (   )

① 조사 목적	우리 지역 사람들의 달라진 생활 모습 살펴보기
② 조사 날짜	20△△년 ○○월 □□일
③ 조사 방법	• 지역과 관련된 책 찾아보기 • 지역의 구청 누리집 검색하기
④ 조사할 내용	• 우리 지역의 옛날 모습 • 우리 지역에서 옛날부터 오늘날까지 그대로 이어져 내려온 것
⑤ 알게 된 점	• 우리 지역의 지명 유래와 우리 지역에 옛날부터 오늘날까지 그대로 이어져 내려온 모습을 알게 되었음. • 우리 지역이 많은 변화를 겪으면서 옛날과 달라졌다는 것을 알게 되었음.

13 우리 지역의 변화와 달라진 생활 모습을 표현하는 방법으로 알맞은 것을 (보기)에서 모두 골라 기호를 쓰시오.

(보기)
㉠ 책자 만들기
㉡ 박물관 견학하기
㉢ 노랫말 바꿔 부르기
㉣ 텔레비전 뉴스 시청하기

(   )

14 우리 지역의 변화를 소개하는 자료에 들어갈 내용으로 알맞지 <u>않은</u> 것은 어느 것입니까? (   )

① 우리 지역에 예전에 있던 것
② 우리 지역에 사는 사람들의 이름
③ 우리 지역에 오늘날 새로 생긴 것
④ 우리 지역 사람들의 달라진 생활 모습
⑤ 우리 지역에 옛날부터 이어져 내려오는 것

15 다음과 같이 우리 지역의 변화와 달라진 생활 모습을 소개하는 방법은 무엇인지 쓰시오.

(   )

단원 평가 Ⓑ 단계

2. 일상에서 만나는 과거

맞은 개수 /20

1 다음 그림을 통해 알 수 있는 사실로 알맞은 것은 어느 것입니까? (　　　)

▲ 초등학교 입학 전　　▲ 초등학교 3학년이 됨.

① 공간의 변화
② 시간의 흐름
③ 우리 지역의 역사
④ 학교의 과거 모습
⑤ 생활에 도움을 주는 장소

2 시간을 나타내는 표현에 대한 설명으로 알맞지 <u>않</u>은 것은 어느 것입니까? (　　　)

① 100년 동안의 시간은 세기라고 표현한다.
② 시간을 표현하는 말로 어떤 일이 일어난 까닭을 알 수 있다.
③ 시간을 표현하는 말로 과거의 일기가 언제 쓰였는지 알 수 있다.
④ 시간을 표현하는 말로 어떤 일이 얼마 동안 계속됐는지 알 수 있다.
⑤ 시간을 표현하는 말로 어떤 일이 지금으로부터 얼마나 오래전에 일어났는지 알 수 있다.

3 다음 (　　　) 안에 공통으로 들어갈 시간 표현을 쓰시오.

> • (　　　　)은/는 100년 동안을 세는 단위입니다.
> • 1789년은 18(　　　　)에 해당합니다.
> • 오늘은 21(　　　　)에 해당합니다.

(　　　　　　　　　　)

| 4~5 | 다음을 보고, 물음에 답하시오.

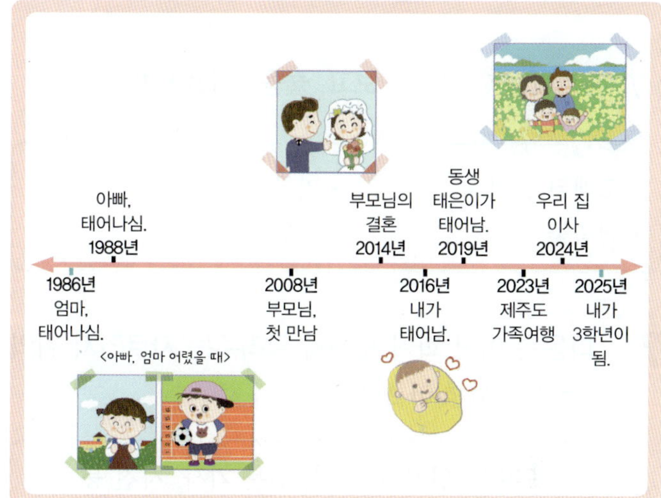

4 위와 같이 일이 일어난 순서대로 배열하여 알아보기 쉽게 나타낸 것은 무엇인지 쓰시오.

(　　　　　　　　　　)

5 위의 자료를 보고 알 수 있는 점을 <u>잘못</u> 말한 친구의 이름을 쓰시오.

> • 상욱: 가족에게 일어난 사건을 시간 흐름대로 볼 수 있어.
> • 진희: 가족에게 일어난 사건을 내가 중요하다고 생각하는 순서대로 기록한 표야.
> • 준호: 표시된 일들의 간격을 보면 그 사이에 시간이 얼마나 흘렀는지 알 수 있어.

(　　　　　　　　　　)

6 다음 중 과거 모습을 알려주는 자료에 대해 <u>잘못</u> 말한 친구의 이름을 쓰시오.

> • 혜인: 과거 모습을 알려 주는 자료에는 오래된 일기, 노랫말, 편지와 같은 기록 등이 있어.
> • 승훈: 과거의 모습은 하나뿐이기 때문에 과거의 사실을 알려주는 자료의 내용은 모두 똑같아.
> • 정한: 과거 모습을 알려주는 자료를 살펴보면 과거 사람의 생활 모습과 생각 등을 알 수 있어.

(   )

|7~8| 다음 (보기)를 보고, 물음에 답하시오.

> (보기)
> • 오래된 물건   • 기록
> • 건축물   • 증언

7 다음은 어떤 과거 모습을 알려주는 자료인지 위의 (보기)에서 찾아 쓰시오.

> 편지, 일기, 노랫말, 신문 기사, 사진 등

(   )

8 다음을 읽고, 과거 모습을 알려주는 어떤 자료인지 위의 (보기)에서 찾아 쓰시오.

(   )

9 다음 우리 주변의 오래된 물건과 물건을 통해 알 수 있는 점을 선으로 알맞게 연결하시오.

(1)　　　　　　　　(2)

•　　　　　　　　•

•　　　　　　　　•

㉠　　　　　　　　㉡

| 카세트에 넣어 음악을 들었음. | 옷을 직접 만들거나 고칠 때 사용했음. |

10 서로 다른 자료에서 역사적 사실을 선택할 때 가져야 할 자세를 쓰시오.

____

____

____

11 우리 주변의 과거 모습을 조사하는 방법으로 알맞은 것을 〈보기〉에서 골라 기호를 쓰시오.

〈보기〉
㉠ 가장 친한 친구에게 물어보기
㉡ 민속촌이나 옛 건축물에 방문하기
㉢ 우리 주변의 오래된 물건 찾아보기
㉣ 신문 기사, 사진 등 과거의 기록 찾아보기

(   )

|12~13| 다음은 우리 지역 한강의 변화를 살펴보기 위해 찾은 사진입니다. 물음에 답하시오.

(가)    (나) 

12 위의 (가), (나)를 옛날과 오늘날의 모습을 보여주는 사진으로 구분하여 각각 기호를 쓰시오.

(1) 옛날: (   )
(2) 오늘날: (   )

서술형

13 위의 (가), (나)를 보고 알 수 있는 지역의 변화 모습을 쓰시오.

____

____

____

14 다음 ( ) 안에 들어갈 알맞은 말을 골라 ○표 하시오.

(영상 , 옛이야기)을/를 보면 자막이나 음성 설명과 함께 지역 변화를 살펴볼 수 있습니다.

15 다음 책을 읽고 알 수 있는 점으로 알맞지 <u>않은</u> 것은 어느 것입니까? (   )

파주의 옛 뱃길과 나루터

경기도 파주시에는 옛날에 임진강 뱃길을 오가는 크고 작은 나루터가 많았습니다. 옛날 사람들은 주로 배를 타고 임진강을 건너거나 물건을 옮겼습니다. 그래서 나루터 주변에는 항상 많은 사람과 물건이 모여들었습니다.

도로가 발달하고 사람들이 자동차를 이용하게 되면서, 배를 타고 이동하거나 물건을 옮기는 일이 점점 줄어들게 되었습니다. 오늘날 임진강의 나루터는 주로 강에서 물고기를 잡는 어부들만 이용하는 곳이 되었습니다.

① 옛날 임진강에는 나루터가 많았다.
② 오늘날 나루터는 사람들이 이용하지 않는다.
③ 옛날 나루터 주변에는 많은 사람과 물건이 모였다.
④ 나루터는 배를 타는 사람들이 주로 이용하는 곳이다.
⑤ 오늘날에는 도로가 발달하여 나루터를 이용하는 사람이 줄어들었다.

| 16~17 | 다음 옛이야기를 읽고, 물음에 답하시오.

(   ) 이야기(경기도 화성시)

이 지역은 서울에서 충청도, 경상도, 전라도로 통하는 길목에 있습니다. 옛날에 이곳을 거쳐 가는 사람들이 늘어나자, 이들에게 떡을 파는 가게들이 점점 생겨났습니다. 사람들은 이곳을 '떡전 거리', 혹은 한자로 떡을 파는 가게를 뜻하는 말인 '(   )'(이)라고 불렀습니다.

떡 가게가 모여있던 옛 모습은 사라졌지만 '(   )'(이)라는 지명은 오늘날까지 이어져 오고 있습니다.

16 위의 옛이야기의 (   ) 안에 공통으로 들어갈 지명을 쓰시오.

(   )

서술형

17 위의 옛이야기를 통해서 알 수 있는 사실을 한 가지만 쓰시오.

____

____

18 우리 지역의 옛이야기가 중요한 까닭으로 알맞지 **않은** 것은 어느 것입니까? (   )

① 지역의 고유한 특징을 알 수 있어서
② 우리 지역의 정확한 위치를 알 수 있어서
③ 오늘날 우리 지역의 유래를 알 수 있어서
④ 옛날 우리 지역의 자연환경을 알 수 있어서
⑤ 옛날 우리 지역 사람들의 생활 모습을 알 수 있어서

19 지역의 변화 조사 과정에 따라 해야 할 일을 알맞게 말한 친구를 (보기)에서 골라 기호를 쓰시오.

(보기)
㉠ 영지: 조사 계획을 세울 때는 보고서를 작성해야 해.
㉡ 유준: 지역에 오래 사신 어른의 이야기를 듣는 것도 조사 방법 중 하나야.
㉢ 성주: 우리가 찾아보는 모든 자료는 믿을 수 있어.

(   )

20 다음과 같이 우리 지역의 변화를 소개하는 방법은 무엇입니까? (   )

① 신문 만들기   ② 책자 만들기
③ 사진 전시하기   ④ 동영상 만들기
⑤ 노랫말 바꿔 부르기

하루 4쪽, 공부 효율 1등
초등 공부는 백점

22 개정 교육과정 완벽 반영

자기주도학습을 위한
하루 4쪽 학습

문해력 강화를 위한
교과 어휘 학습

학교 시험 대비
수준별 단원 평가

백점 **사회** 3·1

초등학교   학년   반   번   이름

백점

사회 3·1

해설북

- 한눈에 보이는 **정확한 답**
- 한번에 이해되는 **자세한 풀이**

모바일
빠른 정답

동아출판

○ 해설북 구성과 특징

1 **다양한 보충 설명**이 있습니다.
문제 관련 내용을 깊이 있게 이해할 수 있도록 '문제 속 개념', '왜 답이 아닐까' 등의 보충 설명 제시

2 **자세한 서술형 풀이**가 있습니다.
편리한 서술형 문제 채점을 위해 '채점 기준'과 '채점 TIP', '이런 답도 가능해' 등의 구체적인 풀이 제시

○ 차례

○ 백점 사회 빠른 정답

QR코드를 찍으면 **정답과 풀이**를 쉽고 빠르게 확인할 수 있습니다.

1. 우리가 사는 곳

1회 문제 학습
10~11쪽

1 장소 **2** 병원 **3** 여가 **4** 자연

5 ④ **6** ① **7** (1) ㉡ (2) ㉠ **8** 놀이터

9 다온 **10** 예 캠핑장, 해수욕장 **11** (1) ㉡, ㉢ (2) ㉠, ㉣ **12** 공항 **13** ③

5 우리가 생활하는 모든 곳을 장소라고 합니다.

6 가족과 함께 등산을 할 수 있는 고장의 장소는 산입니다.

문제 속 개념
다양한 장소에서의 경험

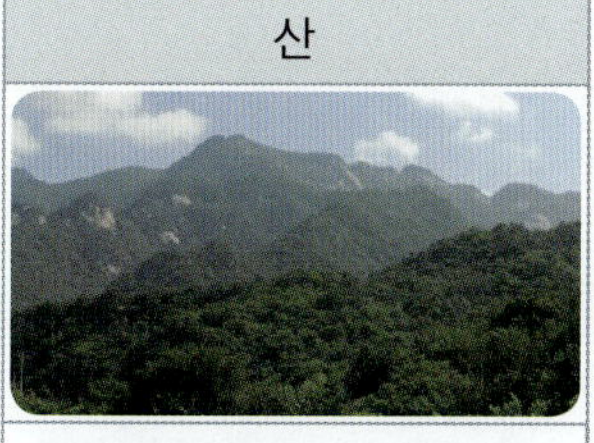
산

등산로를 따라 사람들이 산에 오름.

강

강에서 엄마, 아빠와 오리 배를 탔음.

학교

교실에서 친구들과 함께 공부하고 운동장에서 재미있게 놀았음.

놀이터

친구들과 미끄럼틀을 타며 즐거운 시간을 보냈음.

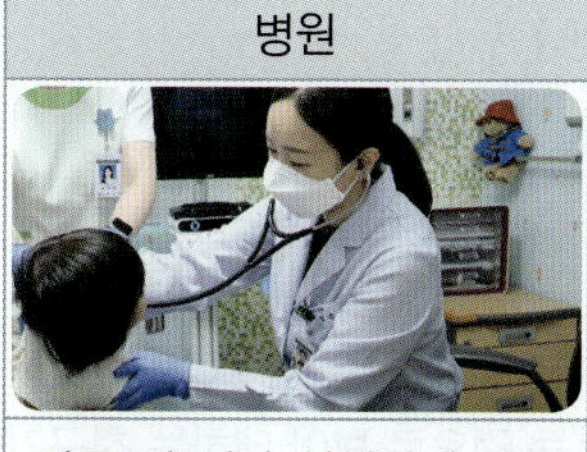
병원

아플 때 의사 선생님께 진료를 받았음.

기차역

기차를 타고 멀리 사시는 할머니 댁에 갔음.

도서관

주말에 친구들과 책을 읽었음.

버스 터미널

친척의 결혼식에 가기 위해 버스를 탔음.

7 학교는 친구들과 함께 공부하고 운동장에서 놀 수 있는 곳이고, 문구점은 공부할 때 필요한 학용품과 수업 준비물을 사는 곳입니다.

8 놀이터에서는 친구들과 미끄럼틀을 타며 즐거운 시간을 보낼 수 있습니다.

9 시장에 가면 필요한 물건을 살 수 있고, 맛있는 음식을 먹을 수 있습니다.

왜 답이 아닐까?

하니 – 기차를 타고 이동하는 것은 기차역에서 할 수 있는 경험입니다.
재원 – 친구들과 미끄럼틀을 타는 것은 놀이터에서 할 수 있는 경험입니다.
혜인 – 엄마, 아빠와 오리 배를 타는 것은 강에서 할 수 있는 경험입니다.

10 우리 주변의 다양한 장소 중 여가를 즐기는 장소에는 공원, 놀이터, 캠핑장, 해수욕장 등이 있습니다.

11 (1) 공부하는 장소에는 학교, 학원, 도서관 등이 있고, (2) 아플 때 치료받는 장소에는 병원, 치과 등이 있습니다.

채점 기준		
	상	여가 활동을 즐기는 장소의 이름을 두 가지 모두 알맞게 쓴 경우
	중	여가 활동을 즐기는 장소의 이름을 한 가지만 알맞게 쓴 경우

12 비행기를 타고 다른 고장이나 다른 나라로 갈 수 있는 장소는 공항입니다.

13 장소 카드에는 장소 이름, 설명, 장소에 대한 생각이나 느낌(경험) 등을 중심으로 장소 카드를 만듭니다. ③ 장소의 날씨는 장소 카드에 들어갈 내용으로 적절하지 않습니다.

2회 문제 학습   14~15쪽

1 사진   **2** 체험 학습 보고서   **3** 만화   **4** 그림

5 ②, ④   **6** 체험 학습 보고서   **7** 캠핑장

8 (1) ⓒ (2) ㉠   **9** 만화   **10** (2) ○   **11** (2) ○   **12** **예** 장소에 관한 내용의 기사를 씁니다.   **13** 유준

---

5 자신이 쓴 일기장이나 사진 등을 살펴보면 장소에 대한 경험을 떠올리기 쉽습니다.

6 제시된 글은 체험 학습 보고서를 말합니다.

> **문제 속 개념**
>
> **주변 장소에서의 경험을 떠올리는 방법**
>
> | 일기장 살펴보기 | 일상생활에서 경험한 일을 중심으로 여러 장소를 떠올릴 수 있음. |
> | --- | --- |
> | 사진 살펴보기 | 사진을 찍었던 장소에서의 경험을 중심으로 여러 장소를 떠올릴 수 있음. |
> | 체험 학습 보고서 살펴보기 | 체험 학습 장소에서 어떤 경험을 하였는지 떠올릴 수 있음. |

7 제시된 그림은 가족들과 캠핑장에서의 경험을 그린 그림입니다.

> **문제 속 개념**
>
> **장소에 대한 여러 가지 경험**

친구와 집 근처 공원에서 시소를 타고 놀았음.

아빠와 함께 마트에 가서 장을 봤음.

가족들과 캠핑장에서 맛있는 음식을 먹으며 놀았음.

친구들과 물놀이장에서 재미있게 물놀이를 하였음.

8 ㉠은 도서관에서 할 수 있는 경험, ⓒ은 편의점에서 할 수 있는 경험입니다.

9 제시된 자료는 가족들과 공원에서의 경험을 만화로 표현한 것입니다.

> **문제 속 개념**
>
> **주변 장소에서의 경험을 표현하는 방법**
>
> | 노랫말 바꾸기 | 장소에서의 경험을 노랫말로 표현하고 불러봄. |
> | --- | --- |
> | 만화 그리기 | 자신의 경험을 여러 장면의 만화로 나누어 표현함. |
> | 그림 그리기 | 머릿속에 떠오르는 주변 장소의 모습을 지도처럼 그려서 나타냄. |
> | 신문으로 표현하기 | 주변 장소를 소개하는 내용을 담아 신문을 만듦. |
> | 글로 표현하기 | 장소에서의 경험을 글로 자세하게 풀어서 나타냄. |

10 (2)는 향교, 산, 공원이 모두 그려져 있는 그림입니다.

11 고장에서의 경험을 그림으로 표현할 때는 고장에 실제 있는 장소에서의 경험을 그려야 합니다.

> **문제 속 개념**
>
> **그림 그리기**
> - 머릿속에 떠오르는 주변 장소의 모습을 지도처럼 그려서 나타냅니다.
> - 그림을 그릴 때는 주변의 모든 장소를 그리지 않아도 되고, 주변 장소에서 보았던 것을 자유롭게 그립니다.

12 이 밖에도 우리가 사는 곳에 있는 여러 장소를 떠올려 그림을 그립니다.

> **채점 tip** 제시된 예시 답안을 알맞게 쓴 경우 정답으로 합니다.

> **이런 답도 가능해!**
>
> 주변 장소를 홍보하는 내용을 담아 광고를 만듭니다.

13 태하는 가족들과 함께 캠핑장에 방문하였습니다. 태하는 캠핑장에 자주 방문하여 야외에서 잠을 자는 것에 익숙해졌습니다.

> **왜 답이 아닐까?**
>
> 선영 – 블로그 글에서 "가족들과 함께 맛있는 고기를 숯불에 구워 먹는 특별한 경험을 했다."는 것으로 보아 태하는 친구가 아닌 가족들과 함께 캠핑장에 방문하였다는 것을 알 수 있습니다.

1 중심　**2** 생각　**3** 느낌　**4** 비교

5 (1) ㉡　(2) ㉢　**6** ⒠ 잘 아는 장소, 평소에 자주 가는 장소를 중심으로 그릴 수 있습니다.　**7** ⑵ ○　**8** ④　**9** ⑴ ○　**10** ⑤　**11** ㉠, ㉢　**12** 성빈　**13** ㉢

5 주변 장소의 모습을 그릴 때는 먼저 여러 장소 중 어떤 장소를 그릴지 정한 후 그림으로 그립니다. 그리고 장소에 대한 생각과 느낌을 다양한 방법으로 나타냅니다.

문제 속 개념

주변 장소의 모습을 그리는 과정

❶ 무엇을 중심으로 우리가 사는 곳을 그릴지 정하기

좋아하는 장소, 평소에 자주 가는 장소, 잘 아는 장소, 다른 사람에게 알리고 싶은 장소 등 무엇을 중심으로 장소를 그릴지 정합니다.

⬇

❷ 떠올린 장소들을 중심으로 주변의 모습 그리기

주변에 실제로 있는 장소들을 그리고, 장소의 이름을 씁니다.

⬇

❸ 장소에서의 경험이나 장소에 대한 느낌 표현하기

• 장소에서의 경험을 간단한 그림으로 나타냅니다.
• 장소에 대한 느낌을 단어, 표정, 그림 등으로 표현합니다.

6 이 밖에도 좋아하는 장소, 다른 사람들에게 알리고 싶은 장소 등을 중심으로 그릴 수 있습니다.

채점 기준	상	주변 장소의 모습을 그릴 때 기준을 두 가지 모두 알맞게 쓴 경우
	중	주변 장소의 모습을 그릴 때 기준을 한 가지만 알맞게 쓴 경우

7 머릿속에 떠오르는 장소를 그리기 때문에 고장의 모습인 위치가 정확하지 않고 그리는 사람에 따라서 모습이 다를 수 있습니다.

8 ④ 우리 주변 장소의 모습을 그린 그림을 보고, 친구가 여행을 가고 싶은 나라는 어디인지 질문하는 것은 적절하지 않습니다.

9 ⑵ 두 그림을 모두 살펴보아야 공통점과 차이점을 찾아서 비교할 수 있습니다.

문제 속 개념

그림을 비교하는 방법

• 비교하는 두 개의 그림에 모두 그려진 장소를 찾아보기
• 같은 장소를 어떻게 다르게 그렸는지 살펴보기
• 비교하는 우리 주변 장소의 그림 중 한 곳에만 그려진 장소 찾아보기

10 ⑤ 고장의 모습을 그린 그림을 비교할 때에는 그림의 모습만 살펴보아야 합니다.

문제 속 개념

우리 주변 장소의 그림 비교하기

▲ 이서의 그림

▲ 재이의 그림

공통점	• 두 친구 모두 길을 그렸음. • 두 친구 모두 각자의 집을 중심으로 주변 장소들을 그렸음.
차이점	• 두 친구는 서로 다른 장소를 그리기도 하였음. • 이서는 분식집에 떡볶이를, 재이는 김밥을 그렸음. • 이서는 학교에 운동장을 그렸지만, 재이는 그리지 않았음. • 이서는 공원에서 산책하는 모습을, 재이는 자전거 타는 모습을 그렸음.

11 ㉡ 놀이터는 이서의 그림, ㉢ 국민 체육 센터는 재이의 그림에만 나타난 장소입니다.

12 성빈이는 다른 사람들에게 알리고 싶은 장소를 중심으로 그림을 그렸습니다.

13 ㉠ 그림에 나타난 우리 주변의 장소들을 모두 비교해야 합니다. ㉡ 우리 주변 장소의 모습이 서로 다르다고 해서 비난하지 말아야 합니다.

문제 속 개념

친구들의 그림을 비교할 때 주의할 점

• 주변의 여러 장소 중 어떤 곳들을 표현하였는지 비교합니다.
• 작품 속에 담겨 있는 친구들의 경험과 느낌을 비교합니다.

◐ 4회 **문제** 학습 — 22~23쪽

1 소개 **2** 경험 **3** 태도 **4** 이해
5 그림 **6** 미나 **7** (1) ○ **8** ② **9** (2) ○ **10** (1) ○ **11** 예 사람마다 기억하는 것이 다르기 때문입니다. **12** 도서관 **13** ②

5 제시된 자료는 주변 장소를 그린 그림입니다.

6 제시된 그림은 학교, 문구점, 편의점, 놀이터, 소방서 등 여러 장소를 큰 사거리와 도로를 중심으로 나타냈습니다. 집은 나타나 있지 않습니다.

7 (2) 친구의 주변 장소 소개를 들어 보면 친구가 좋아하는 장소나 자주 가는 곳 등 친구들의 경험이나 관심 있는 것들에 대해서 알 수 있습니다.

> **문제 속 개념**
> **우리가 사는 곳에 있는 여러 장소 소개하기**
>
> 
>
>
> • 우리가 사는 곳의 여러 장소를 소개할 때는 어떤 방법으로 장소를 표현했는지 설명해야 합니다.
> • 주변 장소의 그림을 소개할 때는 내가 그린 장소에 대한 설명과 장소를 어떻게 표현했는지 이야기합니다.

8 친구들이 그린 주변 장소 소개를 들으면 사람마다 생각하는 장소의 모습이 다양하고, 공통점과 차이점이 있다는 것을 알 수 있습니다.

> **문제 속 개념**
> **친구들의 주변 장소 소개를 듣고 알 수 있는 점**
> • 주변에 있는지 몰랐던 장소를 알 수 있습니다.
> • 우리가 사는 곳에 대한 친구들의 생각을 알 수 있습니다.
> • 친구들이 우리 주변의 장소에서 어떤 경험을 하였는지 알 수 있습니다.
> • 친구가 좋아하는 장소나 자주 가는 곳 등 친구들의 경험이나 관심 있는 것들에 대해서 알 수 있습니다

9 (1) 사람마다 장소에 대해 기억하는 것이 다르기 때문에 장소에 대한 생각이나 느낌이 서로 다릅니다.

10 (1) 놀이터에서 다쳤던 기억이 있어서 놀이터에 대한 경험이 좋지 않습니다.

> **문제 속 개념**
> **장소에 대한 생각이나 느낌이 서로 다른 까닭**
>
> 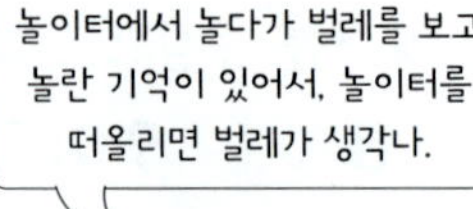
>
>
> • 사람마다 기억하는 것이 다르기 때문입니다.
> • 같은 장소에서의 경험이 사람마다 다르기 때문입니다.
> • 사람마다 같은 장소에 대한 감정이나 태도가 다르기 때문입니다.

11 이 밖에도 같은 장소에서의 경험이 사람마다 다르고, 사람마다 같은 장소에 대한 감정이나 태도가 다르기 때문입니다.

채점 기준	상	제시된 예시 답안 중 한 가지를 알맞게 쓴 경우
	중	장소에 대한 생각이나 느낌이 다른 까닭을 썼으나 다소 모호한 경우

12 도서관은 책을 빌리거나 읽을 수 있는 고장의 장소입니다.

13 장소에 대한 서로 다른 생각과 느낌을 존중해야 합니다.

> **문제 속 개념**
> **장소에 대한 서로 다른 생각과 느낌을 대하는 태도**
> • 장소에 대한 생각과 느낌은 다양하다는 것을 알 수 있습니다.
> • 장소에 대한 서로 다른 생각과 느낌을 이해하고 존중해야 합니다.
>
> 
>

1 장소　　**2** 박물관　　**3** 공공 기관　　**4** 행정 복지 센터

---

5 (1) ㉡ (2) ㉠　　**6** ④　　**7** ⑤　　**8** 약국

9 ⑤　　**10** ㉣　　**11** 예 영화관은 국가가 아닌 기업이 세운 곳이기 때문입니다.　　**12** ㉡, ㉢

13 ⑤

5 ㉠ 산책을 하는 모습은 공원, 역사 유물을 보는 모습은 박물관에서 볼 수 있습니다.

6 체육관은 운동하는 공간을 제공하고, 건강을 위한 프로그램을 운영합니다.

7 ① 공원은 휴식하거나 산책할 수 있는 장소, ② 약국은 다치거나 아플 때 약을 살 수 있는 곳, ③ 소방서는 화재를 예방하고 응급 환자를 구조하는 곳, ④ 버스 터미널은 다른 지역으로 가는 버스를 탈 수 있는 곳입니다.

① 다치거나 아플 때 약을 살 수 있는 장소는 약국입니다.
② 싱싱한 해산물, 채소, 과일 등을 살 수 있는 장소는 시장입니다.
③ 범죄를 예방하고 교통질서를 유지하는 장소는 경찰서입니다.
④ 다른 지역으로 가는 비행기를 탈 수 있는 장소는 공항입니다.

8 제시된 글은 약국에 대한 설명입니다.

건강 및 의료와 관련된 장소

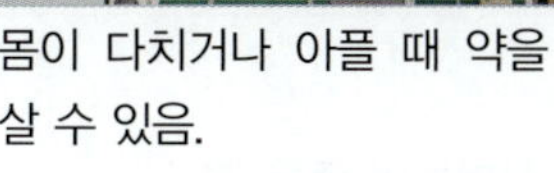

약국 | 몸이 다치거나 아플 때 약을 살 수 있음.

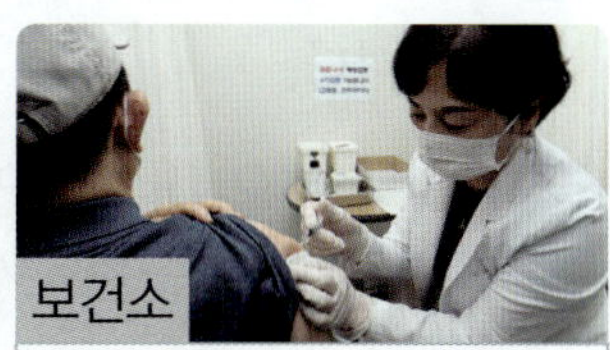

보건소 | 예방 접종과 방역 활동으로 질병을 미리 막아 사람들의 건강을 지킴.

9 버스 터미널과 공항은 이동할 때 도움을 주는 장소입니다.

① 안전과 관련된 장소는 경찰서, 소방서 등이 있습니다.
② 교육 및 문화와 관련된 장소는 도서관, 박물관, 미술관 등이 있습니다.
③ 건강 및 의료와 관련된 장소는 약국, 보건소, 병원 등이 있습니다.
④ 놀이 및 여가와 관련된 장소는 공원, 체육관 등이 있습니다.

10 ㉠ 행정 복지 센터, ㉡ 소방서, ㉢ 경찰서는 공공 기관이지만, ㉣ 영화관은 공공 기관이 아닙니다.

공공 기관의 종류 및 하는 일

경찰서	교통정리 및 사고 처리, 범죄 예방 등 지역의 안전을 책임지고 질서를 유지함.
우체국	우편물을 배달하고, 지역 특산물을 판매함.
행정 복지 센터	주민 등록, 전입 신고 등 주민의 생활과 관련된 다양한 일을 함.
소방서	화재를 예방하거나 진압하고, 응급 환자를 구조함.
도서관	책과 자료를 모아두어 주민이 보거나 빌릴 수 있게 함.
학교	교실·체육관 등의 시설을 갖추고, 학생들을 교육함.
시·도청	주민을 위해 다양한 지원을 하고 도로, 공원 등의 시설을 관리함.

11 영화관은 기업의 이익을 위해 세워진 곳입니다.

채점 기준	상	기업의 이익을 위한 곳이라는 점 혹은 국가가 아닌 기업이 만들었기 때문이라고 정확하게 쓴 경우
	중	영화관은 국가가 세운 곳이 아니라고만 쓴 경우

생활에 도움을 주는 장소 중 공공 기관이 아닌 장소
- 병원, 서점, 시장, 문구점, 아파트, 백화점, 영화관, 대형 마트, 택배 회사 등은 공공 기관이 아닙니다.
- 공공 기관은 개인이 아닌 모든 사람을 위해 일하는 국가 기관을 말합니다.

12 도서관과 보건소는 주민 전체의 이익과 생활의 편의를 위해 일하는 곳입니다.

13 공공 기관은 기관마다 다른 일을 하지만 지역 주민들이 편리한 생활을 할 수 있도록 한다는 공통점이 있습니다.

☾ 6회 문제 학습 30~31쪽

1 디지털 영상 지도 **2** 위치 **3** 이동 **4** 자세한

5 디지털 영상 지도 **6** ⑩ 다양한 크기의 면적을 볼 수 있습니다. **7** ①, ④ **8** ㉠, ㉡, ㉢, ㉣
9 ㉡ **10** ㉠ **11** ㉡, ㉣ **12** (1) ㉡ (2) ㉠
13 리안, 선영

---

5 제시된 글은 디지털 영상 지도에 대한 설명입니다. 디지털 영상 지도에는 위치 찾기, 이동하기, 확대·축소하기, 지도 종류 선택 등 다양한 기능이 있습니다.

문제 속 개념
디지털 영상 지도로 생활에 도움을 주는 장소 살펴보기

의미	• 항공 사진이나 인공위성 사진을 이용해서 만든 지도 • 컴퓨터나 스마트폰 등 다양한 기기에서 이용할 수 있는 디지털 정보로 표현한 지도
특징	우리 지역의 전체적인 모습과 자세한 모습을 하늘에서 내려다본 것처럼 살펴볼 수 있음.
이용 방법	국토 정보 플랫폼과 인터넷 검색 누리집의 지도 서비스 화면에서 이용할 수 있음.

6 이 밖에도 어떤 장소의 위치를 쉽게 알 수 있고, 지역의 모습을 자세히 볼 수 있습니다. 지역을 폭넓게 볼 수 있다는 특징이 있습니다.

채점 기준	상	디지털 영상 지도의 특징 중 한 가지를 정확하게 쓴 경우
	중	아주 높은 곳에서 바라본 모습을 보여준다고만 쓴 경우

이런 답도 가능해!
우리 지역의 전체적인 모습과 자세한 모습을 하늘에서 내려다본 것처럼 살펴볼 수 있습니다.

7 디지털 영상 지도는 컴퓨터, 스마트폰과 같은 디지털 기기를 통해 편리하게 이용할 수 있습니다.

8 ㉣ 디지털 영상 지도를 활용해서 사람을 찾을 수는 없습니다.

9 [바탕 화면 선택]을 누르면 지도의 종류를 바꿀 수 있습니다.

문제 속 개념
국토 정보 플랫폼에서 디지털 영상 지도 살펴보기

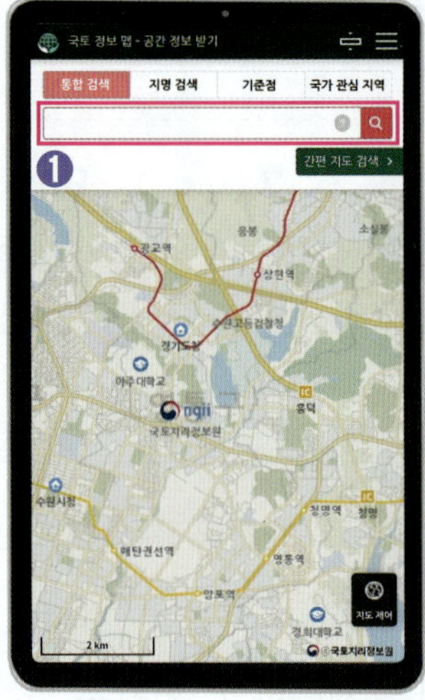

❶ 위치 찾기: 검색창에 찾고자 하는 장소를 입력하면 지도에서 위치를 찾을 수 있습니다.
❷ 이동하기: 컴퓨터로 디지털 영상 지도를 볼 때는 마우스 왼쪽 단추를 누른 채로 움직이면 지도 안에서 원하는 위치로 이동할 수 있습니다.
❸ 확대·축소하기: ⊞를 누르면 확대되고, ⊟를 누르면 축소됩니다.
스마트 기기를 활용할 때는 손가락으로 확대·축소를 할 수 있습니다.
❹ 지도 종류 선택: '바탕 화면 선택'을 누르면 일반지도, 영상지도 등 다양한 종류의 지도를 선택하여 볼 수 있고, '하이브리드' 단추를 누르면 지도 위에 장소의 이름을 보이게 하거나 숨길 수 있습니다.

---

10 디지털 영상 지도의 위치 찾기 기능을 이용하여 위치를 찾을 수 있습니다.

11 디지털 영상 지도를 이용해 장소의 실제 모습과 우리 지역의 여러 장소를 살펴볼 수 있습니다.

12 (1)은 고장의 전체적인 모습, (2)는 고장의 자세한 모습입니다.

13 디지털 영상 지도를 이용하면 장소의 전체적인 모습과, 자세한 모습을 생생하게 볼 수 있습니다.

문제 속 개념
디지털 영상 지도로 장소를 살펴보면 좋은 점
• 장소의 모습을 정확하게 볼 수 있습니다.
• 주변에 있는 여러 장소를 한눈에 볼 수 있습니다.
• 지역의 전체적인 모습과 자세한 모습을 모두 볼 수 있습니다.

1 방문　**2** 면담　**3** 일상생활　**4** 이용 방법

5 ②　**6** 예 장소에 직접 방문하면 그 장소를 이용하는 사람들의 모습을 직접 볼 수 있습니다.

7 ㉢　**8** ㉣　**9** (1) ㉡ (2) ㉠　**10** 시장

11 특징　**12** ㉠, ㉡　**13** (1) ○

---

5 ② 우리 주변의 장소를 조사하기 위해 세계 지도를 살펴보는 것은 적절하지 않습니다.

> **문제 속 개념**
>
> **우리 주변의 장소를 조사하는 방법**

직접 방문하기	어른과 면담하기

디지털 영상 지도 살펴보기	시청·구청 누리집 살펴보기

우리가 사는 곳을 소개한 안내 책자나 홍보 자료를 살펴볼 수도 있습니다.

---

6 디지털 영상 지도를 활용하면 어디에 어떤 장소가 있는지 정확하게 알 수 있지만, 장소 안의 모습까지는 알기 어렵습니다.

채점 기준	상	디지털 영상 지도로 장소를 살펴보는 것과 장소에 직접 방문하여 살펴보는 것의 차이점을 정확하게 한 가지 쓴 경우
	중	디지털 영상 지도로 장소를 살펴보는 것과 장소에 직접 방문하여 살펴보는 것의 차이점을 썼으나, 다소 미흡한 경우

> **이런 답도 가능해!**

디지털 영상 지도를 살펴보면 장소 안의 모습까지 살펴볼 수 없지만, 장소에 직접 방문하면 그 안의 모습까지 자세히 살펴볼 수 있습니다.

---

7 ㉠, ㉡, ㉣은 우리 주변 장소의 좋은 점과 편리한 점입니다.

8 제시된 사진은 음식, 옷, 장난감 등을 살 수 있는 할인 매장의 모습입니다.

9 (1) 도서관에서는 자유롭게 책을 볼 수 있는 장소이며, (2) 국민 체육 센터에는 수영장, 농구장, 체력 단련실 등 여러 체육 활동과 관련된 시설이 모여 있습니다.

10 제시된 신문 기사에 등장하는 장소는 시장입니다. 시장은 싱싱한 해산물, 채소, 과일 등을 살 수 있는 곳입니다.

11 제시된 글은 우리 주변 장소의 좋은 점과 불편한 점을 알아보는 까닭에 대한 설명입니다.

12 ㉢ 우리 주변 장소를 잘 살펴보고, 불편한 점을 해결할 수 있도록 노력해야 합니다.

> **문제 속 개념**
>
> **우리 주변의 장소를 살펴봐야 하는 까닭**
> - 평소에 몰랐던 불편한 점을 찾을 수 있습니다.
> - 우리가 사는 곳을 더 잘 알게 될 수 있습니다.
> - 놀이터 외에 놀이와 여가 활동을 즐길 수 있는 장소를 알 수 있습니다.

---

13 장소와 시설을 살펴보면 편리한 점과 좋은 점 뿐만 아니라 불편한 점이나 더 필요한 것 등을 자세히 파악할 수 있습니다.

> **문제 속 개념**
>
> **우리가 사는 곳을 살펴보면 알 수 있는 점**

1
단원
개념북

8회 문제 학습 38~39쪽

1 좋은 점 **2** 문제점 **3** 공공 기관 **4** 캠페인

5 민준 **6** ㉢ **7** (2) ○ **8** **예** 공공 기관 누리집 게시판에 어린이용 옷걸이를 설치해 달라고 민원 글을 올립니다. **9** (1) ㉡ (2) ㉠ **10** 형섭

11 ② **12** 캠페인 **13** (2) ○

5 모든 사람들이 편하게 쉬고, 즐겁게 놀 수 있는 장소가 많아야 합니다.

문제 속 개념

여러 가지 살기 좋은 곳의 조건
- 어린이를 위한 장소가 많은 곳
- 사람들의 건강을 위한 장소가 많은 곳
- 사람들의 생활을 돕는 장소가 많은 곳
- 놀이와 여가 생활을 할 장소가 많은 곳
- 교육, 휴식, 안전을 위한 장소가 모여 있는 곳

6 문화생활을 돕는 공간이 부족한 것은 우리가 사는 곳의 좋은 점으로 적절하지 않습니다.

문제 속 개념

우리가 사는 곳의 좋은 점

쾌적한 환경	다양한 문화생활 공간

공기가 맑고, 물이 깨끗함.	다양한 문화생활을 즐길 장소가 많음.
어린이를 위한 다양한 장소	쾌적한 휴식 공간

어린이 도서관, 놀이터 등 어린이를 위한 장소가 많음.	공원에서 산책하며 휴식을 즐길 수 있음.

7 (1) 우리가 사는 곳의 불편한 점은 찾아서 개선해야 합니다.

8 이 밖에도 시청·군청·구청 등 공공 기관에 편지를 쓸 수 있습니다.

채점 기준	상	우리 주변 장소의 문제점을 해결하기 위한 방안을 구체적으로 쓴 경우
	중	문제 해결 방안을 썼으나 다소 미흡한 경우

이런 답도 가능해!

공원에 있는 공중화장실의 문제점과 문제 해결 방안을 알리는 홍보 활동을 합니다. 공공 기관에 문제 해결 방안을 제안합니다.

9 공공 기관 누리집에 문제를 해결해 달라고 의견을 제안하거나, 민원 글을 올릴 수 있습니다.

문제 속 개념

문제 해결 방안을 결정하는 방법
- 대화와 타협으로 의견을 조정합니다.
- 충분한 시간을 두고 의견을 주고 받습니다.
- 다양한 의견에 대한 장점과 단점을 비교해 봅니다.
- 투표를 통해 많은 사람이 원하는 의견을 결정합니다.

10 우리가 사는 지역을 더 좋은 곳으로 만들기 위해서는 모두의 관심이 필요합니다.

11 ② 우리 지역의 지도를 살펴보는 것은 우리가 사는 곳의 문제점을 해결할 방법이 아닙니다.

12 제시된 글은 캠페인에 대한 설명입니다. 우리가 사는 곳의 문제점을 해결하기 위해 친구들과 캠페인을 해서 문제점을 알릴 수 있습니다.

문제 속 개념

문제점 해결을 위해 우리가 할 수 있는 일
- 친구들과 캠페인을 해서 사람들에게 문제점을 알립니다.
- 불편한 점과 문제 해결 방안을 공공 기관에 편지로 써서 보냅니다.
- 알림판이나 포스터 등을 만들어서 사람들에게 홍보 활동을 합니다.
- 공공 기관 누리집 게시판에 문제 해결을 요구하는 민원 글을 올립니다.

13 제시된 자료는 공중화장실의 올바른 사용법을 담은 알림판입니다.

1 (1) ㉢　(2) ㉠　(3) ㉡　**2** ⑩ 우리 주변의 여가 활동을 즐기는 장소는 공원, 놀이터가 있습니다.

3 시장　**4** ㉢　**5** 영현　**6** ㉢ → ㉠ → ㉡

7 ⑩ 상상 속의 장소가 아닌 주변에 실제로 있는 장소를 그려야 합니다. 고장에 있는 장소를 모두 다 그릴 필요는 없습니다.　**8** ⑤　**9** ④　**10** 도서관

11 (1) ㉠　(2) ㉢　(3) ㉡　**12** ⑤　**13** ④

14 (2) ○　**15** ⑩ 장소의 모습을 정확하게 볼 수 있습니다. 주변에 있는 여러 장소를 한눈에 볼 수 있습니다.　**16** ③, ④　**17** ㉡　**18** (2) ○

19 (1) 민아, 승범　(2) 아현, 현재　**20** ⑩ 장소에 대한 서로 다른 생각과 느낌을 이해하고 존중해야 합니다.

1 (1)은 문구점, (2)는 놀이터, (3)은 강에서 볼 수 있는 모습입니다.

2 캠핑장, 해수욕장 등도 여가 활동을 즐기는 장소입니다.

채점 기준	상	여가 활동을 즐기는 장소를 두 가지 모두 알맞게 쓴 경우
	중	여가 활동을 즐기는 장소를 한 가지만 알맞게 쓴 경우

3 제시된 장소 카드는 시장에서 볼 수 있는 모습과 설명을 담고 있습니다.

4 ㉢는 우리 주변 장소에서의 경험으로 적절하지 않습니다.

5 제시된 그림은 마트에서 아빠와 아들이 장을 보는 경험을 그린 그림입니다.

6 주변 장소의 모습을 그릴 때는 '무엇을 중심으로 우리가 사는 곳을 그릴지 정하기 → 떠올린 장소들을 중심으로 주변의 모습 그리기 → 장소에서의 경험이나 장소에 대한 느낌 표현하기'의 순서로 진행합니다.

7 이 밖에도 장소에 대한 느낌을 ☆, ♡와 같은 표시를 해서 나타낼 수 있습니다.

채점 기준	상	제시된 예시 답안 중 두 가지를 모두 알맞게 쓴 경우
	중	제시된 예시 답안 중 한 가지만 알맞게 쓴 경우

8 ①, ②, ④ 공원, 학교, 분식집은 재이와 이서가 그린 그림에 모두 있는 장소입니다. ③ 놀이터는 이서가 그린 그림에만 있습니다.

9 ④ 같은 장소에서의 경험은 사람마다 다릅니다.

10 친구들은 도서관에서의 서로 다른 경험을 이야기하고 있습니다.

11 ㉠은 경찰서, ㉡은 버스 터미널, ㉢은 보건소에서 얻을 수 있는 도움입니다.

12 행정 복지 센터에서는 주민 등록, 전입 신고 등 주민의 생활과 관련된 다양한 일을 합니다.

13 ④ 디지털 영상 지도는 지역의 전체적인 모습과 자세한 모습을 하늘에서 내려다본 것처럼 살펴볼 수 있는 지도입니다.

14 (1)은 디지털 영상 지도에서 찾고자 하는 장소를 검색할 때 사용하는 기능입니다.

15 디지털 영상 지도로 장소를 살펴보면 지역의 전체적인 모습과 자세한 모습을 모두 살펴볼 수 있어서 좋습니다.

채점 기준	상	제시된 예시 답안 중 두 가지를 모두 알맞게 쓴 경우
	중	제시된 예시 답안 중 한 가지만 알맞게 쓴 경우

16 우리 주변의 장소를 조사하는 방법은 직접 방문하기, 디지털 영상 지도 살펴보기, 시청·구청 누리집 살펴보기, 우리가 사는 곳을 잘 아는 어른과 면담하기 등이 있습니다.

17 우리 주변의 여러 장소와 시설의 문제점을 해결할 방안을 탐색한 후에는 문제 해결 방안을 실천합니다.

18 (2) 우리가 사는 곳의 문제를 해결하기 위해서는 적극적으로 활동하여야 합니다.

19 민아와 승범이는 놀이터에 대한 좋은 경험을 하였고 아현이와 현재는 놀이터에 대한 좋지 않은 경험을 하였습니다.

20 장소에 대한 생각과 느낌은 각자의 경험과 느낌에 따라서 다를 수 있고, 서로 다른 생각을 이해하고 존중해야 합니다.

채점 기준	상	'이해'와 '존중'이라는 단어를 두 가지 모두 사용하여 알맞게 쓴 경우
	중	'이해'와 '존중'이라는 단어 중 한 가지만 사용하여 알맞게 쓴 경우

1 단원 개념북

10회 마무리 평가 44~47쪽

1 (1) ○　　**2** ㉠ 학교, 학원　㉡ 병원, 치과　　**3** ⑤
4 ③, ④　　**5** ②, ③　　**6** ◉ 비교하는 고장의 그림에 모두 그려진 장소를 찾아봅니다. 같은 장소를 어떻게 다르게 그렸는지 살펴봅니다.　　**7** ④
8 영주　　**9** 소방서　　**10** (1) ○　　**11** ㉠, ㉢
12 (1) ㉠ (2) ㉢ (3) ㉡　　**13** ⑤　　**14** 준호
15 ◉ 우리 주변의 장소에 직접 방문합니다. 우리가 사는 곳을 잘 아는 어른과 면담합니다.　　**16** (2) ○
17 (1) ○　　**18** (1) ㉠ (2) ㉡ (3) ㉢　　**19** 희준
20 ◉ 주변 장소의 특징을 잘 알고 있어야 우리가 사는 곳을 더 살기 좋은 곳으로 만들 방법을 생각할 수 있기 때문입니다.

1 미끄럼틀을 타고 친구들과 즐거운 시간을 보낼 수 있는 장소는 놀이터입니다. (2)는 도서관에서 볼 수 있는 모습입니다.

2 우리 주변의 공부하는 장소에는 학교, 학원, 도서관이 있고, 아플 때 치료받는 장소에는 병원, 치과 등이 있습니다.

3 장소 카드에는 장소 이름, 장소 설명, 장소에서 겪었던 경험, 장소를 보여주는 사진이나 그림, 장소에 대한 생각과 느낌 등이 들어갑니다.

4 자신이 쓴 일기장이나 사진첩 등을 살펴보면 주변 장소에서의 경험을 떠올리기 쉽습니다.

5 위 그림에는 초등학교, 산, 미용실, 행정 복지 센터, 도서관, 아파트 등이 나타나 있습니다.

6 이 밖에도 비교하는 우리 주변 장소의 그림 중 한 곳에만 그려진 장소를 찾아봅니다.

채점 기준	상	제시된 예시 답안 중 두 가지를 모두 알맞게 쓴 경우
	중	제시된 예시 답안 중 한 가지만 알맞게 쓴 경우

7 ④ 우리가 사는 곳을 소개하는 그림을 그릴 때는 우리 주변에 있는 실제 장소를 그려야 합니다.

8 이서가 가장 좋아하는 장소는 ♥ 표시가 있는 놀이터입니다.

9 소방서가 없다면 건물에 불이 났을 때 아무도 불을 끄지 않아 피해가 커질 수 있습니다.

10 제시된 글에서 설명하는 생활에 도움을 주는 장소는 박물관입니다. (2)는 백화점에서 볼 수 있는 모습입니다.

11 공공 기관에는 학교, 경찰서, 소방서, 교육청, 보건소 등이 있습니다.

12 우리 주변에는 사람들이 즐겁고 안전하게 살 수 있게 도와주는 여러 시설이나 장소가 있습니다.

13 제시된 지도에는 도서관, 우체국, 경찰서, 행정 복지 센터 등 여러 공공 기관이 있습니다.

14 디지털 영상 지도를 활용하면 어디에 어떤 장소가 있는지 정확하게 알 수 있지만, 장소 안의 모습까지는 알기 어렵습니다.

15 이 밖에도 디지털 영상 지도를 살펴보거나, 시청·구청 누리집을 살펴볼 수도 있습니다.

채점 기준	상	제시된 예시 답안 중 두 가지를 모두 알맞게 쓴 경우
	중	제시된 예시 답안 중 한 가지만 알맞게 쓴 경우

16 장소에 직접 찾아가면 그곳의 편리한 점과 좋은 점을 알 수 있고, 불편한 점이나 더 필요한 것 등을 자세히 파악할 수 있습니다.

17 우리 주변의 장소와 시설을 살펴보면 우리가 사는 곳의 좋은 점, 불편한 점, 부족한 점 등을 자세히 알 수 있습니다. 우리가 사는 곳을 더 살기 좋은 곳으로 만들기 위해서 우리가 사는 곳의 좋은 점은 알리고, 불편한 점은 찾아서 개선합니다.

18 주변 장소의 문제점을 해결할 방안을 탐색하고, 의견을 제안하거나, 해결 방안을 실천합니다.

19 제시된 사진은 버스 터미널의 모습입니다.

20 우리가 사는 곳의 좋은 점은 알리고, 불편한 점은 해결해야 합니다.

채점 기준	상	우리 주변 장소의 특징을 알아보는 까닭을 정확하게 쓴 경우
	중	우리 주변 장소의 좋은 점과 불편한 점을 알고 있어야 한다고만 쓴 경우

이런 답도 가능해!
우리가 자주 이용하는 장소는 일상생활과 밀접한 관련이 있으므로 그 특징을 잘 알고 있을 필요가 있기 때문입니다.

2. 일상에서 만나는 과거

1 계절 **2** 시간 **3** 방학 **4** 성장 흐름표

5 (1) ○ **6** 시계 **7** 예 우리 주변에서 예전과 달라진 모습을 살펴보며 시간의 흐름을 느낍니다. **8** (1) 동생 (2) 부모님 **9** 그림 **10** ㉠

11 (1) ㉡ (2) ㉠ **12** 성장 흐름표 **13** 영준

5 주변의 모습이 변하는 것에서 시간의 흐름을 느낄 수 있습니다.

왜 답이 아닐까?

(2) 변함없이 같은 모습을 볼 때는 시간의 흐름을 느끼기 어렵습니다. 예전과 달라진 모습을 관찰할 때 시간의 흐름을 느낍니다.

6 제시된 그림은 시계의 시침과 분침이 움직이는 모습을 보여줍니다.

문제 속 개념
일상생활에서 시간의 흐름을 느낄 수 있는 사례

봄, 여름, 가을, 겨울 계절이 바뀌는 것을 보면 시간의 흐름을 느낄 수 있음.

엄마의 머리카락이 자란 것을 보면 시간의 흐름을 느낄 수 있음.

해가 뜨고 지는 것을 보면 시간이 흐르는 것을 알 수 있음.

시계를 보면서 시간이 흐르고 있다는 것을 알 수 있음.

7 이 밖에도 변하는 것들을 보며 시간의 흐름을 느낄 수 있습니다.

	상	예전과 달라진 모습을 보며 시간의 흐름을 느낄 수 있다고 정확하게 쓴 경우
채점 기준	중	시간의 흐름을 느낄 수 있는 요소를 썼으나 다소 정확하지 않은 경우

문제 속 개념
일상생활에서 시간의 흐름을 느낄 수 있는 요소
- 변하는 것들을 보며 시간의 흐름을 느낍니다.
- 우리 주변에서 예전과 달라진 모습을 살펴보며 시간의 흐름을 느낍니다.

8 주변 사람들의 변한 모습을 통해서 시간의 흐름을 느낄 수 있습니다.

문제 속 개념
시간의 흐름을 느껴 본 경험
- 나의 키가 커졌습니다.
- 나의 머리카락이 자랐습니다.
- 기어 다녔던 동생이 걸어 다닙니다.
- 새싹이 자라서 나무가 되었습니다.
- 부모님의 머리카락에 흰머리가 생겼습니다.

9 제시된 자료는 시간의 흐름을 느껴본 경험을 그림을 그려서 표현한 것입니다.

10 ㉠은 키가 커진 모습을 그렸고, ㉡은 키가 130㎝보다 작은 모습입니다. 그러므로 ㉡에 비해 ㉠은 시간이 흐른 뒤의 모습입니다.

11 ㉠은 ㉡ 보다 시간이 흐른 뒤의 모습을 표현한 그림입니다. 그러므로 ㉡은 초등학교 입학하기 전의 모습, ㉠은 초등학교 3학년이 된 모습을 그렸다는 것을 알 수 있습니다.

12 성장 흐름표를 보면 시간에 따라 나에게 일어난 변화를 알 수 있습니다.

문제 속 개념
성장 흐름표를 만드는 과정
① 내가 성장해 온 모습과 겪었던 일들을 떠올려 봅니다.
② 나의 성장 과정을 시간 순서대로 표에 적어 봅니다.
③ 성장 흐름표에는 시기를 나타내고, 시기에 일어난 일을 표시합니다.

13 성장 흐름표를 보면 태어났을 때 키 50㎝, 몸무게 4.3㎏으로 태어났습니다.

2회 문제 학습

56~57쪽

1 과거 **2** 미래 **3** 세기 **4** 순서

5 (1) ㉢ (2) ㉠ (3) ㉡ **6** (1) × (2) ○ **7** 세기 **8** (1) 년대 (2) 시대 **9** ② **10** ㉠, ㉢ **11** ⓔ 소식을 전하는 신문 기사, 친구나 부모님께 쓴 편지가 있습니다. **12** 오늘 **13** ㉠

5 ㉠은 현재, ㉡은 미래, ㉢은 과거와 관련 있는 시간 표현입니다.

문제 속 개념

과거, 현재, 미래

과거	이미 지나간 시간 ⓔ 옛날, 어릴 적, 오래전, 10년 전, 작년, 지난 주
현재	지금의 시간 ⓔ 오늘, 지금, 오늘날
미래	앞으로 다가올 시간 ⓔ 내일, 앞날, 훗날, 앞으로, 이후, 내년, 2300년

6 (1) 몇 년, 몇 월 며칠, 몇 시 등은 그때가 언제인지 분명하게 알 수 있는 표현입니다.

7 제시된 설명은 우리 생활 속에서 시간을 나타내는 표현인 '세기'에 대한 설명입니다.

8 (1)은 년대, (2)는 시대에 대한 설명입니다. 세기는 100년 동안을 세는 단위입니다.

문제 속 개념

우리 생활 속에서 시간을 나타내는 여러 가지 표현

세기	• 100년 동안을 세는 단위 • 1세기는 1년부터 100년까지를 말함. ⓔ 17세기, 21세기
년대	10년, 100년, 1000년 단위의 해를 뜻하는 말 뒤에 쓰임. ⓔ 1980년대, 2000년대, 2010년대
시대	어떤 기준에 따라 구분한 일정한 기간 ⓔ 고려 시대, 조선 시대, 정보화 시대

9 ② '지금'은 현재를 나타내는 말입니다.

10 ㉡ 1789년은 18세기에 해당합니다.

11 이 밖에도 일어났던 일을 기록하는 일기가 있습니다.

채점 기준	상	시간을 표현하는 말을 사용한 자료를 두 가지 모두 알맞게 쓴 경우
	중	시간을 표현하는 말을 사용한 자료를 한 가지만 알맞게 쓴 경우

이런 답도 가능해!

상장과 달력에서도 시간을 표현하는 말을 찾아볼 수 있습니다.

12 '오늘'은 현재를 나타내는 시간 표현입니다.

문제 속 개념

시간을 나타내는 표현을 사용한 자료

❶ 신문

○○신문 2018년 2월 9일

평창 동계 올림픽 개막

2018년 2월 9일 금요일 오후 8시, 평창 동계 올림픽 대회가 시작되었다. 평창 동계 올림픽은 대한민국에서 최초로 열리는 동계 올림픽으로, 오늘부터 2월 25일까지 펼쳐진다.

❷ 편지

유현이에게

유현아, 우리가 친구가 된 지 2년이나 지났네. 작년에는 다른 반이 돼서 슬펐는데, 3학년 때는 같은 반이 돼서 기뻐. 지난주 토요일에 문구점에서 가지고 싶다고 한 필통을 선물로 준비했어. 오늘 생일 정말 축하해!

너의 친구 유정이가

20△△년 3월 23일

❸ 상장과 달력

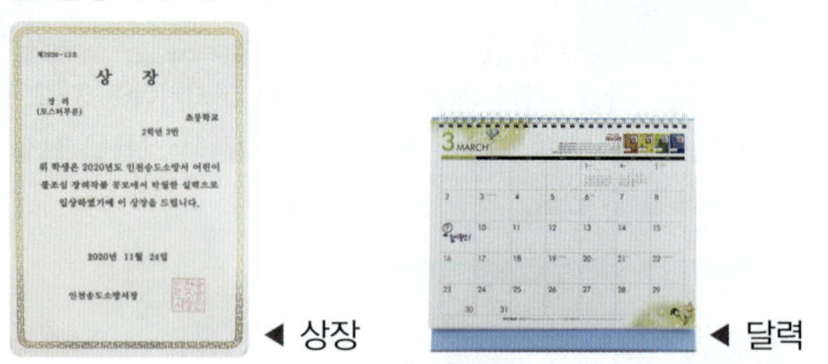

◀ 상장 ◀ 달력

13 ㉠ '친구'는 시간을 나타내는 표현이 아닙니다.

문제 속 개념

다양한 시간 표현을 통해 알 수 있는 점

• 일이 언제 일어났는지 알 수 있습니다.
• 여러 일이 일어난 순서를 알 수 있습니다.
• 일을 얼마 동안 지속했는지 알 수 있습니다.

1 과거　　**2** 역사　　**3** 기록　　**4** 역사관

5 ㉣　　**6** (1) ○　　**7 예** 가족의 역사를 살펴보면 우리 가족의 현재 모습이 어떠한 과정으로 만들어졌는지 이해할 수 있습니다.　　**8** 과거　　**9** (2) ○

10 기록　　**11** (1) 있으면 (2) 없으면　　**12** ②

13 (2) ○

5 가족의 과거 모습을 조사할 때는 우리 가족을 면담하기, 사진이나 영상 보기, 일기 살펴보기, 기억에 남는 일 떠올려 보기 등의 방법을 사용합니다.

문제 속 개념

가족의 역사를 조사하는 방법

우리 가족 면담하기	일기 살펴보기
사진이나 영상 살펴보기	기억에 남는 일 떠올려 보기

6 (2)는 가족의 역사를 조사하기 위해 사진을 살펴보는 모습입니다.

문제 속 개념

역사의 의미

역사는 과거에 있었던 일이나 사람들이 살아온 이야기입니다.

7 오늘날의 가족은 과거 여러 가지 사건을 거쳐서 현재의 모습이 되었습니다.

채점 **tip** 제시된 답안을 알맞게 썼으면 정답으로 합니다.

8 과거의 일을 기억해야 미래 우리 가족의 모습을 짐작할 수 있습니다. 가족에게 큰 영향을 미쳤거나 중요한 일들은 우리 가족의 역사가 됩니다.

9 (1)은 내가 기억하는 일의 모습입니다.

10 과거에 있었던 일을 알아보기 위해서 기록을 찾아봅니다.

문제 속 개념

기록

· 과거에 있었던 일을 글이나 사진, 영상 등으로 남긴 것을 기록이라고 합니다.

· 기록이 있으면 과거의 모습을 잘 알 수 있고, 과거에 어떤 일이 있었는지 알 수 있어서 좋습니다.

11 기록이 있으면 과거의 모습을 잘 알 수 있고, 기록이 없으면 과거에 있었던 일을 정확하게 알기 어렵습니다.

12 제시된 자료는 학교 누리집의 학교 연혁을 나타내고 있습니다.

문제 속 개념

학교의 과거 모습을 조사하는 방법

· 학교를 찍은 사진이나 영상을 살펴봅니다.

· 학교에 있는 오래된 물건을 살펴봅니다.

· 학교의 누리집이나 역사관을 살펴봅니다.

· 옛날에 학교에 다녔던 사람들의 이야기를 들어봅니다.

13 2023년의 재학생 수가 1963년 3월의 재학생 수보다 적습니다.

문제 속 개념

학교 누리집에서 학교의 과거 모습 살펴보기

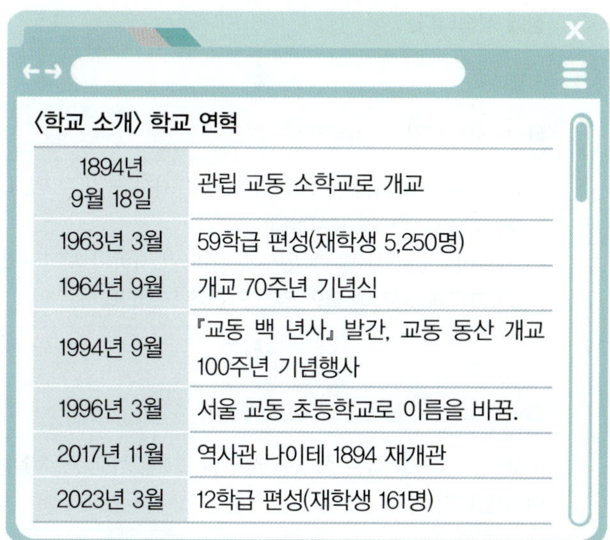

〈학교 소개〉 학교 연혁	
1894년 9월 18일	관립 교동 소학교로 개교
1963년 3월	59학급 편성(재학생 5,250명)
1964년 9월	개교 70주년 기념식
1994년 9월	『교동 백 년사』 발간, 교동 동산 개교 100주년 기념행사
1996년 3월	서울 교동 초등학교로 이름을 바꿈.
2017년 11월	역사관 나이테 1894 재개관
2023년 3월	12학급 편성(재학생 161명)

학교 누리집을 살펴보면 학교에 있었던 중요한 일과 학교의 변화 과정을 알 수 있습니다.

4회 문제 학습 64~65쪽

1 연표 **2** 시간 **3** 과거 **4** 순서
5 연표 **6** ㉢ → ㉣ → ㉠ → ㉡ **7** 리안
8 (1) ○ **9** ③ **10** 세(3) **11** ⑳ 가족마다 중요하게 생각하는 일이 다르기 때문입니다.
12 연준 **13** ③

5 연표는 일이 일어난 순서가 잘 드러나도록 보여줍니다.

6 연표를 만드는 과정은 '㉢ 연표에 표시할 일들을 시간 순서대로 배열하기 → ㉣ 연표에 가장 먼저 일어난 일과 마지막에 일어난 일 표시하기 → ㉠ 중간에 일어난 일들 표시하기 → ㉡ 글, 그림, 사진 등으로 연표 꾸미기'의 순서대로 진행합니다.

연표를 만드는 과정

❶ 연표에 표시할 일들을 시간 순서대로 배열하기

연표에 표시하고 싶은 일을 정하고, 오래된 순서대로 배열합니다.

❷ 연표에 가장 먼저 일어난 일과 마지막에 일어난 일 표시하기

가장 먼저 일어난 일과 마지막에 일어난 일을 연표의 양 끝 지점에 적습니다.

❸ 중간에 일어난 일들 표시하기

① 2단계에서 표시한 첫 지점과 마지막 지점을 기준으로 나머지 일들을 연표에 표시합니다.
② 시간의 거리감을 알 수 있도록 일과 일 사이의 시간이 짧으면 가깝게, 시간이 멀면 멀게 간격을 표시합니다.

❹ 글, 그림, 사진 등으로 연표 꾸미기

자세히 설명하고 싶은 중요한 일은 글, 그림, 사진 등을 활용하여 꾸밉니다.

7 연표를 만들 때는 일과 일 사이의 시간이 짧으면 가깝게, 시간이 길면 멀게 표시합니다.

8 ⑵ 연표를 보면 일이 일어난 순서를 알 수 있습니다.

연표를 보고 알 수 있는 점

- 과거에 있었던 일들이 언제 일어났는지 알 수 있습니다.
- 연표에 일어난 일을 보면 일이 일어난 순서를 쉽게 알 수 있습니다.
- 연표에 표시된 일들의 간격을 보면 그 사이에 시간이 얼마나 흘렀는지 알 수 있습니다.

9 ③ ○○ 초등학교는 1941년, 1996년에 이름을 바꾸었습니다.

10 역사 연표를 살펴보면 태오가 태어나고 3년 후에 태오의 동생 태은이가 태어났습니다.

연표를 사용하면 좋은 점

- 언제, 무엇을 하였는지 기억하기 쉽습니다.
- 시간의 흐름을 한눈에 볼 수 있어서 편리합니다.
- 시간 순서대로 어떤 일이 있었는지 파악하기 좋습니다.

11 이 밖에도 우리 가족에게는 큰 영향을 미친 일이 다른 가족에게는 작은 일일 수 있기 때문입니다.

채점 기준	상	가족마다 중요하게 생각하는 일이 다르다고 쓴 경우
	중	가족마다 겪은 일이 다르다고만 쓴 경우

같은 주제로 연표를 만들어도 만드는 사람에 따라 연표의 형태와 내용이 다르기 때문입니다.

12 역사 연표를 소개할 때는 시간을 나타내는 표현을 활용하여 일이 일어난 순서가 잘 드러나도록 이야기해야 합니다.

13 ③ 유진이는 2017년부터 할머니, 할아버지와 함께 살았습니다.

연표를 소개할 때 주의할 점

- 시간을 나타내는 표현을 활용하여 일이 일어난 순서가 잘 드러나도록 이야기해야 합니다.
- 연표를 소개할 때는 중요한 일을 중심으로 시간 순서에 따라 소개합니다.
- 시간을 나타내는 말을 사용하고, 이 주제를 선택한 까닭을 말합니다.

1 흔적   **2** 사진   **3** 물건   **4** 이야기(증언)

5 물건   **6** ㉠, ㉡, ㉢   **7** 육아 일기

8 예 우리의 과거 모습을 짐작할 수 있습니다.

9 ④   **10** ② ○   **11** 건축물   **12** ㉠

13 ㉣

5 물건, 기록, 건축물 등 우리가 과거에 남긴 흔적들은 우리 주변의 과거 모습을 알려주는 증거가 됩니다.

6 ㉣ 친구가 과거에 사용했던 물건은 가족과 나의 과거 모습을 알 수 있는 흔적으로 알맞지 않습니다.

7 어릴 적 나의 모습을 알아보기 위해서 부모님이 쓰신 육아 일기를 살펴보는 모습입니다.

> **문제 속 개념**
> **집에서 나의 과거 모습을 알 수 있는 흔적 찾아보기**
>
> | | |
> |---|---|
> | 부모님이 쓰신 육아 일기 살펴보기 | 부모님께서 자녀를 키우면서 쓰신 육아 일기를 살펴봄. |
> | 집에 남아 있는 물건 살펴보기 | 내가 예전부터 간직하고 있던 물건을 살펴봄. |
> | 예전에 찍은 사진이나 영상 살펴보기 | 사진첩을 보면서 옛날에 무슨 일이 있었는지 떠올려봄. |
> | 과거 모습을 기억하는 사람에게 물어보기 | 가족 구성원에게 나의 어린 시절 모습을 물어봄. |

8 우리가 과거에 남긴 흔적들은 우리의 과거 모습을 알려주는 증거가 됩니다.

> 채점 tip 우리의 과거 모습을 짐작할 수 있다고 썼으면 정답으로 합니다.

9 미래에 나올 물건은 과거 모습을 알려주는 자료로 알맞지 않습니다.

> **문제 속 개념**
> **과거 모습을 알려 주는 자료의 종류**
>
> | | |
> |---|---|
> | 물건 | 과거 사람들이 만들고 사용한 것 |
> | 기록 | 편지, 일기, 그림, 노랫말, 신문 기사, 사진 등 |
> | 건축물 | 과거의 흔적이 남아 있는 건축물 |
> | 증언 | 과거에 있었던 사실을 직접 경험하였거나 기억하는 사람의 이야기 |

10 과거에 쓰인 일기를 살펴보면 옛날 학생들도 일기를 썼다는 사실을 알 수 있습니다. 기록을 살펴보면 옛날 사람들의 생활 모습을 알 수 있습니다.

> **문제 속 개념**
> **기록**
> • 편지, 일기, 노랫말, 신문 기사 등과 같은 기록을 살펴보면 과거 모습을 알 수 있습니다.
> • 기록을 살펴보면 당시의 사회 모습, 옛날 사람들의 생활 모습 등을 알 수 있 습니다.

11 초가집은 과거 모습을 알려주는 자료 중 건축물에 해당합니다.

> **문제 속 개념**
> **건축물**
>
> 
>
> ◀ 초가집
>
> • 과거 사람들이 남긴 건축물을 살펴보면 과거 사람들의 생활 모습을 알 수 있습니다.
> • 과거 사람들이 남긴 건축물의 모습을 보면 당시 사람들이 어떤 아름다움을 추구했는지 알 수 있습니다.

12 제시된 고무신과 도시락은 과거 모습을 알려주는 물건입니다.

13 전시 해설사가 들려주는 이야기는 증언입니다. 어른들이 알려주는 이야기는 기록으로 남아있지 않지만, 과거의 모습을 알려주는 기록과 같은 역할을 합니다.

> **문제 속 개념**
> **증언**
>
> 
>
>
> • 과거를 직접 경험하였거나 기억하는 사람들의 이야기를 통해서도 과거 모습을 알 수 있습니다.
> • 어른들이 들려주는 이야기는 기록으로 남아 있지 않지만, 과거의 모습을 알려주는 기록과 같은 역할을 합니다.

6회 **문제** 학습 72~73쪽

1 무선 호출기 **2** 차이점 **3** 상황 **4** 그림

5 (1) ○ **6** ④ **7** ② **8** ③ **9** (1) ○

10 썰매 **11** 예 나라에서 부족한 식량을 아끼기 위해 전국적으로 쥐잡기 캠페인을 실시하였다는 것을 알 수 있습니다. **12** 서당 **13** ㉠ 한복 ㉡ 훈장님

5 (1)은 카세트테이프, (2)는 타자기의 모습입니다.

문제 속 개념

우리 주변의 오래된 물건 살펴보기

▲ **맷돌** 곡식을 넣어 가루로 만드는 도구입니다.

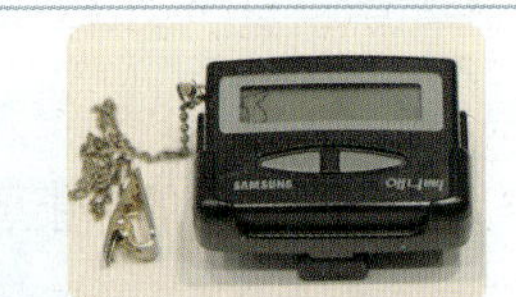

▲ **무선 호출기** 호출한 사람의 전화번호를 소리나 진동으로 알려 줍니다.

▲ **재봉틀** 옷을 직접 만들거나 고칠 때 사용하는 도구입니다.

▲ **라디오** 방송국에서 보낸 소리를 받아 재생할 수 있는 기계입니다.

▲ **타자기** 종이를 넣고 타자를 쳐서 글이나 편지를 쓰는 도구입니다.

▲ **물레** 솜이나 털 등에서 실을 뽑아내는 도구입니다.

▲ **카세트테이프** 카세트에 넣어 음악을 듣습니다.

▲ **요강** 방 안에 두고 오줌을 누는 그릇입니다.

6 영훈이는 카세트테이프, 소영이는 타자기, 아영이는 재봉틀을 살펴보고 있습니다.

7 오래된 물건으로 과거를 알아볼 때는 재료, 쓰임새, 사용 방법 등의 궁금한 점을 질문하고 답을 찾아가야 합니다.

8 미래에 나오게 될 물건의 특징은 오래된 물건을 살펴보면 알 수 없습니다.

9 사진은 옛날의 교실 모습으로 한 반에 많은 수의 학생들이 있었다는 것을 알 수 있습니다.

10 제시된 사진에는 옛날에 학생들이 한강에서 썰매를 타는 모습이 나타나 있습니다.

11 옛날에는 식량이 부족해 사람들이 식량을 아끼면서 살았는데, 쥐가 사람이 먹을 곡식을 훔쳐먹는 것이 문제였다는 것을 알 수 있습니다.

채점 tip 쥐잡기 캠페인 포스터를 보고 알 수 있는 점을 정확하게 썼으면 정답으로 합니다.

문제 속 개념

쥐잡기 캠페인 포스터

- 옛날에는 식량이 부족해 사람들이 식량을 아끼면서 살았는데, 쥐가 사람이 먹을 곡식을 훔쳐먹는 것이 문제였습니다.
- 나라에서 부족한 식량을 아끼기 위해 전국적으로 쥐잡기 캠페인을 실시하였다는 것을 알 수 있습니다.

12 제시된 그림은 조선 시대의 서당의 모습을 그렸습니다.

13 그림을 살펴보면 옛날 사람들이 입었던 옷과 신발, 생활 모습 등을 알 수 있습니다.

문제 속 개념

김홍도의 「서당」으로 살펴보는 과거 모습

1 생각   **2** 근거   **3** 기록   **4** 노랫말

5 (1) ○   **6** ㉡   **7** 일기   **8** (1) × (2) ○

9 예 1960년대에도 가을에 소풍을 갔다는 사실을 알 수 있습니다.   **10** 유하   **11** (1) ○

12 ㉢   **13** ③

---

5 제시된 일기는 이순신의 『난중일기』입니다. 제시된 자료를 읽으면 이 글을 쓴 사람의 생각을 알 수 있습니다.

문제 속 개념

이순신 장군의 『난중일기』

> 1597년 9월 16일
> 적선 133척이 우리의 배를 에워쌌다. 지휘선이 홀로 적선 가운데로 들어가 탄환과 화살을 비바람같이 발사했지만, 여러 척의 배들은 바라만 보고서 진격하지 않아 앞일을 헤아릴 수 없었다.

- 『난중일기』는 이순신 장군이 임진왜란이 시작된 1592년부터 1598년까지 쓴 일기입니다.
- 일기의 내용을 통해서 1597년 9월 16일의 전투 상황을 알 수 있습니다.

6 남겨진 자료를 통해서 과거의 모습을 짐작할 수는 있지만, 과거에 있었던 사실을 정확하게 알 수 없으므로 여러 가지 자료를 찾아보아야 합니다.

문제 속 개념

역사적 사실을 선택할 때 가져야 할 자세

- 과거 모습을 찾아볼 때는 다양한 자료를 찾아보고, 더 설득력 있으며 근거가 명확한 사실을 선택해야 합니다.
- 남겨진 자료를 통해서 과거의 모습을 짐작할 수 있지만, 과거에 있었던 사실을 정확하게 알 수 없습니다.

7 제시된 자료는 아버지가 쓰신 일기입니다.

8 아버지는 1994~1995년 운동회의 달리기 시합에서 모두 1등을 하지 못하셨습니다.

9 편지를 통해서 옛날 사람들이 어떤 생활을 하였는지 알 수 있습니다.

채점 기준	상: 편지를 읽고 알 수 있는 1960년대의 생활 모습을 정확하게 쓴 경우
	중: 편지를 읽고 알 수 있는 점을 썼으나 다소 미흡한 경우

이런 답도 가능해!

옛날에는 초등학교를 국민학교라고 불렀다는 것을 알 수 있습니다.

10 옛날에는 한 학급에 학생 수가 90명이었던 적도 있습니다.

11 신문은 많은 사람에게 알릴만한 내용을 싣기 때문에 당시의 중요한 사건이나 정보를 알 수 있습니다.

문제 속 개념

신문 기사를 통해 알 수 있는 점

- 과거에 있었던 일을 알 수 있습니다.
- 기록이 만들어진 당시의 사회 모습을 알 수 있습니다.
- 기록이 만들어진 시기 사람들의 생활 모습을 알 수 있습니다.
- 신문이 만들어진 시기의 중요한 사건이나 정보를 알 수 있습니다.

12 ㉠ 제시된 기사로는 학생 수가 많아서 토요일에 학교를 갔는지 알 수 없습니다. ㉡ 주 5일 수업에 대해 학부모는 대다수가 만족하였습니다.

13 오래된 기록을 살펴보면 당시의 사회 모습, 과거 사람들의 관심사, 생각, 생활 모습 등을 알 수 있습니다.

문제 속 개념

여러 가지 기록의 종류

일기	• 일기를 쓴 사람의 생각을 알 수 있음. • 일기에 쓰인 내용을 통해 당시의 상황과 당시의 생활 모습을 알 수 있음.
편지	• 편지에 쓰인 내용을 보고 어떤 생각을 하였는지 알 수 있음. • 옛날 사람들이 어떤 생활을 했는지 알 수 있음.
신문 기사	• 과거에 있었던 일을 알 수 있음. • 기록이 만들어진 당시의 사회 모습과 사람들의 생활 모습을 알 수 있음.
잡지	당시 사람들의 관심사를 알 수 있음.
노랫말	노래가 만들어진 당시에 사용하던 물건이나 생활 모습 등이 담기기도 함.

2 단원   개념북

8회 문제 학습
80~81쪽

1 건축물　　**2** 생활 모습　　**3** 증언　　**4** 경험

5 ⑴ ○　　**6** ③　　**7** ⑴ ○ ⑵ ×　　**8** 인아

9 증언　　**10** 있어　　**11 예** 부모님이나 할아버지, 할머니와 같은 나이가 많은 사람이 있습니다.

12 ㉠ 세탁기　㉡ 빨랫방망이　　**13** ④

---

5 ⑴은 다리, ⑵는 라디오입니다.

왜 답이 아닐까?
라디오는 오래된 물건입니다.

6 제시된 사진은 향교입니다. 향교는 옛날 학생들이 공부하던 곳입니다.

문제 속 개념
우리 지역의 오래된 건축물 살펴보기

옛날 사람들은 성을 쌓아 적의 침입을 막았음.

물의 힘을 이용해 곡식을 찧거나 빻았음.

옛날 사람들은 돌, 나무, 짚 등 자연에서 얻을 수 있는 재료를 이용해 다리를 만들었음.

옛날 사람들은 기와나 짚으로 지붕을 얹었으며, 주로 초가집이나 기와집에 살았었음.

철도가 놓이면서 기차를 타고 다른 곳으로 이동하였음.

옛날 학생들은 향교에서 공부하였음.

7 ⑵ 옛날 사람들은 주로 초가집이나 기와집에 살았었습니다.

8 과거 사람들이 남긴 건축물의 모습을 보면 당시 사람들이 어떤 아름다움을 추구하였는지 알 수 있습니다.

문제 속 개념
오래된 건축물을 살펴보면 알 수 있는 점
- 우리 지역이 어떤 곳이었는지와 옛날 사람들의 생활 모습을 알 수 있습니다.
- 오래된 건축물을 살펴보면 옛날 사람들의 생각과 지혜를 알 수 있습니다.
- 과거 사람들이 남긴 건축물의 모습을 보면 당시 사람들이 어떤 아름다움을 추구하였는지 알 수 있습니다.

9 제시된 글은 증언에 대한 설명입니다. 증언은 사람에게 직접 말로 듣는 것이기 때문에 과거를 생생하게 이해할 수 있습니다.

10 과거에 있었던 일을 직접 경험했거나, 기억하는 사람이 들려주는 이야기도 과거 모습을 알려주는 자료가 될 수 있습니다.

11 이 밖에도 이모와 삼촌, 선생님, 혹은 과거를 직접 경험한 모든 사람이 우리 주변의 과거 모습을 증언해 줄 수 있습니다.

채점 기준	상	과거 모습을 증언해줄 수 있는 사람을 정확하게 쓴 경우
	중	나이가 많은 사람이라고만 쓴 경우

12 세탁기가 없었던 시절에는 빨랫방망이를 이용하여 빨랫감을 깨끗하게 만들었습니다.

이런 답도 가능해!
이모나 삼촌, 선생님과 같은 나이가 많은 사람이 증언을 해줄 수 있습니다.

13 ④ 1970년대에 서울에 생긴 지하철은 지하철역이 많지 않아, 버스 없이는 멀리 있는 지하철역까지 가기 힘들었습니다.

문제 속 개념
증언을 들어보면 알 수 있는 점
- 과거의 상황을 생생하게 알 수 있습니다.
- 과거 사람들의 생활 모습을 알 수 있습니다.
- 오늘날과는 달랐던 과거 사람들의 생각을 알 수 있습니다.
- 나에게 이야기를 들려주는 사람의 특별한 경험을 알 수 있습니다.

1 계획	**2** 보고서	**3** 관찰	**4** 비교해

5 ㉠   **6** ⑤   **7** ④   **8** (1) ○   **9** 예 최대한 사실에 가깝게 다가가기 위해   **10** 조사 보고서   **11** (1) ○   **12** ④   **13** (2) ○

5 우리 주변의 과거 모습을 조사하는 과정은 '㉠ 조사 계획 세우기 → ㉣ 조사할 주제에 맞는 조사 방법 선택하기 → ㉢ 조사 계획에 따라 과거 모습 조사하기 → ㉡ 조사 결과 보고서 작성하기'의 순서대로 진행됩니다.

6 ⑤ 알게 된 점은 조사 보고서에 들어갈 내용으로 적절합니다.

> **문제 속 개념**
>
> **조사 계획서**
>
> | 조사 주제 | 시디 플레이어 |
> |---|---|
> | 조사 방법 | • 물건을 찾아 쓰임새 추측하기
• 주변의 어른께 여쭈어보기 |
> | 준비물 | 수첩, 필기도구, 카메라, 녹음기 |
> | 주의할 점 | • 질문할 내용을 미리 적어둡니다.
• 물건이 훼손되지 않도록 조심히 다루어야 합니다. |

7 ④ 전시관을 꾸미는 것은 우리 주변의 과거 모습을 소개하는 방법입니다.

8 (2) 과거 사람들이 남긴 자료가 진실을 담고 있지 않을 수도 있습니다.

> **문제 속 개념**
>
> **과거 모습을 조사할 때 주의할 점**
> • 과거 모습을 짐작할 때에는 여러 가지 자료를 살펴보아야 합니다.
> • 과거 사람들이 남긴 자료가 진실을 담고 있지 않을 수도 있습니다.
> • 과거 모습을 알아볼 때는 다양한 자료 를 살펴보고, 최대한 사실에 가깝게 다가가기 위해 노력해야 합니다.

9 과거 모습을 알아볼 때는 여러 가지 자료를 살펴보고, 최대한 사실에 가깝게 다가가기 위해 노력해야 합니다.

> **채점 tip** 최대한 사실에 가깝게 다가가기 위해 노력해야 한다고 썼으면 정답으로 합니다.

10 우리 주변의 과거 모습을 조사하고 난 뒤에는 조사 보고서를 작성합니다.

11 (2) 내가 찾은 물건이나 자료와 비교해 보면서 친구들의 소개를 듣습니다.

> **문제 속 개념**
>
> **친구들의 소개를 들을 때 가져야 하는 자세**
> • 친구들이 소개하는 물건이나 자료를 자세히 관찰하며, 친구들의 발표를 귀 기울여 듣습니다.
> • 내가 찾은 물건이나 자료와 비교해 보면서 듣습니다.
> • 발표를 듣고 궁금한 점이 있으면 질문을 합니다.

12 과거의 모습을 소개할 때는 과거의 물건을 소개하여야 합니다.

> **문제 속 개념**
>
> **우리 주변의 과거 모습을 소개하는 방법**
>
> | 조사한 내용을 친구들에게 발표하기 | 자료를 가져와서 친구들에게 보여주기 |
> |---|---|
> |  |  |

13 승연이네 모둠은 주판, 도영이네 모둠은 맷돌, 난희네 모둠은 비디오테이프를 소개하였습니다. (1)은 주판입니다.

> **문제 속 개념**
>
> **주판**
>
> 
>
> • 셈을 놓는 데 쓰는 기구입니다.
> • 옛날 사람들은 주판을 사용하여 덧셈, 뺄셈 등을 하였습니다.

10회 문제 학습 88~89쪽

1 지역 **2** 인천항 **3** 인터넷 **4** 생활 모습
5 지역 **6** (1) ㉠ (2) ㉡ **7** (2) ○ **8** ㉠ 옛날 ㉡ 오늘날 **9** ㉡ **10** 영지 **11** ㉢
12 현석 **13** ⑩ 옛날에 기차역으로 쓰였던 건물이 오늘날에도 그대로 남아 있다는 것을 알 수 있습니다.

5 제시된 글은 지역에 대한 설명입니다.

6 ㉠은 지역의 100년 전 모습을 담은 사진이고, ㉡은 오늘날 지역의 모습을 담은 사진입니다.

인천광역시 중구의 변화 살펴보기

7 (1) 오늘날에는 사라진 모습도 있습니다.

사진과 영상으로 옛날과 오늘날의 우리 지역을 살펴보면 알 수 있는 점
- 옛날 모습과 달라져서 이어져 내려오거나 그대로 이어져 내려온 모습이 있습니다.
- 옛날에는 없었는데 새롭게 생겨난 모습이 있습니다.
- 오늘날에는 사라진 모습도 있습니다.

8 제시된 옛날 사진에는 한강 모래밭에서 쉬는 사람들을 볼 수 있고, 오늘날 사진에서는 한강 공원의 모습을 볼 수 있습니다.

9 ㉠은 옛날 인천광역시 중구의 모습, ㉡은 오늘날 인천광역시 중구의 모습이 나타난 사진입니다.

10 ㉠은 인천광역시 중구의 옛날 사진으로 건물의 높이가 대부분 낮습니다.

11 과거 모습을 인터넷에서 검색할 때는 "○○ 시의 옛날 모습", "50년 전 ○○ 시의 모습", "○○시의 과거 사진" 등의 검색어를 사용합니다.

12 시간이 흐르면서 지역은 계속 변화합니다.

우리 지역의 옛날 모습을 살펴보면 알 수 있는 점
- 옛날 우리 지역의 모습이 오늘날과는 달라진 점이 많다는 것을 알 수 있습니다.
- 지역의 변화 과정에서 과거의 모습 중 일부는 사라지기도 합니다.
- 시간이 흐르면서 지역은 계속 변화하고, 지역의 변화에 따라 그곳에 사는 사람들의 생활 모습도 달라집니다

13 오늘날에는 옛 서울역 주변에 높은 건물과 차도가 많이 생긴 것도 알 수 있습니다. 시간이 흐르면서 지역은 계속 변화하고, 지역의 변화에 따라 그곳에 사는 사람들의 생활 모습도 달라집니다.

채점 tip 옛날과 오늘날의 서울역 모습을 비교하여 알 수 있는 점을 정확하게 썼으면 정답으로 합니다.

오늘날에는 옛날 서울역 건물의 주변에 차가 다니는 길과 횡단보도, 건물 등이 생겼습니다.

서울역의 옛날과 오늘날 모습

옛날에 기차역으로 쓰였던 건물이 오늘날에도 그대로 남아있으며, 오늘날에는 옛 서울역 건물의 주변에 차가 다니는 길과 횡단보도, 건물 등이 생겼습니다.

1 자료 **2** 영상 **3** 사진 **4** 옛이야기

5 ④ **6** 예 옛날에 경기도 파주시에는 임진강 뱃길을 오가는 사람들이 많았다는 사실을 알 수 있습니다. **7** 책 **8** ⑤ **9** ④ **10** 잠실 **11** 말죽거리 **12** ③ **13** ③

5 지역의 변화를 보여주는 자료는 책, 영상, 사진, 옛이야기가 있습니다.

6 이 밖에도 오늘날에는 도로가 발달하고 사람들이 자동차를 이용하게 되면서 나루터를 이용하는 일이 점점 줄었다는 것을 알 수 있습니다.

채점 기준	상	책을 읽고 알 수 있는 점을 정확하게 쓴 경우
	중	책을 읽고 알 수 있는 점을 썼으나 다소 모호한 경우

이런 답도 가능해!

옛날에는 많은 사람이 나루터를 이용했지만, 오늘날에는 주로 어부들만 이용한다는 것을 알 수 있습니다.

7 책을 찾아보면 우리 지역이 유래나 역사에 대해서 알 수 있습니다.

8 ⑤ 다른 시기에 찍힌 지역의 사진을 보고 미래의 우리 지역 모습은 알 수 없습니다.

문제 속 개념

다른 시기에 찍은 지역의 사진을 보고 알 수 있는 점

이어져 내려온 모습	우리 지역에 옛날부터 오늘날까지 그대로 이어져 내려온 모습을 알 수 있음.
사라진 모습	옛날에는 있었지만, 오늘날에는 사라진 모습을 찾을 수 있음.
변화된 모습	옛날에는 없었지만, 오늘날 새롭게 생겨난 모습을 알 수 있음.

9 1970년대의 춘천시에는 큰 도로가 없었지만, 오늘날에는 큰 도로가 있습니다.

10 제시된 글은 잠실의 지명 유래에 대한 옛이야기입니다. 이야기를 통해 옛날 사람들이 이 지역에서 뽕나무를 심어 누에를 많이 길렀다는 것을 알 수 있습니다.

11 말죽거리 이야기를 통해 서울을 오가던 옛날 사람들이 이 이 지역에서 쉬며 말에게 죽을 끓여 먹였다는 것을 알 수 있습니다.

문제 속 개념

말죽거리 이야기(서울특별시 서초구)

이 지역은 옛날부터 서울을 오가던 사람들이 들르던 길목이었습니다. 옛날 사람들은 이곳에서 쉬며, 먼 길을 타고 온 말에게 죽을 끓여 먹였습니다. 그 후 사람들은 이곳을 '말죽거리'라고 불렀습니다. 교통이 발달하면서 예전 모습은 사라졌지만, 말죽거리라는 이름은 오늘날까지 이어져 오고 있습니다.

말죽거리 이야기를 통해 서울을 오가던 옛날 사람들이 이 지역에서 쉬며 말에게 죽을 끓여 먹였다는 것을 알 수 있습니다.

12 지역의 옛이야기로 당시의 자연환경이나 옛날 사람들의 생활 모습, 오늘날 우리 고장의 유래나 특징을 알 수 있습니다.

문제 속 개념

옛이야기가 중요한 까닭
- 고장에서 있었던 일이나 고장 사람들이 중요하게 생각한 내용 등이 담겨있기 때문입니다.
- 옛날의 자연환경과 당시 사람들의 생활 모습을 알 수 있기 때문입니다.

13 옛이야기를 통해서 지역의 고유한 특징, 지역의 유래, 지역의 역사 등을 알 수 있습니다.

문제 속 개념

옛이야기를 읽고 알 수 있는 점

지역의 고유한 특징	오늘날 건물, 도로, 마을, 행사 등의 이름을 사용하기도 함.
지역의 유래	당시 자연환경이나 오늘날 우리 지역의 유래를 알 수 있음.
지역의 역사	우리 지역에 살았던 사람들의 생활 모습과 여러 지명이 생겨난 까닭 등이 담겨 있음.

2 단원
개념북

12회 문제 학습　　　96~97쪽

1 조사 계획서　　**2** 책　　**3** 문화 관광 해설사
4 질문

- -

5 ㉡ → ㉠ → ㉢　　　**6** 조사 계획서　　**7** ①
8 ②　　**9** ㉢　　**10** ㉠　　**11 ⓔ** 인천항 개항 이후에 많은 사람이 모여 살게 되었다는 것을 알 수 있습니다.　　**12** ①　　**13** 재윤

5 지역의 변화를 조사하는 과정은 '㉡ 지역의 변화 조사 계획 세우기 → ㉠ 지역의 변화 조사하기 → ㉢ 지역의 변화와 생활 모습 정리하기'의 순서로 진행합니다.

6 조사 주제, 조사 방법, 조사할 내용, 주의할 점 등을 바탕으로 조사 계획서를 작성합니다.

7 느낀 점은 지역의 변화 조사 계획서에 들어갈 내용으로 적절하지 않습니다.

8 ② 책자 만들기는 지역의 변화를 소개하는 방법입니다.

> **문제 속 개념**
> **우리 지역의 변화 조사하는 방법**
>
> | 도서관에서 지역과 관련된 책 찾아보기 | 지역의 시·군·구청 누리집 검색하기 |
> |---|---|
> |  |  |
> | 우리 지역의 옛이야기, 지역의 유래, 사람들의 생활 모습을 담은 책을 찾아서 읽어 봄. | 시·군·구청 누리집에서 우리 지역의 옛날 모습을 보여주는 사진이나 영상 등을 찾아봄. |
> | 문화 관광 해설사의 설명 듣기 | 지역 주민에게 이야기 듣기 |
> |  |  |
> | 지역의 역사에 대해 문화 관광 해설사의 설명을 듣고, 궁금한 점을 질문함. | 지역에 오래 사셨거나 지역에 대해서 잘 아시는 어른의 이야기를 통해서도 지역의 변화를 알 수 있음. |

9 ㉢ 시·군·구청 누리집에서 지역의 사진을 찾아보는 것은 인터넷을 이용하여야 합니다.

10 제시된 그림은 지역에 대해 잘 아시는 주민에게 설명을 듣는 모습입니다.

> **문제 속 개념**
> **지역 주민에게 직접 이야기를 들으면 좋은 점**
> - 지금과는 다른 생활 모습을 알 수 있습니다.
> - 당시의 생활 모습이나 지역의 옛 모습을 자세하고 생생하게 알 수 있습니다.
> - 누리집에서는 찾기 힘든 이야기나 사실을 알아낼 수 있습니다.

11 이 밖에도 신창동은 원래 새로 이루어진 마을이라는 뜻이었는데, 이후 새로운 항구가 있는 마을이라는 뜻인 '신포동'으로 지명이 바뀌었다는 것을 알 수 있습니다.

채점 기준	상	제시된 답 중 한 가지를 정확하게 쓴 경우
	중	알 수 있는 점을 한 가지 썼으나, 구체적이지 않은 경우

> **이런 답도 가능해!**
> 우리 지역의 지명 유래를 알 수 있습니다. 우리 지역은 인천항이 개항하면서 새로 이루어진 마을이라는 것을 알 수 있습니다. '신포동'의 뜻이 항구가 있는 마을이라는 것을 알 수 있습니다.

12 지역의 변화를 조사하기 전에 질문할 내용을 미리 써 두어야 합니다.

> **문제 속 개념**
> **지역의 변화를 조사할 때 주의할 점**
> - 믿을 수 있는 자료를 찾아봐야 합니다.
> - 질문할 내용을 미리 써 둡니다.
> - 사진기, 수첩, 연필 등을 준비해야 합니다.

13 오늘날에는 직업의 종류가 다양해졌고, 같은 지역에 살아도 서로 다른 일을 하는 경우가 많습니다.

> **문제 속 개념**
> **옛날과 오늘날 사람들의 생활 모습**
> - 옛날에는 마을 사람들이 대부분 같은 일을 했고, 이웃끼리 서로 힘을 합쳐서 농사를 지었습니다.
> - 오늘날에는 직업의 종류가 다양해졌고, 같은 지역에 살아도 서로 다른 일을 하는 경우가 많습니다.
> - 옛날에는 이웃과 함께 하는 시간이 많았지만, 오늘날에는 이웃보다는 친구나 가족과 함께하는 시간이 많아졌습니다.

1 신문　　**2** 책자　　**3** 사진　　**4** 노랫말

5 ⑤　　**6** 신문 만들기　　**7** 책자 만들기　　**8** 신문　　**9** 허찬　　**10** 다른　　**11** ⑤　　**12** 예 다른 모둠이 만든 자료를 감상할 때, 바른 자세로 주의 깊게 감상합니다.　　**13** ⑵ ○

5　⑤는 지역의 변화 모습 조사 방법입니다.

문제 속 개념

우리 지역의 변화와 달라진 생활 모습 표현하기

① 신문 만들기

지역의 변화에 대한 기사, 사진, 설명, 인터뷰 등을 넣은 신문을 만들어 소개합니다.

② 책자 만들기

• 지역의 옛날과 오늘날 모습을 표현한 책자를 만들어 소개합니다.
• 옛날과 오늘날 지역 모습, 사람들의 생활 모습을 비교하여 책자로 소개합니다.

③ 사진 전시하기

• 다른 시기에 찍은 지역의 사진을 전시하고, 각 시기의 모습을 소개합니다.
• 사진을 설명할 때는 사진이 어떤 모습을 나타내고 있는지, 오늘날과 비교해 달라진 점은 무엇인지 적습니다.

④ 노랫말 바꿔 부르기

노랫말을 지역 변화와 달라진 생활 모습에 대한 내용으로 바꾸어 불러 소개합니다.

6　지역의 변화와 달라진 사람들의 생활 모습을 신문 기사를 통해 자세히 살펴볼 수 있습니다.

7　제시된 그림은 책자를 만들어 우리 지역의 변화를 표현하는 모습입니다. 옛날과 오늘날 지역 모습, 사람들의 생활 모습을 비교하여 책자로 소개합니다.

8　기사를 통해 지역의 변화를 살펴볼 수 있는 자료는 신문입니다.

9　지역의 변화를 소개하는 자료를 만들 때, 소개 자료를 꾸미는 데 너무 많은 시간이 들지 않도록 주의해야 합니다.

문제 속 개념

친구들의 작품을 살펴보고 느낀 점 말해 보기

• 예전에 있던 것들이 사라지고, 오늘날 새로 생긴 것들이 많이 있습니다.
• 우리 지역 사람들의 생활 모습이 많이 바뀌었다는 것을 알 수 있었습니다.
• 옛날과 달라진 모습도 있지만, 그대로 이어져 내려오는 모습도 있다는 사실을 알게 되었습니다.

10　다른 시기에 찍은 지역의 사진을 전시하고, 각 사진이 어떤 모습을 나타내고 있는지 소개합니다.

11　제시된 자료는 노랫말을 바꿔서 우리 지역의 변화와 달라진 생활 모습을 표현하는 방법입니다.

12　이 밖에도 새롭게 알게 된 점, 느낀 점 등을 쓰면서 소개 자료를 감상합니다.

채점 tip 제시된 답안을 한 가지 알맞게 쓴 경우 정답으로 합니다.

13　친구들의 소개를 들으면 우리 지역이 많이 변화하였다는 것을 알 수 있습니다.

14회 마무리 평가   102~105쪽

1 ①   **2** 성장 흐름표   **3** ㄹ → ㄴ → ㄱ → ㄷ
4 한별   **5** 시대   **6 예** 학교를 찍은 사진이나 영상을 봅니다. 학교의 누리집이나 역사관을 살펴봅니다.   **7** ②   **8** 유진   **9** (1) ㄴ (2) ㄱ
10 ㄴ   **11 예** 증언은 과거를 경험한 사람이 자기의 과거 경험을 직접 말로 들려주는 것을 말합니다. 증언을 살펴보면 이야기를 들려주는 사람의 특별한 경험을 알 수 있습니다.   **12** ㄱ → ㄹ → ㄷ → ㄴ   **13** 잠실   **14** ③   **15** ㄴ   **16** ④
17 ④   **18** 노랫말 바꿔 부르기   **19** 작년, 어제
20 예 어제 엄마와의 숙제를 다 하겠다는 약속을 지키기 위해 열심히 공부를 했다. 내일은 친구들과 놀이터에서 놀기로 했다.

1 주변의 모습이 변하는 것에서 시간의 흐름을 느낄 수 있습니다. ① 늘 변함 없는 모습을 바라볼 때는 시간의 흐름을 느끼기 어렵습니다.

2 제시된 자료는 성장 흐름표입니다.

3 성장 흐름표에는 나의 성장 과정을 순서대로 표에 적어야 합니다.

4 인성이는 현재를 나타내는 표현, 준희와 민정이는 과거를 나타내는 시간 표현을 사용하였습니다.

5 시대는 어떤 기준에 따라 구분한 일정한 기간을 뜻하는 시간 표현입니다.

6 이 밖에도 학교에 있는 오래된 물건을 살펴보거나, 옛날에 학교를 다녔던 사람들의 이야기를 들어봅니다.

채점 기준	상	학교의 과거 모습을 조사하는 방법을 알맞게 두 가지 쓴 경우
	중	학교의 과거 모습을 조사하는 방법을 한 가지만 알맞게 쓴 경우

7 ② 연표를 보고 미래의 일을 예측할 수는 없습니다.

8 개인이 쓴 일기와 같은 기록도 과거의 모습을 알 수 있는 자료입니다.

9 (1)은 무선 호출기, (2)는 타자기의 모습입니다.

10 편지의 내용을 통해 1960년대에는 초등학교를 국민학교라고 불렀다는 것을 알 수 있습니다.

왜 답이 아닐까?

㉠ 편지를 받은 사람이 전학을 갔습니다.
㉢ 편지를 쓴 사람은 10월 18일에 소풍을 다녀왔습니다.

11 증언은 옛날 사람들의 생활 모습을 알 수 있는 자료 중 하나입니다. 증언을 살펴보면 과거의 상황을 생생하게 알 수 있습니다.

채점 기준	상	증언의 의미와 증언을 통해 알 수 있는 점을 모두 알맞게 쓴 경우
	중	증언의 의미만 알맞게 쓴 경우

12 우리 주변의 과거 모습을 조사하는 과정은 '㉠ 조사 계획 세우기 → ㉣ 조사할 주제에 맞는 조사 방법 선택하기 → ㉢ 조사 계획에 따라 과거 모습 조사하기 → ㉡ 조사 결과 보고서 작성하기'의 순서대로 진행됩니다.

13 지역마다 전해오는 옛이야기에는 지역의 유래와 특징이 담겨 있습니다. 제시된 옛이야기는 서울특별시 송파구 잠실동의 지명과 관련된 옛이야기입니다.

14 ③ 우리 지역의 옛이야기를 통해서 지역의 100년 후 모습은 알 수 없습니다.

15 제시된 그림은 주변의 어른께 우리 주변의 과거 모습을 여쭈어보는 모습입니다.

16 사진을 전시하는 것은 우리 지역의 변화를 소개하는 모습입니다.

17 제시된 내용은 조사하는 과정에서 알게 된 점을 정리한 것입니다.

18 노랫말을 바꿔 부르면 지역의 변화를 쉽게 재미있게 이해할 수 있습니다.

19 '오늘'은 현재를 나타내는 말입니다. '작년'과 '어제'는 과거를 나타내는 말입니다.

20 과거, 현재, 미래를 나타내는 단어를 사용하여 오늘의 일기를 간단하게 써봅니다.

채점 기준	상	시간을 나타내는 단어를 두 가지 사용하여 일기를 알맞게 쓴 경우
	중	시간을 나타내는 단어를 한 가지만 사용하여 일기를 쓴 경우

1 ④ **2** (1) 21세기 (2) 18세기 **3** ⑤
4 ㉣ **5** ㉠ 시대 ㉡ 세기 ㉢ 년대 **6** 예 시간을 나타내는 표현을 활용하여 일이 일어난 순서가 잘 드러나도록 이야기해야 합니다. **7** 준수
8 ㉢ **9** ② **10** ② **11** ③ **12** ①
13 책 **14** ③ **15** (1) ○ **16** 말죽거리
17 예 지역에서 있었던 일이나 지역 사람들이 중요하게 생각한 내용 등이 담겨 있기 때문입니다.
18 ㉢ **19** 연표 **20** 예 1937년에 학교를 세워 운영을 시작하였습니다.

2 1년부터 100년까지를 1세기라고 합니다. (1) 오늘은 21세기에 해당하고, (2) 1789년은 18세기에 해당합니다.

3 학교의 누리집을 살펴보면 재학생 161명을 12학급으로 편성한 것이 2023년 3월의 일로 가장 최근에 일어난 일입니다.

4 ㉠, ㉡ 연표를 살펴보면 어떤 일이 언제 일어났는지와 어떤 순서로 일어났는지를 한눈에 볼 수 있습니다. ㉢ 연표는 과거에 있었던 일을 순서대로 배열한 것입니다.

5 ㉠ 어떤 기준에 따라 구분한 일정한 기간은 시대(조선 시대, 정보화 시대 등), ㉡ 100년 동안을 세는 단위는 세기(18세기, 21세기 등), ㉢ 10년, 100년, 1000년 단위의 해를 뜻하는 말 뒤에 쓰이는 시간 표현은 년대(1900년대, 2010년대 등)를 말합니다.

6 역사 연표를 소개할 때는 중요한 일을 중심으로 시간 순서에 따라 소개합니다.
채점 tip 시간을 나타내는 표현을 사용하고 시간 순서에 따라 소개한다고 썼으면 정답으로 합니다.

7 과거 모습을 찾아볼 때는 다양한 자료를 찾아보고, 더 설득력이 있고 근거가 명확한 사실을 선택해야 합니다.

8 ㉠, ㉡, ㉣은 우리 주변의 오래된 물건이지만 ㉢은 과거의 물건이 아닙니다.

10 제시된 사진은 향교이며, 조선 시대의 학생들은 향교에서 공부하였습니다.

11 증언은 사람에게 직접 말로 듣는 것이기 때문에 과거를 생생하게 이해할 수 있는 자료 중 하나입니다.

13 지역의 유래나 역사를 기록한 책을 통해서 지역의 변화를 확인할 수 있습니다.

14 ③ 오늘날 임진강의 나루터는 어부들이 이용하는 곳이 되었습니다.

15 (1)은 1970년대에 찍은 지역 사진이고, (2)은 오늘날 찍은 지역의 사진입니다.

16 제시된 글은 말죽거리 이야기입니다. 교통이 발달하면서 예전 모습은 사라졌지만, 말죽거리라는 이름은 오늘날까지 이어져 오고 있습니다.

17 이 밖에도 옛날의 자연환경과 당시 사람들의 생활 모습을 알 수 있기 때문입니다.

채점 기준	상	제시된 답안 중 한 가지를 정확하게 쓴 경우
	중	지역에 살던 옛날 사람들의 흔적을 알 수 있다고만 쓴 경우

20 이 밖에도 1941년과 1996년에 학교 이름이 바뀌었습니다.

채점 기준	상	연표를 보고 알 수 있는 사실을 시간 표현을 정확하게 사용하여 쓴 경우
	중	연표를 보고 알 수 있는 사실을 썼으나, 시간 표현을 활용하지 않고 쓴 경우

용어 퍼즐 1학기 용어 되돌아 보기 112쪽

장	소			공	공	기	관
	방					록	
	서						
		디	지	털	영	상	지	도
			역				서
							관
	과				시		
말	죽	거	리		년	대	

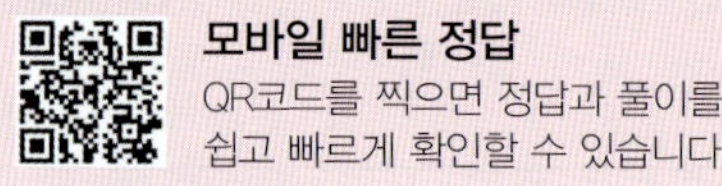

1. 우리가 사는 곳

단원 핵심 개념   2~3쪽

❶ 장소 ❷ 보고서 ❸ 경험 ❹ 존중 ❺ 안전
❻ 인공위성 ❼ 확대 ❽ 교육

단원 평가 A 단계   4~7쪽

1 장소   **2** ③   **3** 채영   **4** (1) ㉤ (2) ㉠
5 도서관   **6** (1) ㉤ (2) ㉠ (3) ㉢   **7** (1) 일기장 (2) 체험 학습 보고서 (3) 사진   **8** 만화 그리기   **9** (2) ○   **10** 글로 표현하기   **11** (2) ○
12 ④   **13** ㉠   **14** 국민 체육 센터   **15** 범수   **16** ③   **17** ⑤   **18** ③   **19** 다릅니다   **20** ②

1 제시된 글은 장소에 대한 설명입니다.

2 ③ 자동차는 교통수단으로 장소에 해당하지 않습니다.

3 현아는 강에서 경험할 수 있는 일, 현준이는 시장에서 경험할 수 있는 일을 말했습니다.

4 ㉠은 건물이나 기관이고, ㉤은 자연환경입니다.

5 장소 카드의 사진과 글은 도서관에 대한 내용입니다.

6 병원과 치과는 아플 때 치료받는 장소, 시장과 편의점, 할인 매장, 백화점은 물건이나 음식을 사고파는 장소, 학교와 학원 그리고 도서관은 공부하는 장소입니다.

7 이 밖에도 지역의 지도나 관광 안내도를 살펴보면 우리 주변 장소에서의 경험을 떠올릴 수 있습니다.

8 제시된 자료는 자신의 경험을 여러 장면의 만화로 나누어 표현한 것입니다.

9 제시된 만화는 가족들과 공원에 놀러갔던 경험을 나타냈습니다.

10 제시된 자료는 장소에서의 경험을 글로 자세하게 풀어서 나타낸 것입니다.

11 (1) 우리 주변 장소의 그림을 그릴 때는 고장에 있는 장소를 모두 다 그릴 필요는 없습니다.

문제 속 개념

우리 주변 장소의 모습을 그릴 때 주의할 점
고장에 있는 장소를 모두 다 그릴 필요는 없습니다.
- 상상 속의 장소가 아닌 주변에 실제로 있는 장소를 그립니다.
- 정해진 방법대로 그리지 않아도 되고 다양한 방법으로 그릴 수 있습니다.
- 장소에 대한 느낌을 ☆, ♡ 와 같은 표시를 해서 나타낼 수 있습니다.

---

12 ① 정화는 큰 사거리와 도로를 중심으로 그림을 그렸습니다. ② 정화는 자신이 잘 아는 장소를 그렸습니다. ③은 그림을 보고 알 수 있는 사실이 아닙니다. ⑤ 정화는 학교를 가장 좋아하고, 놀이터에 대해서 가장 잘 알고 있습니다.

13 제시된 내용은 비교하는 주변의 장소 그림 중 어느 한 곳에만 그려진 장소를 찾는 방법에 해당합니다.

14 이서의 그림에는 공원, 학교, 집, 분식집, 놀이터, 산이 나타나 있고, 재이의 그림에는 공원, 학교, 집, 분식집, 국민 체육 센터가 나타나 있습니다.

15 두 친구 모두 그림에 길을 그렸습니다. 이서는 학교에 운동장을 그렸지만, 재이는 그리지 않았습니다.

16 친구들의 그림을 살펴보면 주변에 있는지 몰랐던 장소를 알 수 있고, 우리 주변의 장소에서 친구가 어떤 경험을 하였는지 알 수 있습니다.

17 서로의 관심사가 다르고, 여러 장소 중에 그리고 싶은 곳들이 서로 다르기 때문에, 같은 장소를 그린 그림이라도 모습이 다릅니다.

18 사람들은 같은 장소에 대한 감정이나 태도가 다를 수 있습니다.

19 사람마다 기억하는 것이 다르기 때문에, 각자의 경험에 따라 장소에 대한 생각이나 느낌이 다릅니다.

20 주변 장소에 대한 서로 다른 생각과 느낌을 이해하고 존중해야 합니다.

단원 평가 A 단계

1 ④　　**2** ①　　**3** ㉤　　**4** ㉢　　**5** ㉠　　**6** 디지털 영상 지도　　**7** ②, ⑤　　**8** ④　　**9** 환희
10 ㉠ → ㉡ → ㉢　　**11** ③　　**12** ③　　**13** ㉡
14 (1) ○　　**15** (1) ㉡ (2) ㉠ (3) ㉢　　**16** (1) ○
17 ③　　**18** ②　　**19** ④　　**20** ③

1 제시된 사진과 글은 도서관에 대한 설명입니다. ② 서점에서는 책과 영상 자료를 빌릴 수 없습니다.

2 ②는 병원, ③은 공원, ④는 도서관, ⑤는 시장이나 편의점 등에서 경험할 수 있는 일입니다.

문제 속 개념

생활에 도움을 주는 장소에서 할 수 있는 일

산	등산을 할 수 있음.
캠핑장	가족들과 캠핑을 즐길 수 있음.
시장	싱싱한 해산물, 채소, 과일 등을 살 수 있음.
공연장	연극이나 음악회를 관람할 수 있음.
미술관	미술 작품을 감상할 수 있음.
수영장	여러 가지 수영 방법과 생존 수영을 배울 수 있음.
병원	몸이 아플 때 치료를 받을 수 있음.

3 보건소에서 질병을 미리 막기 위해 예방 접종을 할 수 있습니다.

4 제시된 글은 소방서에 대한 설명입니다.

5 공공 기관은 개인이 아닌 모든 사람을 위해 일하는 국가 기관을 말합니다. 시장은 공공 기관이 아닙니다.

6 제시된 사진은 디지털 영상 지도입니다. 디지털 영상 지도는 항공 사진이나 인공위성 사진을 이용해서 만든 지도입니다.

7 ② 지역의 전체적인 모습과 자세한 모습을 하늘에서 내려다본 것처럼 살펴볼 수 있습니다. ⑤ 디지털 영상 지도는 컴퓨터나 스마트폰 등 다양한 기기에서 이용할 수 있습니다.

8 디지털 영상 지도의 ＋, － 단추를 누르면 확대와 축소 기능을 이용할 수 있습니다.

9 디지털 영상 지도로 장소의 내부 모습까지는 보기 어렵습니다.

10 디지털 영상 지도를 이용해 주요 장소를 찾을 때는 '㉠ 찾고 싶은 주요 장소 정하기 → ㉡ 주요 장소를 디지털 영상 지도에서 찾아보기 → ㉢ 찾아본 장소를 디지털 영상 지도에서 확대하여 살펴보기'의 순서로 진행합니다.

11 디지털 영상 지도를 이용하면 고장의 위치를 쉽게 알 수 있고 고장의 전체적인 모습과 자세한 모습을 비교해 볼 수도 있습니다.

12 우리 주변의 장소를 조사하는 방법으로는 직접 방문하기, 디지털 영상 지도 살펴보기, 시청·구청 누리집 살펴보기, 주변 사람들에게 물어보기 등이 있습니다.

13 ㉠ 디지털 영상 지도로 장소를 살펴보면 장소 안의 모습까지는 알기 어렵습니다. ㉢ 디지털 영상 지도를 활용하면 어디에 어떤 장소가 있는지 정확하게 알 수 있습니다.

14 우리가 자주 이용하는 장소는 일상생활과 밀접한 관련이 있으므로 그 특징을 잘 알고 있을 필요가 있습니다.

15 ㉠은 국민 체육 센터, ㉡은 시장, ㉢은 어린이 도서관의 좋은 점입니다.

16 장소와 시설을 직접 이용해 보면 편리한 점과 좋은 점을 알 수 있고, 불편한 점이나 더 필요한 것 등을 자세히 파악할 수 있습니다.

17 ③은 우리가 사는 곳의 불편한 점입니다.

18 우리가 사는 곳의 문제점을 해결하는 방법으로는 공공 기관에 편지 쓰기, 시청 누리집에 의견 올리기, 문제 해결 방안을 알리는 홍보 활동하기, 공공장소나 시설을 이용하는 올바른 방법을 알리는 알림판 쓰기 등이 있습니다.

19 ④ 지역에서 나이가 가장 많은 어른의 의견에 무조건 따르는 것은 우리가 사는 곳의 문제 해결 방안을 결정하는 적절한 방법이 아닙니다.

20 문제점을 해결할 방안을 탐색한 후에는 문제점 해결을 위한 의견을 제안하고, 해결 방안을 실천해야 합니다.

1
단원
평가북

단원 평가 B단계   12~15쪽

1 장소   **2** ⑴ ○   **3** ③   **4** ⑴ ○ ⑶ ○
⑷ ○   **5 예** 내가 사는 곳에 어떤 장소들이 있
는지 쉽게 확인할 수 있습니다.   **6** 놀이터, 산
7 예 이서는 분식집에 떡볶이를, 재이는 분식집
에 김밥을 그렸습니다.   **8** ⑴ ○ ⑵ × ⑶ ○
9 좋아하는   **10** ①, ④   **11** ①   **12** ⑵
○   **13** ④   **14** ③   **15** 이동   **16** ②
17 상우   **18** 버스 터미널   **19 예** 우리가 자
주 이용하는 장소는 일상생활과 밀접한 관련이 있
으므로 그 특징을 잘 알고 있어야 하기 때문입니다.
20 ③

1 제시된 글은 장소에 대한 설명입니다.

2 ⑴은 문구점, ⑵는 도서관의 모습입니다. 문구점에서
공부할 때 필요한 학용품과 수업 준비물 등을 살 수
있습니다.

3 ① 체육관은 운동하는 장소, ② 병원은 아플 때 치료
받는 장소, ④ 해수욕장은 여가 활동을 즐기는 장소,
⑤ 공연장은 문화생활과 관련된 장소입니다.

4 주변 장소의 모습을 그릴 때는 상상 속의 장소가 아
닌 실제 있는 장소를 그려야 합니다.

5 장소에 대한 내 생각을 정리할 수 있습니다.

채점 기준	상	제시된 답안 중 한 가지를 알맞게 쓴 경우
	중	답안을 썼으나 다소 정확하지 않은 경우

6 이서의 그림에서만 놀이터, 산의 모습을 볼 수 있고,
재이의 그림에서만 국민 체육 센터를 볼 수 있습니다.

7 이 밖에도 이서는 학교에 운동장을 그렸지만, 재이는
그리지 않았습니다. 이서는 공원에서 산책하는 모습
을, 재이는 자전거 타는 모습을 그렸습니다.

채점 기준	상	두 그림의 차이점을 예시를 들어 정확하게 설명한 경우
	중	서로 다른 장소를 그리기도 했다고만 쓴 경우

8 ⑵ 친구들의 그림 실력보다는 우리 주변의 장소와 그
곳에서의 친구들의 경험을 위주로 그림을 비교해야
합니다.

9 제시된 그림을 보면 놀이터에 여러 개의 '☆'를 표시
하여 가장 잘 알고 있는 장소를 표현했고, 좋아하는
장소인 학교에는 '♥'를 그려서 표시했습니다.

10 사람마다 고장에서 겪은 경험이 다르고, 이에 따라
여러 가지 생각과 느낌을 가질 수 있기 때문에 사람
마다 그리는 고장의 모습이 다양하게 나타납니다.

11 공항에서 비행기를 타고 다른 지역이나 해외로 여행
을 떠날 수 있습니다.

12 ⑴은 체육관을 이용하는 모습입니다.

13 서점, 시장, 문구점, 아파트, 백화점, 영화관, 대형
마트, 택배 회사 등은 공공 기관이 아닙니다.

14 디지털 영상 지도의 위치 찾기 기능을 이용하여 찾고
자 하는 장소가 지도의 어디에 있는지 확인할 수 있
습니다.

15 제시된 글은 디지털 영상 지도의 이동하기 기능에 대
한 것입니다.

16 ② 디지털 영상 지도를 이용하면 주변에 있는 여러
장소를 한눈에 볼 수 있습니다.

문제 속 개념

디지털 영상 지도로 살펴본 지역의 모습

▲ 고장의 전체적인 모습   ▲ 고장의 자세한 모습

디지털 영상 지도로 장소를 살펴보면 지역의 전체적인 모습과
자세한 모습을 모두 볼 수 있습니다.

---

17 지도를 보면 왼쪽에 낙동강, 오른쪽에 산이 있습니다.

18 제시된 그림에서 학생은 버스 터미널을 살펴보고 있
습니다.

19 이 밖에도 주변 장소의 특징을 잘 알고 있어야 우리
가 사는 곳을 더 살기 좋은 곳으로 만들 방안을 생각
할 수 있기 때문입니다.

채점 tip 제시된 답안 한 가지를 알맞게 썼으면 정답으로 합니다.

20 ③ 지역 문제는 모든 주민들이 해결에 참여할 수 있
도록 널리 알려야 합니다.

2. 일상에서 만나는 과거

1 제시된 글은 일상생활에서 시간의 흐름을 느낄 수 있
는 요소에 대한 설명입니다.

2 (1)은 시침과 분침이 움직이는 것을 보고 시간의 흐름
을 느끼는 모습이고, (2)는 계절에 따라서 바뀌는 자
연의 모습입니다.

3 키가 커지는 경험, 방학이 끝나고 새 학기가 시작되
는 경험, 기어다녔던 동생이 걸어다니는 경험을 통해
서 시간의 흐름을 느낄 수 있습니다.

4 성장 흐름표를 만들 때는 나의 성장 과정을 시간 순
서대로 표에 적습니다.

5 ⑤ 태어났을 때 몸무게는 4.3kg이었습니다.

6 과거는 이미 지나간 시간, 현재는 지금의 시간, 미래
는 앞으로 다가올 시간을 의미합니다.

7 작년은 이해의 바로 앞의 해를 뜻하는 말로, 과거를
나타내는 시간 표현입니다.

8 편지, 신문 기사 등에는 여러 가지 시간을 나타내는
표현을 사용합니다. ㉢, ㉤은 시간을 나타내는 표현
으로 적절하지 않습니다.

9 ㉠은 시대, ㉡은 세기, ㉢은 년대에 대한 설명입니다.

10 다양한 시간 표현을 통해서 일이 언제 일어났는지 알
수 있으며, 여러 일이 일어난 순서, 일을 얼마 동안
지속했는지 등을 알 수 있습니다.

11 ⑤ 우리 가족의 내년 목표를 계획하는 것은 가족의
과거 모습 조사 방법으로 적절하지 않습니다.

12 가족에게 큰 영향을 미쳤거나 중요한 일들은 우리 가
족의 역사가 됩니다. ㉢, ㉣은 은석이가 떠올린 기억
에 남는 일이고, ㉠, ㉡은 엄마와 아빠가 떠올린 가족
에게 있었던 중요한 일입니다.

13 제시된 글은 기록에 대한 설명입니다. 과거에 있었던
일을 글이나 사진, 영상 등으로 남긴 것을 기록이라
고 합니다.

14 제시된 자료는 학교 연혁으로, 학교의 발전 과정을
과거부터 중요한 사건별로 정리한 표입니다.

15 학교 누리집이나 역사관에서 학교의 역사를 살펴보
면 우리 학교에 있었던 중요한 일과, 학교의 변화 과
정, 역사 등을 알 수 있습니다.

문제 속 개념

학교의 과거 모습을 조사하는 방법
• 학교를 찍은 사진이나 영상을 살펴봅니다.
• 학교에 있는 오래된 물건을 살펴봅니다.
• 학교의 누리집이나 역사관을 살펴봅니다.

---

16 (2) 연표를 살펴보면 과거에 있었던 일들이 언제 일어
났는지 알 수 있지만, 미래에 일어난 일을 예측할 수
는 없습니다.

17 연표를 만들 때는 '연표에 표시할 일들을 시간 순서
대로 배열하기 → 연표에 가장 먼저 일어난 일과 마
지막에 일어난 일 표시하기 → 중간에 일어난 일들
표시하기 → 글, 그림, 사진 등으로 연표 꾸미기'의
순서로 진행합니다.

18 같은 주제로 연표를 만들어도 만드는 사람에 따라 연
표의 형태와 내용이 다를 수 있습니다.

19 ③ ◯◯ 초등학교는 1941년과 1996년에 이름을 바꾸
었습니다.

20 사람마다 중요하게 생각하는 일이 다르기 때문에 연
표의 내용은 서로 다를 수도 있습니다.

단원 **평가** Ⓐ 단계   22~25쪽

1 ②	**2** (1) ㉡ (2) ㉠	**3** ㉡	**4** ㉣
5 ④	**6** ㉠, ㉡, ㉣	**7** 일기	**8** ㉡, ㉣
9 (2) ○	**10** (1) ○	**11** 신문 기사	**12** 성
13 ④	**14** 증언	**15** ④	**16** ㉡
17 (1) ○	**18** ㉡	**19** 현진	**20** ⑤

1 ② 내가 사고 싶었던 물건을 떠올려 보는 것은 나의 어릴 적 모습을 알아보는 방법으로 적절하지 않습니다. 본인이 예전부터 간직하고 있던 물건을 살펴보아야 합니다.

2 고무신을 보고 옛날 사람들은 고무로 만든 신발을 신고 다녔다는 것을 알 수 있고, 도시락을 보고 옛날 사람들은 학교에 점심 식사를 싸서 다녔음을 알 수 있습니다.

3 편지, 일기, 노랫말, 신문 기사 등과 같은 기록을 살펴보면 과거 모습을 알 수 있습니다. 제시된 자료는 일기입니다.

> **문제 속 개념**
> **과거 모습을 알려주는 자료의 종류**
>
> | 물건 | 과거 사람들이 만들고 사용한 것 |
> |---|---|
> | 기록 | 편지, 일기, 그림, 노랫말, 신문 기사, 사진 등 |
> | 건축물 | 과거의 흔적이 남아 있는 건축물 |
> | 증언 | 과거에 있었던 사실을 직접 경험하였거나 기억하는 사람의 이야기 |

4 어른들이 들려주는 이야기는 기록으로 남아있지 않지만, 과거의 모습을 알려주는 기록과 같은 역할을 합니다.

5 전자 칠판은 오늘날 학교에서 볼 수 있는 물건입니다.

6 ㉡ 옛날 서당 학생들은 바닥에 앉아서 공부했다는 것을 알 수 있습니다.

7 제시된 자료는 이순신 장군의 『난중일기』입니다.

8 ㉠은 현재를 나타내는 시간 표현이고, ㉡은 시간 표현이 아닙니다.

9 우리는 남겨진 자료를 통해서 과거의 모습을 짐작할 수는 있지만, 사실을 정확하게 알 수는 없으므로 다양한 자료를 찾아보고 더 설득력 있고, 근거가 명확한 사실을 선택해야 합니다.

10 (2) 옛날에는 초등학교를 국민학교라고 불렀습니다.

11 옛날 신문 기사를 읽어보면 기록이 만들어진 시기 사람들의 생활 모습을 알 수 있습니다.

12 제시된 자료는 성에 대한 설명입니다. 오래된 건축물을 살펴보면 우리 지역이 어떤 곳이었는지와 옛날 사람들의 생활 모습을 알 수 있습니다.

13 물레방앗간은 물레방아를 설치해놓고 곡식을 찧거나 빻는 곳입니다.

> **문제 속 개념**
> **오래된 건축물을 살펴보면 알 수 있는 점**
> • 우리 지역이 어떤 곳이었는지와 옛날 사람들의 생활 모습을 알 수 있습니다.
> • 오래된 건축물을 살펴보면 옛날 사람들의 생각과 지혜를 알 수 있습니다.
> • 과거 사람들이 남긴 건축물의 모습을 보면 당시 사람들이 어떤 아름다움을 추구하였는지 알 수 있습니다.

14 증언은 과거를 경험한 사람이 자기의 과거 경험을 직접 말로 들려주는 것을 말합니다.

15 할머니의 증언은 세탁기가 없었던 시절의 빨래 방법에 대한 내용입니다. 빨랫방망이는 나무로 만들어진 도구입니다.

16 조사 보고서는 조사를 한 뒤 조사한 내용을 정리하여 작성합니다.

17 과거 모습을 알려주는 자료를 찾기 위해서 인터넷으로 신문 기사, 사진, 노랫말, 광고 등을 찾아볼 수 있습니다.

18 제시된 삽화는 어른과 면담을 하는 모습입니다.

19 과거 사람들이 남긴 자료가 진실을 담고 있지 않을 수도 있으므로, 과거 모습을 알아볼 때는 다양한 자료를 살펴봐야 합니다.

20 ⑤ 주의할 점은 우리 지역의 과거 모습 조사 계획서에 들어갈 내용입니다.

1 지역　**2** (1) ㉡ (2) ㉠　**3** (1) ○　**4** ⑤
5 (1) ○ (2) ×　**6** ④　**7** ⑤　**8** ㉠, ㉡,
㉣　**9** ㉡ → ㉠ → ㉢　**10** (2) ○　**11** 문화
관광 해설사　**12** ④　**13** ㉠, ㉢　**14** ②
15 사진 전시하기

1 제시된 글은 지역에 대한 설명입니다.

2 (1)은 오늘날의 한강 모습, (2)는 옛날의 한강 모습입
니다.

3 제시된 사진은 인천광역시 중구의 옛날 항구 모습입
니다.

4 ⑤ 지역의 과거 모습 중 일부는 오늘날에도 볼 수 있
습니다.

문제 속 개념
우리 지역의 옛날과 오늘날 모습을 살펴보면 알 수 있는 점
· 옛날 우리 지역의 모습이 오늘날과는 달라진 점이 많다는 것
  을 알 수 있습니다.
· 지역의 변화 과정에서 과거의 모습 중 일부는 사라지기도 합
  니다.
· 시간이 흐르면서 지역은 계속 변화하고, 지역의 변화에 따라
  그곳에 사는 사람들의 생활 모습도 달라집니다.

5 (2) 다른 시기에 찍은 사진을 비교해야 지역의 변화를
살펴볼 수 있습니다.

6 ④ 세계 지도로는 우리 지역의 변화를 살펴보기 어렵
습니다.

7 제시된 글은 서울특별시 서초구에 있는 말죽거리에
관한 옛이야기입니다.

8 우리 지역의 옛이야기를 통해서 지역의 고유한 특징,
지역의 유래, 지역의 역사 등을 알 수 있습니다.

9 지역의 변화를 조사할 때는 먼저 조사를 계획하고 난
뒤 지역의 변화를 조사하고, 조사한 내용을 정리합니
다.

10 우리 지역에 대한 자료를 조사할 때는 믿을 수 있는
자료를 찾아봐야 합니다. 과거 사람들이 남긴 자료가
진실을 담고 있지 않을 수도 있습니다.

11 지역의 변화를 조사하기 위한 방법으로 문화 관광 해
설사에게 우리 지역에 대한 설명을 들을 수 있습니
다.

문제 속 개념
우리 지역의 변화 조사하는 방법

도서관에서 지역과 관련된 책 찾아보기	지역의 시·군·구청 누리집 검색하기

우리 지역의 옛이야기, 지역의 유래, 사람들의 생활 모습을 담은 책을 찾아서 읽어 봄.	시·군·구청 누리집에서 우리 지역의 옛날 모습을 보여주는 사진이나 영상 등을 찾아봄.
문화 관광 해설사의 설명 듣기	지역 주민에게 이야기 듣기

지역의 역사에 대해 문화 관광 해설사의 설명을 듣고, 궁금한 점을 질문함.	지역에 오래 사셨거나 지역에 대해서 잘 아시는 어른의 이야기를 통해서도 지역의 변화를 알 수 있음.

12 조사할 내용은 지역의 변화 조사 계획서에 들어갈 내
용입니다. 지역의 변화 조사 보고서에는 조사 목적,
날짜, 방법, 조사한 사람, 조사한 내용, 알게 된 점
등을 넣어 작성합니다.

13 우리 지역의 변화와 달라진 생활 모습을 표현하는 방
법으로는 신문 만들기, 책자 만들기, 사진 전시하기,
노랫말 바꿔 부르기 등이 있습니다.

14 지역의 변화를 소개하는 자료에는 옛날부터 이어져
내려온 모습, 오늘날에는 사라진 모습, 오늘날 지역
의 변화된 모습 등을 담아야 합니다.

15 제시된 그림은 다른 시기에 찍은 지역의 사진을 전시
하고, 각 시기의 모습을 소개하는 모습입니다.

문제 속 개념
우리 지역의 변화를 소개하는 방법
· 신문　　　　　· 노랫말 바꿔 부르기
· 책자　　　　　· 사진 전시하기

단원 **평가 B** 단계 29~32쪽

1 ②　　**2** ②　　**3** 세기　　**4** 연표　　**5** 진희
6 승훈　　**7** 기록　　**8** 증언　　**9** (1) ㉡ (2) ㉠
10 ㉠ 다양한 자료를 찾아보고, 더 설득력 있으며 근거가 명확한 사실을 선택해야 합니다.　　**11** ㉡, ㉢, ㉣　　**12** (1) (나) (2) (가)　　**13** ㉠ 옛날에는 한강의 모래밭에서 사람들이 놀거나 물놀이를 즐겼고, 오늘날에는 한강 주변 공원에서 사람들이 쉬거나 놀이를 즐깁니다.　　**14** 영상　　**15** ②
16 병점　　**17** ㉠ 이 지역에는 떡을 파는 가게가 많았다는 것을 알 수 있습니다.　　**18** ②　　**19** ㉡
20 ③

1 나의 키가 커진 경험을 통해서 시간의 흐름을 느낄 수 있습니다.

2 ② 시간을 표현하는 말을 통해서 어떤 사건이 일어난 까닭은 알 수 없습니다.

3 세기는 100년 동안을 세는 단위입니다. 1789년은 18세기이고, 오늘은 21세기에 해당합니다.

> **문제 속 개념**
> **시간을 나타내는 표현의 종류**
>
> | 과거 | 이미 지나간 시간
㉠ 옛날, 어릴 적, 오래전, 10년 전, 작년, 지난 주 |
> |---|---|
> | 현재 | 지금의 시간 ㉠ 오늘, 지금, 오늘날 |
> | 미래 | 앞으로 다가올 시간
㉠ 내일, 앞날, 훗날, 앞으로, 이후 |

4 제시된 자료는 가족의 연표입니다.

5 연표는 과거에 있었던 일을 시간 순서에 따라 기록한 표입니다.

6 과거에 일어난 사실은 자료를 남긴 사람에 따라 다르게 남겼을 수 있습니다. 따라서 같은 사건을 설명하였더라도, 그 내용이 다를 수도 있습니다.

7 제시된 예시는 과거 모습을 알려주는 자료의 종류 중 기록에 대한 것입니다.

8 제시된 자료는 과거의 경험을 직접 말로 들려주는 증언입니다.

9 (1)은 재봉틀, (2)는 카세트테이프의 모습입니다.

10 과거 모습을 살펴볼 때는 여러 가지 자료를 살펴보며, 최대한 사실에 가깝게 다가가기 위해 노력해야 합니다.

채점 기준	상	다양한 자료를 찾아보고, 근거가 명확한 사실을 선택해야 한다고 쓴 경우
	중	다양한 자료를 찾아봐야 한다고만 쓴 경우

11 우리 주변의 과거 모습을 조사하는 방법으로는 오래된 물건 찾아보기, 과거의 기록 찾아보기, 박물관이나 민속촌에 직접 방문하기, 주변 어른께 여쭈어보기 등이 있습니다.

12 (나)는 옛날 한강에서 볼 수 있는 모습, (가)는 오늘날 한강에서 볼 수 있는 모습입니다.

13 다른 시기에 같은 장소를 찍은 사진을 살펴보면 지역의 변화 모습을 쉽게 비교할 수 있습니다.

채점 기준	상	사진에 나타난 옛날과 오늘날의 모습을 구체적으로 제시하여 지역의 변화 모습을 쓴 경우
	중	사진에 나타난 옛날과 오늘날의 모습 중 한 가지만 쓴 경우

14 제시된 글과 자료는 지역의 변화를 보여주는 자료 중 영상을 말합니다.

15 ② 오늘날 나루터는 주로 물고기를 잡는 어부들만 이용하는 곳이 되었습니다.

16 '떡을 파는 가게'는 한자로 '병점'이라고 합니다. 제시된 이야기는 경기도 화성시의 병점 이야기입니다.

17 지명과 관련된 옛이야기를 읽으면 옛날 사람들의 생활 모습을 알 수 있습니다.

채점 기준	상	이 지역에 떡을 파는 가게가 많았다는 것을 알 수 있다고 쓴 경우
	중	지명의 유래를 알 수 있다고만 쓴 경우

18 우리 지역의 옛이야기로 당시의 자연환경이나 옛날 사람들의 생활 모습, 오늘날 우리 고장의 유래나 특징을 알 수 있습니다.

19 ㉠ 조사 계획을 세울 때는 조사 계획서를 작성해야 합니다. ㉡ 지역의 변화를 조사할 때는 믿을 수 있는 자료를 찾아봐야 합니다.

20 제시된 자료는 지역의 변화를 사진을 전시하여 소개하는 모습입니다.

문학, 비문학에 맞는 바른 독해법부터, 독해력을 키우는 **어휘** 학습까지!

#초등문해력 #완벽라인업

#빠작

비문학 독해에 **사회, 과학 교과 개념** 더하고!

초등 눈높이에 맞는 **문법**까지!

[]동아출판

해설북

초등학교　　　학년　　　반　　　번　　　이름

믿고 보는 동아출판
초등 교재
기초학습서부터 교과서 개념 다지기, 과목별 전문서까지!
초등학교 입학 전부터, 예비 중등까지!
초등학생에게 꼭 필요한 영역을 빠짐없이! 동아출판 초등 교재 라인업
BEST
2022 개정 교육과정
초등 1~2학년 공부 단짝
초능력
맞춤법 + 받아쓰기
쉽고 빠른 맞춤법 학습
받아쓰기 단계별 연습
국어 교과서 어휘 학습
초등 국어 1·2
초능력 비주얼씽킹 과학
초능력 비주얼씽킹 초등한국사
초능력 수학 연산
초능력 급수 한자
초능력 국어 독해
초등 영역별 기초학습서
초능력 국어 / 수학 / 과학 / 한국사 / 한자
초고필 비문학 독해 1
5~6학년 예비 중등
초고필 유리수의 사칙연산 을 해야 할 때
초고필 지금, 국어 문법을 해야 할 때
초고필 지금 국어 어휘 를 해야 할 때
초고필 지금 한국사 를 해야 할 때
반편성 배치고사 + 진단평가
예비 중등
초고필 국어 / 수학 / 한국사
적중 반편성 배치고사 + 진단평가